跨境电商
实务操作教程

易静 蒋晶晶 彭洋 何康民 主编

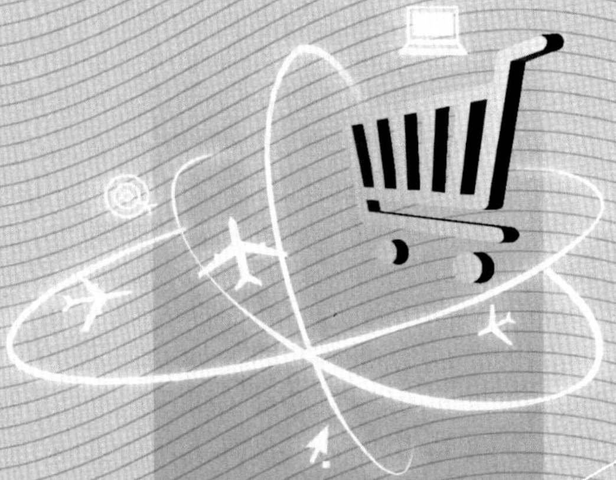

Practical Tutorial for
Cross-border
E-commerce

武汉大学出版社

图书在版编目(CIP)数据

跨境电商实务操作教程/易静等主编.—武汉：武汉大学出版社,2017.6
(2025.7 重印)
ISBN 978-7-307-19390-1

Ⅰ.跨… Ⅱ.易… Ⅲ.电子商务—商业经营—高等学校—教材
Ⅳ.F724.6

中国版本图书馆 CIP 数据核字(2017)第 133379 号

责任编辑:李 玚　　责任校对:汪欣怡　　版式设计:马 佳

出版发行：武汉大学出版社　　(430072　武昌　珞珈山)
（电子邮箱：cbs22@whu.edu.cn　网址：www.wdp.com.cn）
印刷：湖北云景数字印刷有限公司
开本：787×1092　1/16　　印张：15.25　　字数：373 千字　　插页：1
版次：2017 年 6 月第 1 版　　2025 年 7 月第 3 次印刷
ISBN 978-7-307-19390-1　　定价：39.00 元

版权所有，不得翻印；凡购我社的图书，如有质量问题，请与当地图书销售部门联系调换。

前　言

跨境电商实务，即跨境电子商务操作技能，是以当前热门且可操作的阿里巴巴国际站作为学习者探索跨境电商的领域。目前，我国所有高校都在结合当前跨境电商人才对国际贸易、跨境电商平台以及平台操作技能等方面知识的需求，开设跨境电商类课程，满足现代跨境电商发展对人才的迫切需求。

众所周知，随着跨境电商行业的不断发展，企业对电商人才的要求也不断提高。跨境电子商务属于交叉性学科，既有国际贸易特征，又有电子商务特点。因此，跨境电商人才除应该具备扎实的国际贸易理论与实务功底外，还应具备很强的跨境电子商务操作技能。现阶段，这类复合型人才缺口较大，以至于越来越多的企业在人才需求方面发出了这样的声音："难以在国内招聘到合适的跨境电商专业人才。"

为此，作者采取国际级重点职业院校与跨境电商企业强强联手的方式，借用企业实战资料，以当前热门且可操作的阿里巴巴国际站作为学习者探索跨境电商的领域，结合当前跨境电商人才对国际贸易、跨境电商平台以及平台操作技能等方面知识的需求，编写了《跨境电商实务操作教程》"理论联系实践"教材，供高等学校相关专业课程教学使用。

由于作者水平和时间有限，在本书编写过程中，难免会出现一些错误和遗漏，恳请读者予以指正，以便将来进一步修订和完善。

笔者
2017 年 5 月于武汉晴川学院

目　录

第1章　跨境电商入门 … 1
1. 跨境电商的概念及特点 … 1
2. 跨境电商的发展趋势 … 2
3. 跨境电商的经营模式 … 9
4. 跨境电商的相关术语 … 11

第2章　跨境电商平台规则及卖家注册 … 19
1. Amazon … 19
2. eBay … 28
3. Wish … 35
4. 全球速卖通 … 37
5. 敦煌网 … 47
6. 天猫国际 … 51
7. 京东全球购 … 54

第3章　跨境选品与定价 … 61
1. 跨境电商的选品 … 61
2. 跨境电商的定价 … 73

第4章　跨境平台商品发布实操 … 81
1. 发布商品的基本方式 … 81
2. 商品发布流程详解 … 81
3. 添加类似产品 … 96
4. 一键达 … 98

第5章　跨境电商背后的数据 … 103
1. 搜索排序规则 … 103
2. 数据挖掘与分析 … 105
3. 基于ERP系统的信息化管理 … 120

第 6 章　跨境电子商务营销 ········· 124
1. 店铺自主营销 ········· 124
2. 平台活动 ········· 135
3. 速卖通大促销 ········· 138
4. 关联营销 ········· 140
5. 电子邮件营销 ········· 141
6. 社会化媒体营销（SNS 营销：以 Facebook 为例）········· 143

第 7 章　跨境电商的视觉美工 ········· 148
1. 商品图片拍摄及处理 ········· 148
2. 店铺装修与优化 ········· 151
3. 产品详情页打造 ········· 158

第 8 章　跨境电商的物流选择 ········· 167
1. 邮政物流 ········· 167
2. 国际商业快递 ········· 170
3. 专线物流 ········· 172
4. 海外仓储集货的物流方式 ········· 173
5. 跨境电子商务常见物流的比较 ········· 174
6. 物流运费模板的设置 ········· 176
7. 物流运费计算 ········· 181
8. 线上发货 ········· 184

第 9 章　跨境电商客服 ········· 189
1. 沟通的概念及重要性 ········· 189
2. 电子商务中的沟通技巧 ········· 190
3. 中差评的原因分析与处理 ········· 192
4. 跨境电子商务售后常见纠纷及解决方案 ········· 194
5. 跨境电子商务常见客服模板 ········· 199
6. 跨境电子商务文化交流禁忌 ········· 205

第 10 章　移动跨境电商 ········· 209
1. 移动跨境电商的发展 ········· 209
2. 移动跨境电商的分类 ········· 210
3. 无线端的操作 ········· 212
4. 无线端的运营技巧 ········· 225

参考答案 ········· 228

参考文献 ········· 239

第1章 跨境电商入门

电子商务是近年来在全球范围内兴起的一种新型商务模式，它依托 Internet（互联网）、Intranet（企业内部网）、Extranet（企业外部网），将商业过程各环节在信息技术系统上进行连接，彻底改变了传统的业务运作方式。作为新型高效的交易环境和手段，电子商务正在从某一区域或经济体成员内部向跨境域的全球化交易服务延伸，跨境电子商务成为全球货物与服务的重要流通方式。这一全新贸易形式的兴起是在全球化、国际贸易和电子商务发展到新阶段之后，受到各方面影响力的共同推动而形成的。它在国际贸易实践中的不断应用，引起了国际贸易方式的创新（见图 1-1）。

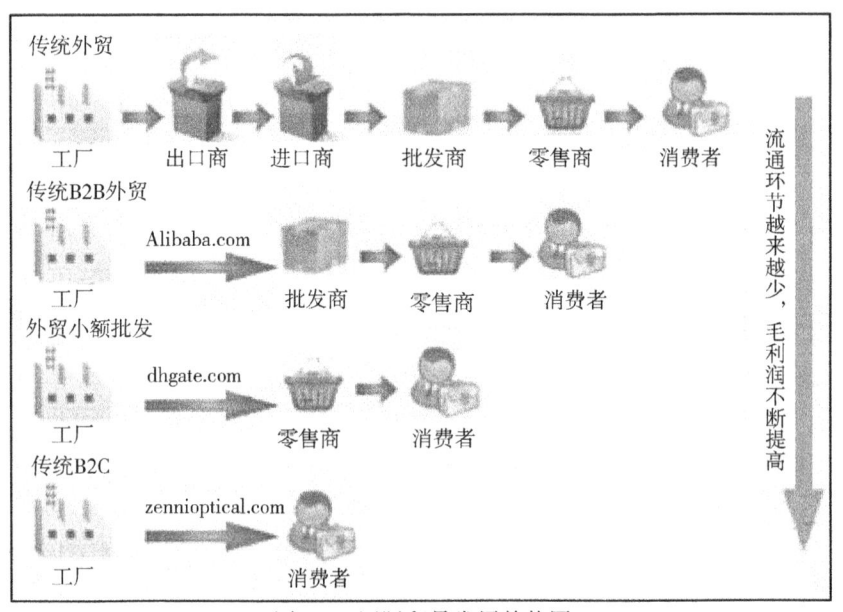

图 1-1　国际贸易发展趋势图

1. 跨境电商的概念及特点

跨境电子商务，简称跨境电商，是分属不同关境的交易主体，通过电子商务平台达成交易、进行支付结算，并通过跨境物流送达商品、完成交易的一种国际商业活动（见图

1-2)。从概念上看,有广义和狭义之分。广义的跨境电商,指的是分属不同关境的交易主体,通过电子商务的方式完成进出口贸易中的展示、洽谈和交易环节,并通过跨境物流送达商品、完成交割的一种国际商业活动。从狭义上看,跨境电商基本等同于跨境零售,指的是分属于不同关境的交易主体,借助计算机网络达成交易、进行支付结算,并采用快件、小包等方式,通过跨境物流将商品送达消费者手中的交易过程。跨境电商在国际上的流行称为 Cross-border E-commerce,意思是跨境零售。而现实中,由于对小型商家用户与个人消费者进行明确区分界定的难度较大,所以跨境零售交易主体中往往还包含一部分碎片化、小额买卖的商家用户。

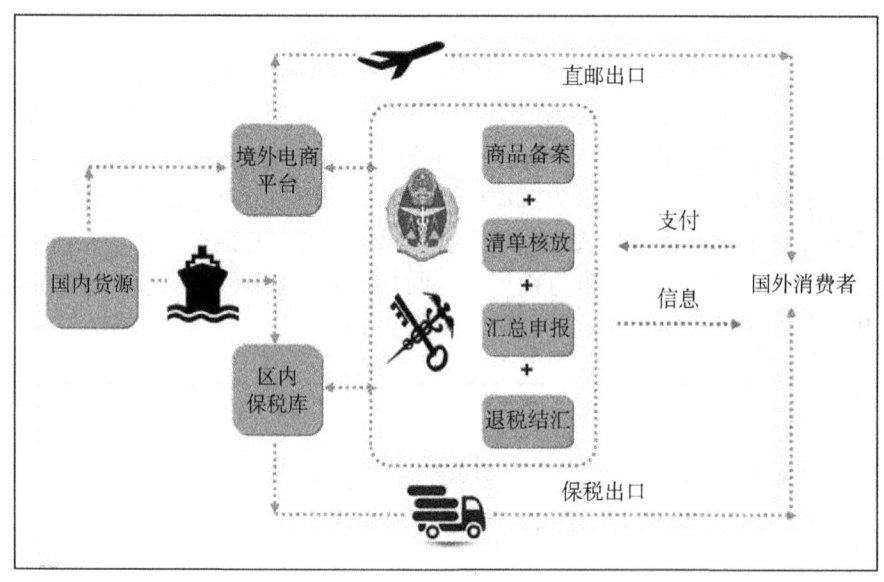

图 1-2 跨境电商交易过程示意图

与传统国际贸易相比,跨境电子商务依托于互联网技术而存在,在物流方式、交易流程、结算方式等方面都大不相同。一方面,跨境电子商务让传统贸易实现了电子化、数字化和网络化,无论是订购,还是支付环节,都可以经由互联网完成,甚至数字化产品的交付都可以通过网络完成。在跨境电子商务交易过程中,运输单据、交易合同以及各种票据都是以电子文件的形式存在的。因此,跨境电子商务贸易实际上是包含货物的电子贸易、在线数据传递、电子资金划拨、电子货单证等多环节与内容的一种新型国际贸易方式。另一方面,由于信息在互联网上流动的便捷和快速,跨境电子商务使得国际贸易卖方可以直接面对来自不同国家的消费者,因而最大限度地减少了传统贸易所必须涉及的交易环节和消除了供需双方之间的信息不对称。这也是跨境电子商务最大的优势所在。

2. 跨境电商的发展趋势

自 20 世纪 70 年代以来,随着跨国公司的全球扩张,全球经济一体化趋势日趋加深,全球信息和商品等流动更加自由,贸易全球化、无国界贸易进一步发展,跨境贸易日益频繁。近年来,贸易环境更是发生着日新月异的变化,一是敏捷生产和供应链管理理念的广泛应用,使得生产企业,尤其是跨国企业的全球采购行为发生变化,转向零库存管理;二是消费者个人消费习惯的改变,伴随着信息技术而成长起来新一代消费者,正在成为市场主力军之一,电子化、个性化、时尚化等思维特点正在驱动社会及商业领域的发展;三是风险规避需求的上升,尤其是近几年,经济发展呈现高度不确定性,世界贸易总量增长速度自2010年强劲反弹到13.8%后,却呈现连年下滑的趋势。

2012年世界贸易仅增长了2%,2013年,传统外贸行业增长乏力的现象显得尤为突出。中国作为世界的制造中心,在很多方面仍然具有很强的竞争力,国家通过各种渠道为国内出口企业开拓新的发展之路,不断出台各种有力的政策法规鼓励并扶持跨境电子商务。2013年8月29日,国务院办公厅转发了商务部等9个部委《关于实施支持跨境电子商务零售出口有关政策的意见》,自2013年10月1日起在已经开展电子商务通关服务试点的上海、重庆、杭州、宁波、郑州5个城市展开新政策试点,2013年9月,广州也获批成为跨境电子商务试点城市。图1-3和图1-4更直观地展现出近年跨境电商行业在我国的相关政策和发展状况。图1-5以时间轴的形式表现了中国知名电商企业成立的时间。

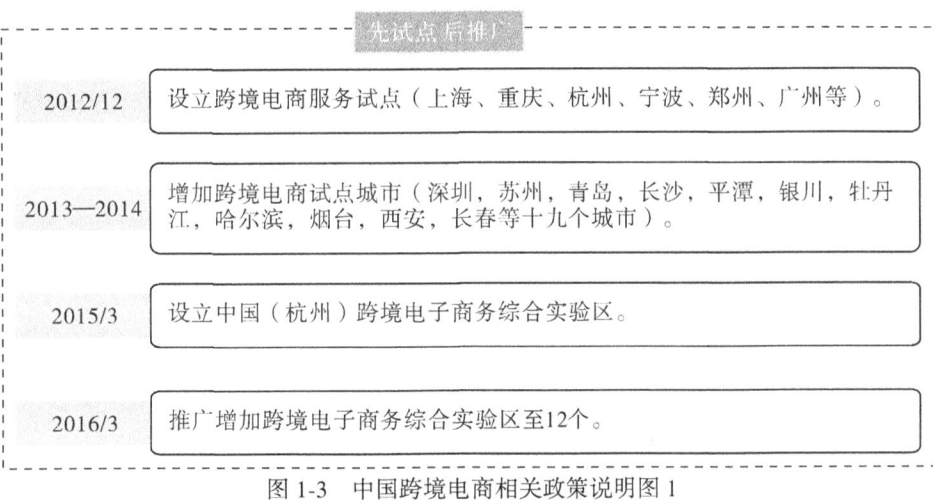

图1-3　中国跨境电商相关政策说明图1

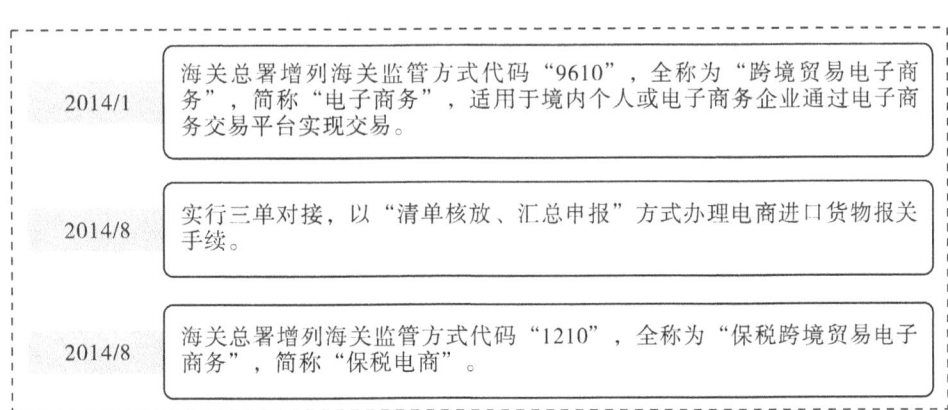

图1-4　中国跨境电商相关政策说明图2

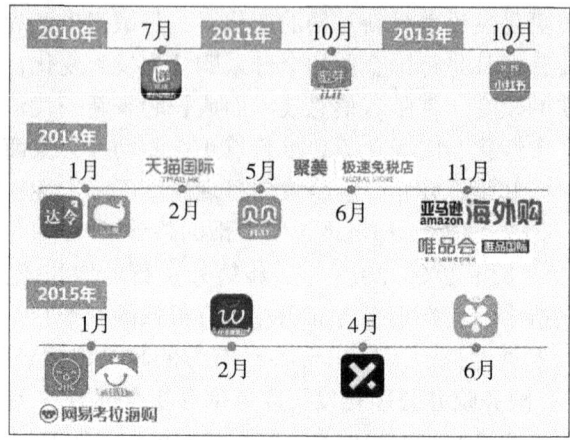

图 1-5 中国部分跨境电商成立时间

近年来,随着跨境电商行业的兴起和发展,在跨境贸易的企业间市场,跨境贸易由大批量交易转向小批量、多批次、短期、快速交易方式;在个人消费市场,由原有的自然人流动附带性购物转为主动性、经常性的跨境购物,跨境交易快速增加,通常以快件和邮件的物流方式为主,使得个人小额、多次、多样化的碎片化交易跨境消费市场规模日益增长,从而推动商业化、规模化企业行为出现,逐渐形成生产商和消费者之间的跨境商业生态圈(见图 1-6)。

图 1-6 中国跨境电商生态圈说明图

长期以来,美国等发达国家的电子商务都保持着上升趋势,网购渗透率(网购用户与互联网用户之比)比较高,据 eMarketer 公司数据显示,2013 年,美国有 73%、日本有 78.3%、西欧地区有 72.3% 的网民已经转化为电子商务用户。但与此同时,新兴地区的网购渗透率还比较低,如印尼仅有 9.5%、中国为 49.3%、墨西哥为 20.4%、印度为 23.5%。因此,近年来,亚太等新兴地区电子商务增长远远超过其他地区,并在 2012 年首次超过西欧地区成为全球第二大市场。这导致电子商务巨头目前纷纷采取国际扩张的战略,积极走向全球化。同时,电子商务相关技术发展逐渐成熟,金融支付、物流体系等支撑体系日益完善,使得跨境贸易电子商务的条件日益成熟。

中国的跨境电子商务最早源于深圳和广州,一些企业通过 eBay 的中国香港站、美国站和德国站等开设店铺,主要销售消费电子类产品,如 MP3、MP4、车载的导航仪、耳机、数据线、摄像头等,虽然单价不高,但利润较高。从 2005 年至 2008 年,跨境电商市场成交额几乎增长了近百倍。2008 年国际金融危机导致世界经济疲软,出口电商遭受打击。2010 年后,在国家密集出台政策扶持下,中国的跨境电商迅速发展,交易规模不断扩大,跨境电商产业进入高速成长期。

如图 1-7,据商务部、海关总署发布的统计数据显示,从 2013 年开始,中国跨境电商市场交易规模不断迅速增长。目前,我国跨境电商平台企业超过 5000 家,境内通过各类平台开展跨境电子商务的企业已超过 20 万家。在众多国内国际跨境交易平台中,eBay、速卖通、亚马逊、敦煌网这四家的市场份额占到 80% 以上。预计我国跨境电商交易额 2017 年将达到 7.5 万亿元,2018 年将达到 8.8 万亿元。

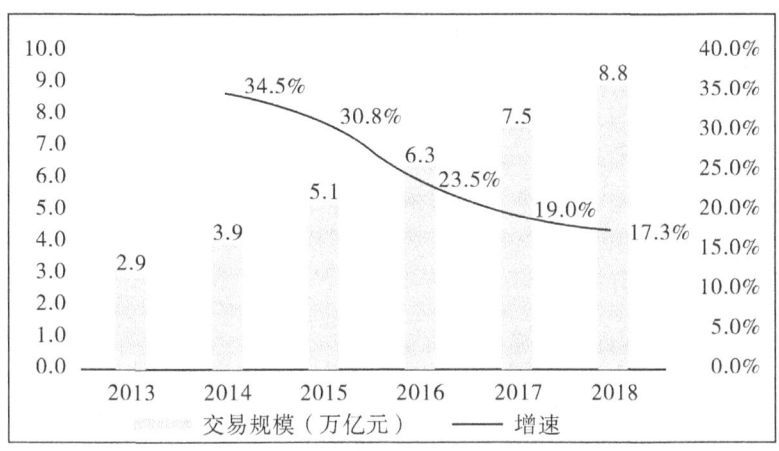

数据来源:商务部、海关总署、艾媒咨询。

图 1-7 2013—2018 年中国跨境电商交易规模及预测数据图

2.1 发展趋势分析

随着互联网、物流网等基础设施建设加快和移动互联网、大数据、云计算等技术的推动,跨境电子购物在全球范围内快速发展。且当前世界贸易增速趋于收敛,为开拓市场、提高效益,越来越多的商家开始着力于减少流通环节、降低流通成本、拉近与国外消费者距离，因而跨境电子商务正为此提供了有利的渠道（见图1-8）。

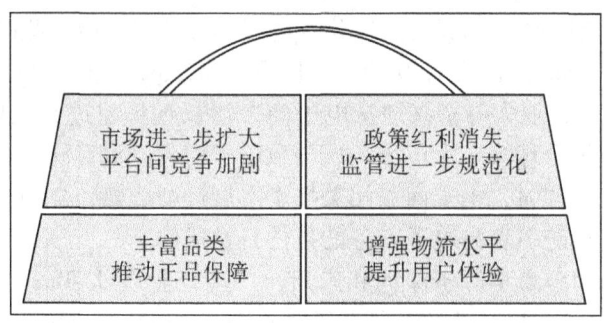

图1-8 中国跨境电商市场发展趋势说明图

2.1.1 跨境电子商务交易对象多区域拓展趋势明显

根据PayPal的数据，全球前五大跨境电子商务出口目的地市场分别是美国、英国、德国、澳大利亚和巴西。2013年这五大市场对中国出口商品的网购需求规模达到679亿元，这主要得益于这些地区较高的网购普及率、较好的技术设施支持和政策支持。Internet World Stats统计数据显示：欧洲、北美和大洋洲的网络普及率分别达到70.5%、87.7%和72.9%。Chinaventure的最新数据也显示：主要发达国家的网购普及率在70%~80%。然而，从销售目标市场看，以美国、英国、德国、澳大利亚为代表的北美和欧洲等成熟出口目的国增速正逐步进入平稳增长期，以巴西和俄罗斯等新兴市场国家为代表的跨境电商市场，由于消费者网购习惯的不断养成，跨境网购需求增长迅速，正在不断崛起，成为跨境电商零售出口产业的新动力，为中国跨境电商市场开展提供了更大的需求空间。加之俄罗斯、巴西和印度等国家的本土电商企业并不发达，旺盛的消费需求相对于短缺的国内供给引发的矛盾，在物美价廉中国制造的冲击下越来越激烈。此外，东南亚、中东欧、拉丁美洲、中东和非洲等地区、其电子商务的渗透率依然较低，都是有待开发的处女地。

2.1.2 产业分布由东向西部转移趋势不断显现

目前，我国从事跨境电子商务出口的企业主要集中在广东、江苏、浙江、上海、福建、北京、山东和天津等地区，根据交易额数据排名，位居前五的广东、江苏、浙江、上海、福建共占跨境电商出口交易额的78.8%，其中广东占比则达到四成。强大的产业基础、集中的制造基地、丰富的贸易人才和经验、沿海地区天然的外贸和电商意识等，都造就这些地区相对领先和发达的电商跨境出口产业。但中西部地区，尤其是湖北、河北、河南、四川等省的出口电商近来发展迅速，未来出口电商企业在地域分布上将会出现向中西部转移的趋势。

2.1.3 交易商品品类扩张的供给推动作用日益加强

2013年我国出口电商产品品类占比最大的仍然是3C产品，占到总量的41.2%；其次是服装鞋帽、包及户外用品，占比分别为 16.3% 和 8.1%。3C 产品占比较大的原因主要是其标准化和便于运输存储的属性。根据 eBay 数据统计，71% 的跨境电商企业有扩充现有产品品类的计划，64% 的跨境电商企业计划延伸到其他产品线，如健康美容、家居园艺和汽配等。

2.1.4 跨境电子商务产业生态更加完善，各环节协同发展趋势明显

跨境电子商务涵盖物流、信息流、资金流、单证流，随着跨境电子商务经济的不断发展，软件公司、代运营公司、在线支付、物流公司等配套企业都开始围绕跨境电商企业进行集聚，服务内容涵盖网店装修、图片翻译描述、网站运营、营销、物流、退换货、金融服务、质检、保险等内容。整个行业生态体系越来越健全，分工更清晰，并逐渐呈现出生态化的特征。跨境电商服务业已经初具规模，跨境电商服务系逐渐完善，大型跨境电商，包括物流企业，纷纷建立海外仓；国内针对出口民商的服务创新，还体现在金融服务方面，如中国平安和 eBay 合作为其平台上的出口电商提供小额融资服务；PayPal 与北京邮政联合推出的"贝邮宝"国际物流解决方案等，这些都有力地推动了中国跨境电商产业的快速发展。

2.1.5 跨境电子商务 B2C 模式增长空间巨大

相对于跨境电子商务的其他模式，B2C 模式的优势更加明显：利润空间大，中间环节少；直接面对终端消费者，直接把握市场需求，可以为客户提供个性化定制服务；有利于树立品牌形象，将中国制造、中国设计的产品带向全球；小额贸易更灵活，产品销售面向全球 200 多个国家和地区，不受地域限制，可以有效降低单一市场竞争压力，市场空间巨大。

除上述诸多优势外，跨境电商 B2C 的兴起有着深刻的原因：一是价差消除困难巨大；二是监管漏洞长期存在。一般贸易方式下，商品国内外价差最重要的因素是税费。以化妆品为例，在货物监管模式下，若完税价为 4559 元，其中各类税费为 2079 元，占比达 47%。相比之下，跨境 B2C 大多是商家通过四大商业快递和邮政速递的方式将商品发给个人，物品按快件清关个人使用，属行邮监管模式，税率远低于一般贸易，即使扣除昂贵的航空快递、邮政费用，价格仍具有相当大的优势。

监管漏洞是跨境电商 B2C 兴起的另一大原因。在一般贸易监管下，"一关三检"必不可少，税费必缴，监管税收问题多集中于货物同报关不符，海关是通过抽查、开箱查验完成监管职责的。在行邮监管模式下，海关行邮因人力、物力、效率等因素，既无法对每个零碎的邮包进行拆包查验，从而判断值和商品种类是否符合监管要求，也很难断定商品是否为个人使用，因此海关监管对邮包的综合抽查率只有大约 5.5%。这意味着大量的海淘快件邮包实际上是不征税的，其中必然滋生不符合条件的商品利用政策漏洞灰色清关。因此，从实际操作来看，"跨境 B2C 快件、邮件清关"同一般贸易清关的区别不仅仅是税负高低的差别，更是"必须交"和"大概率不交"的差异。并且，就当前情况而言，不符合行邮监管条件的物品在灰色清关过程中即使被海关查扣，违约的成本也非常低（最多补交），这也是各类跨境平台和转运公司能够兴起的核心因素。

除上述两大因素外，国内屡遭质疑的产品质量、食品安全以及假货问题，居民收入提

高，消费升级拉动对海外高附加值商品的需求，网络习惯逐步的养成，商家营销推广，都是不可忽略的因素之一。

2.1.6 移动跨境电子商务的爆发式增长势不可当

跨境电子商务企业移动端发展迅速。敦煌网2014年上半年移动端的访问量占到全平台总量的42%，移动端订单数同比增长215%；兰亭集势拥有LightInThebox和MiniInTheBox等App，订单数量中已有约三成来自移动端。移动网络的应用推动线上与线下商务之间的融合，促进了跨境电商B2C出口的发展。这主要得益于下列因素：第一，移动端交易使消费者能够在任意时间和空间进行购物；第二，多频次互动有利于用户黏性的提升和营销推广的发展。也就是说，国际贸易小额、碎片化发展的趋势在移动端应用与发展的条件下，使得商家可以随时随地上传产品信息、与客户沟通交易、接收订单。有机构断言：北美、欧洲等相对发达和成熟的市场，移动端的发展可以将跨境电商PC端的需求存量通过移动购物方式二次扩张；在一些新兴市场，如俄罗斯、东南亚和非洲，移动购物的发展将带来跨境电商行业巨大的市场增量。

经过国家政策的密集发布和对跨境电子商务产业发展推进步伐的加快，一些长期困扰我国跨境电子商务发展的瓶颈得到了初步解决，但是，我国跨境电子商务服务业的发展仍然滞后，完整的供应链体系尚未形成，配套的法律法规和信用体系等也不健全，无法满足快速发展的跨境电子商务需求。当前，中国跨境电子商务仍面临一些方面的挑战。

①通关服务还需改进

各国海关对出口实物在监管类别上，按照"是否具有贸易属性"，都可以划分为"货物"和"物品"两种，中国也不例外。货物由于具有贸易属性，属于海关严格监管的范围，是一般贸易方式监管，即"一关三检"，海关根据不同货物征收关税、增值税和消费税，商品需申请商品检验、动植物检疫和卫生检疫。跨境电商B2B多采用这种监管模式，这种通关方式由于检验检疫和通关手续烦琐，跨境电子商务的时效性得不到保障。

海关对物品的监管是按照行邮（行李和邮件）方式监管的，原则上需要主动申报，按章缴纳"行邮税"，尺度上突出"自用"和"合理数量"。由于跨境网络零售交易品种多、交易频次高，大量采用航空小包、邮寄、快递等方式，跨境电商B2C多适用这种监管模式。然而，为规范通过邮寄方式进行的海外代购活动，2012年海关总署规定，所有境外快递企业使用EMS清关派送的包裹，不得按照进境邮递物品办理清关手续。这说明这类包裹必须按照贸易货物通关，但传统的贸易通关方式并不适应跨境网络零售的特点。

此外，我国大多数小企业没有进出口经营权，跨境网络零售没有报关单、结汇、退税等难以操作。并且，跨境电商交易产生的返修及退回商品目前仍被视为进口商品，需缴纳进口关税。随着跨境电商贸易量的不断增加，这也是今后需要解决的众多问题之一。

②市场监管体系有待进一步完善

对于跨境电子商务服务业，目前我国只有《互联网信息服务管理办法》《电子签名法》等几部相关法律法规，对于跨境电子商务涉及的交易、税收以及消费者权益保障等方面都没有专门的规范和标准。我国电商企业通过跨境电商平台进行虚假宣传、销售假冒伪劣商品、侵犯知识产权、非法交易及欺诈行为时有发生，海外消费者投诉众多，这些都极大地影响了我国外贸电商的集体形象。据全球最大的电商平台eBay统计，中国大陆地区卖家在 eBay 完成的跨国交易中，平均每 100 个交易会面临 5.8 个投诉，远高于全球 2.5 个的平均水平。国外一些电子商品平台甚至针对中国卖家制订了歧视性的规定，如更高的佣金、更严厉的处罚措施等。此外，国内外的商品、商标体系一互认，标准体系不同步等问题也制约了跨境电子商务的发展。

③结汇方式需调整优化

企业开展跨境电子商务主要采取下述三种结汇方式。一是开设多个个人账户。根据我国现行的外汇管理制度，个人账户每年每人至多兑换 5 万美元，而一些跨境电商企业的月营业额达到数十万美元，为规避国家限制，这些企业会以亲戚朋友或员工的名义开设多个个人账户，变相提高外汇结算总额度。二是通过地下外汇中介处理外汇问题。三是利用国内个别地区不限制结汇额度的特殊政策结汇。据业内人士估计，跨境电子商务企业中约有 40%~70% 的资金以正规的渠道在境内结算，剩余部分则自行消化。其中，既有外汇管制的原因，也有企业以灰色方式偷避税的原因。

对跨境电商企业在跨境电子商务结汇方面存在的诸多不规范和不便利之处，国家还需采取进一步的优化和便利化的措施来更好地解决此类问题。

④国际合作有待加强

跨境电子商务庞大的目标客户群都在海外，企业在跨境交易过程中遇到一些实际问题，如俄罗斯海关缺少跨境电子商务解决机制和方案，导致大量包裹积压在海关，处理时间长达 40~80 天，甚至经常出现货物丢失；俄罗斯邮政系统处理能力低下，面对电子商务这类包裹处理经验严重不足；电商无法正常结汇，无法退税，大部分销售货款通过灰色渠道回到国内，企业面临一定的法律风险等。这些都需要通过国际合作才有可能得到有效解决。

3. 跨境电商的经营模式

跨境电子商务基于互联网实现进出口贸易，其主要经营模式可以划分为 M2C、B2C、C2C、B2B2C 等若干种。其中 B2C、C2C 都是面向最终消费者的，因此又可统称为跨境网络零售。

3.1 M2C 模式

M2C 模式即生产厂家对消费者的购物模式（Manufacturers to Consumer），是指生产厂家直接对消费者提供自己生产的产品或服务的一种商业模式。由产品制造商或区域大分销平台直接将产品销售给客户，网站在交易过程中充当一个担保交易的角色，保证购销双方产品与资金的安全。M2C 模式的特点是流通环节减少至一对一，销售成本降低，在整个交易过程中，网站不会对任何产品进行加价，而且销售产品的货源又都是产品的制造商，因此消费者可以从平台上选购到真正质优价廉的商品，从而保障了产品品质和售后服务质量。

案例：

好食坊的主要经营就是在 M2C 的模式上进行的，由厂商直接面对客户，不存在中间商，从而形成了相对于同行竞品的三大优势，能够实现直接让利给广大客户和粉丝，食品安全问题得到了最有力的保障，其强有力的售后服务保障的优势在 M2C 模式的经营下逐步凸显出来。

3.2 B2C 模式

B2C 模式即企业与消费者之间的电子商务（Business to Customer），指的是跨境电商企业直接面向个人消费者销售产品和服务的商业零售模式。B2C 模式的特点是一般以网络零售业为主，主要借助于互联网开展在线销售活动。这是消费者利用互联网直接参与经济活动的形式，类同于商业电子化的零售商务。随着互联网的出现，网上销售迅速地发展起来，其代表是亚马逊电子商务模式。目前，B2C 类跨境电商在中国整体跨境电商市场交易规模中的占比不断升高，代表企业主要有速卖通、兰亭集势、米兰网、大龙网等。

案例：

丰原食品，作为地方国有独资授权经营的加工制造企业，在经营模式上面主要采用 B2C 模式。高品质的保证，让客户需求量不断扩大。为了满足不断壮大的顾客需求，2014 年，丰原食品成功上线工商银行、建设银行、交通银行的 B2C"网上商城"，当时在全安徽省食品行业尚属首家。

3.3 B2B 模式

B2B 模式即企业与企业之间的电子商务（Business to Business）。B2B 跨境电商，又称为在线批发，是外贸企业间通过互联网进行产品、服务及信息交换的一种商业模式。B2B 方式也是电子商务应用最多和最受企业重视的形式，企业可以使用 Internet 或其他网络为每笔交易寻找最佳合作伙伴，完成从定购到结算的全部交易行为。其代表是马云的阿里巴巴电子商务模式。

3.4 C2C 模式

C2C 模式即消费者与消费者之间的电子商务（Consumer to Consumer），是从事外贸活动的个人对国外个人消费者进行的网络零售商业活动。C2C 商务平台就是通过为买卖双方提供一个在线交易平台，使卖方可以主动提供商品上网拍卖，而买方可以自行选择商品进行竞价。C2C 模式实际上是电子商务的专业用语，指个人与个人之间的电子商务。比如一个消费者有一台电脑，通过网络进行交易，把它出售给另外一个消费者，此种交易类型就称为 C2C 电子商务。其代表是易趣、淘宝电子商务模式。在国内 C2C 领域发展最为壮大且历史最悠久的淘宝在 C2C 市场份额比重超过 60%。目前，我国的跨境电商出口以 B2B 和 B2C 为主，进口以 B2C 为主。

3.5 C2B 模式

C2B 模式即消费者与企业之间的电子商务（Consumer to Business）。这是一种创新型的电子商务模式，不同于传统的供应商主导商品，它是通过汇聚具有相似或相同需求的消费者，形成一个特殊群体，经过集体议价，以达到消费者购买数量越多、价格相对越低的目的。

3.6 B2G 模式

B2G 模式即企业与政府之间的电子商务（Business to Government）。它的概念是企业与政府之间通过网络所进行的交易活动的运作模式，比如电子通关，电子报税等，而比他们通常离开网络更加有效。

3.7 BMC 模式

BMC 模式即企业、中间监管与消费者之间的电子商务（Business-Medium-Consumer）。这是一种全新的电子商务模式，率先集量贩式经营、连锁经营、人际网络、金融、传统电子商（B2B、B2C、C2C、C2B）等传统电子商务模式优点于一身，解决了 B2B、B2C、C2C、C2B 等传统电子商务模式的发展瓶颈，是 B2M 和 M2C 的一种整合电子商务模式，也就是 B2M+M2C=BMC（M=Medium）。

3.8 ABC 模式

ABC 模式是由代理商（Agents）、商家（Business）和消费者（Consumer）共同搭建的集生产、经营、消费为一体的电子商务平台，是新型电子商务模式的一种，也是继阿里巴巴 B2B 模式、京东商城 B2C 模式、淘宝 C2C 模式之后电子商务界的又一创新。其结构主体的三者之间可以互相转化。大家相互服务，相互支持，你中有我，我中有你，真正形成一个利益共同体。

3.9 B2B2C 模式

B2B2C 模式包括了现存的 B2C 和 C2C 平台的商业模式，更加综合化，指的是在广大供应商和消费者之间建立一种实现交易的平台，提供更优质的服务。

案例：

随着广州南沙跨境电商 B2B2C 保税进口试点工作的全面启动，现广州已形成了在广州市政府的统一领导下，海关、国检、国税、外管等各监管部门执法联动的适合跨境电商业态模式的高效执法联动机制，南沙将有望借助保税港区的政策及物流优势成为华南地区跨境 B2B2C 保税进口的主渠道。

除上述各种之外，F2C 跨境电商也日渐兴起，它指的是 Factory to Consumer，即从工厂到消费者。F2C 模式直接把出自加工厂的产品送到消费者手中，可以理解为工厂借助于网络平台进行的产品直销。F2C 使消费者在线向工厂下订单成为可能，是 B2C 模式的升级版。F2C 最大的优势就是强有力的线下产业支撑、有效的全程监控、快速的市场反应，这是 B2C 跨境电商无法抗衡的。

4. 跨境电商的相关术语

4.1 跨境电商

跨境电商是指分属不同关境的交易主体，通过电子商务平台达成交易、进行支付结算，并通过跨境物流送达商品、完成交易的一种国际商业活动。

跨境电子商务从进出口方向分为：出口跨境电子商务和进口跨境电子商务。从交易模式分为 B2B 跨境电子商务和 B2C 跨境电子商务。2013 年提出 E 贸易。跨境电子商务分为一般跨境电子商务和 E 贸易跨境电子商务。

4.2 国境

国境是指一个国家行使全部主权的国家空间,包括领陆、领海、领空。

4.3 关境

关境是实施同一海关法规和关税制度的境域,即国家(地区)行使海关主权的执法空间,又称"税境"或"海关境域"。海关合作理事会对关境的定义是"完全实施同一海关法的地区"。

一般情况下,关境等于国境。但有些国家关境不等于国境。我国有港、澳、台三个单独关税区,此时关境小于国境;欧盟有 25 个国家适用于同一关税制度,此时关境大于国境;其他如日本等国家,无特殊情况,此时关境等于国境。

4.4 实际关境

在国境内受海关监管的国际机场、码头、车站等区域。

4.5 虚拟关境

国务院批准成立的七大海关监管区域,出口加工区、保税区、综合保税区、跨境保税区、物流园区、物流港区、自贸区,相当于一个最小的行政区、一个直属机关。

4.6 一带一路

丝绸之路经济带和 21 世纪海上丝绸之路。

4.7 北线 A

北美洲(美国,加拿大)—北太平洋—日本、韩国—东海(日本海)—海参崴(扎鲁比诺港,斯拉夫扬卡等)—(中国)珲春—(中国)延吉—(中国)吉林—(中国)长春—蒙古国—俄罗斯—欧洲(北欧,中欧,东欧,西欧,南欧)

4.8 北线 B

中国北京—俄罗斯—德国—北欧

4.9 中线

中国北京—中国郑州—中国西安—中国乌鲁木齐—阿富汗—哈萨克斯坦—匈牙利—巴黎

4.10 南线

中国泉州—中国福州—中国广州—中国海口—中国北海—河内—吉隆坡—雅加达—科伦坡—加尔各答—内罗毕—雅典—威尼斯

4.11 中心线

中国连云港—中国郑州—中国西安—中国兰州—中国新疆—中亚—欧洲

4.12 TPP

跨太平洋伙伴关系协议（Trans-Pacific Partnership Agreement，TPP），也被称作"经济北约"，是由亚太经济合作会议成员国中的新西兰、新加坡、智利和文莱四国发起，从2002年开始酝酿的一组多边关系的自由贸易协定。

跨太平洋伙伴关系协议将突破传统的自由贸易协定（FTA）模式，达成包括所有商品和服务在内的综合性自由贸易协定。

4.13 TTIP

跨大西洋贸易与投资伙伴关系协定，它是史上最大的自由贸易协定：美欧关税降至零、覆盖世界贸易量的1/3、全球GDP的1/2。很大程度上，TTIP将改变世界贸易规则、产业行业标准，挑战新兴国家，尤其是金砖国家间的准贸易联盟。

4.14 保税港区

保税港区是指经国务院批准，设立在国家对外开放的口岸港区和与之相连的特定区域内，具有口岸、物流、加工等功能的海关特殊监管区域。

保税港区的功能具体包括仓储物流，对外贸易，国际采购、分销和配送，国际中转，检测和售后服务维修，商品展示，研发、加工、制造，港口作业等9项功能。

4.15 综合保税区

综合保税区是设立在内陆地区的具有保税港区功能的海关特殊监管区域，由海关参照有关规定对综合保税区进行管理，执行保税港区的税收和外汇政策，集保税区、出口加工区、保税物流区、港口的功能于一身，可以发展国际中转、配送、采购、转口贸易和出口加工等业务。

4.16 空港保税区

设立在国家对外开放的口岸港区，和与之相连的特定区域内，具有口岸、物流、加工等功能的海关特殊监管区域，有机场为之服务。

4.17 陆港保税区

内陆经济中心，城市铁路、公路交会处，集综合物流、仓储加工、中心商务、生活居住等功能于一体，布局合理、功能完善、产业聚集、辐射四周。

4.18 自贸区

自由贸易区（Free Trade Zone）是指在贸易和投资等方面比世贸组织有关规定更加优惠的贸易安排；在主权国家或地区的关境以外，划出特定的区域，准许外国商品豁免关税自由进出。实质上是采取自由港政策的关税隔离区。

4.19 FTA

FTA 是广义的自贸区，指两个或两个以上的国家或地区通过签署自贸协定，在世界贸易组织最惠国待遇基础上，相互进一步开放市场，分阶段取消大部分货物的关税或非关税壁垒，改善服务业市场准入条件，实现贸易和投资的自由化，从而促进商品、服务和资本、技术、人员等生产要素自由流通的"大区"。如中国近年来推动建立的东盟、中日韩自贸区等即是广义自贸区。

4.20 FTZ

FTZ 是狭义的自贸区，国内称为"自由贸易园区。FTZ 是缔约方境内的一部分，进入这部分的任何货物，就进口关税而言，通常视为关境之外"。特点是一个关境内的一小块区域，是单个主权国家（地区）的行为，一般需要进行围网隔离，对境外入区货物的关税实施免税或保税，而不是降低关税。如德国汉堡自由港、巴拿马科隆自由贸易区等属于 FTZ。

4.21 属地征税

属地征税又称属地原则，是指一个国家以地域的概念作为其行使征税权力所遵循的原则。属地原则可称为来源地国原则，按此原则确定的税收管辖权，称作税收地域管辖权或收入来源地管辖权。它依据纳税人的所得是否来源于本国境内，来确定其纳税义务，而不考虑其是否为本国公民或居民。

4.22 负面清单

负面清单指相当于投资领域的"黑名单"，列明了企业不能投资的领域和产业。

4.23 报关

报关是指进出口货物收发货人、进出境运输工具负责人、进出境物品所有人或者他们的代理人向海关办理货物、物品或运输工具进出境手续及相关海关事务的过程，包括向海关申报、交验单据证件，并接受海关的监管和检查等。基本程序是申报、查验、征税、放行。

4.24 清关

清关（Customs Clearance）即结关，是指进出口或转运货物出入一国关境时，依照各项法律法规和规定应当履行的手续。

4.25 关税

关税是指一国海关根据该国法律规定，对通过其关境的进出口货物课征的一种税收。按征收方法可分为从价关税、从量关税、选择关税、滑动关税；按商品流向可分为进口税、出口税、过境税。

4.26 行邮税

行邮税是行李和邮递物品进口税的简称,是海关对入境旅客行李物品和个人邮递物品征收的进口税。由于其中包含了进口环节的增值税和消费税,故也是对个人非贸易性入境物品征收的进口关税和进口工商税收的总称。

课税对象包括入境旅客、运输工具,服务人员携带的应税行李物品、个人邮递物品、馈赠物品以及以其他方式入境的个人物品等。

4.27 FOB

Free On Board(also named Port of Shipment),即装运港船上交货(指定装运港),是指卖方在指定的装运港将货物装船超过船舷后,履行其交货义务。它要求卖方办理货物出口结关手续。FOB后接装运港名称,表示卖方在装运港交货,交货之前的所有费用和风险都由卖方承担;当货物装上船后,风险随即转移给了买方,且之后的费用(包括运费)等皆由买方承担。这意味着买方必须从那时起承担一切费用以及货物灭失或损坏的一切风险。

4.28 CFR/ CNF

Cost and Fright(also named Port of Destination),即成本加运费(指定目的港),是指卖方必须支付成本费和将货物运至指定的目的港所需的运费,但货物灭失或损坏的风险以及货物装船后发生事件所产生的任何额外费用,自货物于装运港越过船舷时起即从卖方转由买方承担。CFR或CNF后接目的港名称,表示卖方要承担包括到目的港的运费,风险自货物装船后转移给了买方。

4.29 CIF

Chst, Insurance and Fright(also named Port of Destination),即成本、保险费加运费(指定目的港),指卖方除负有与CFR术语相同的义务外,卖方还必须办理货物在运输途中应由买方承担的货物丢失或损坏风险的海运保险。卖方订立保险合同并支付保险费。本术语要求卖方办理货物出口结关手续。CIF后接目的港名称,表示卖方要承担包括到目的港的运费和保险费,风险自货物装船后转移给了买方。

本术语虽然在CIF后,需注明目的港的名称。但它仍和FOB一样是装运港交货的贸易术语,在实际业务中有人称CIF为"到岸价",这是一种误解。除此之外,买方还要自负风险和费用,取得进口许可证或其他官方证件,办理进口手续并按合同规定支付货款。在交单义务方面,卖方需要提交商业发票或与之相等的电子单证。

4.30 FCA

Free Carrier(also named Place),即货交承运人(指定地点),卖方办理货物出口结关将货物交到指定的地点由买方指定的承运人照管,履行其交货义务。买方必须自负费用订立从指定地或地点发运货物的运输合同,并将有关承运人的名称、要求交货的时间和地点充分地通知卖方,负担货交承运人后的一切费用和风险,本术语可适用于各种运输方式,包括多式联运。

4.31 CPT

Crriage Paid To(also named Place of Destination),即运费付至(指定目的地),是卖方支付货物运至指定目的地的运费。自货物已交付承运人照管之时起,关于货物灭失或损坏的风险以及自货物交至承运人后发生事件所产生的任何额外费用已从卖方转由买方负担。本术语适用于各种运输方式。如果需要利用后续承运人将货物运至指定目的地,则风险自货物交付给第一承运人时转移。本术语要求卖方办理货物出口清关手续,并支付有关的费用和税捐。

4.32 CIP

Crriage Insurance Paid To(also named Place of Destination),即运费、保险费付至(指定目的地),是指卖方除负有与CPT术语相同的义务外,卖方还须办理货物在运输途中灭失或损坏的买方风险取得货物保险,订立保险合同,并支付保险费。如买卖双方事先未在合同中规定保险险别和保险金额,卖方只需按最低责任保险险别取得保险,最低保险金额为合同价款加10%,即CIP合同价款的110%,并以合同规定的货币投保。

4.33 出口关税

出口国海关根据关税税则对所征收的关税。

出口关税计算公式如下:

公式一:

出口货物完税价格=离岸价格(FOB中国境内口岸)-出口关税

公式二:

$$出口关税税额=出口货物完税价格\cdot\frac{离岸价格(FOB中国境内口岸)}{1+出口关税税率}$$

说明:出口货物以FOB价成交,应以该价格扣除出口关税后作为完税价格,如果是以其他的价格成交的,应该换算成FOB价后,再按照上述公式计算。上述公式一只是说明"出口货物完税价格","离岸价格(FOB中国境内口岸)"和"出口关税"这三者之间的关系,在实际计算中并无多大用处。实际计算中常用公式二。

以CIF价格成交:

$$出口货物完税价格=\frac{CIF-运费-保险费}{1+出口关税税率}$$

以CFR价格成交:

$$出口关税税额=\frac{CFR-运费}{1+出口关税税费}$$

4.34 出口退税

出口货物退/免税(Export Rebate),简称出口退税,其基本含义是指对出口货物退还其在国内生产和流通环节实际缴纳的增值税、消费税。出口货物退税制度,是一个国家税收的重要组成部分。出口退税主要是通过退还出口货物的国内已纳税款来平衡国内产品的税收负担，使本国产品以不含税成本进入国际市场，与国外产品在同等条件下进行竞争，从而增强竞争能力，扩大出口的创汇。

出口退税计算公式如下：

$$退税额=\frac{增值税发票金额}{1+增值税率}\times 出口退税率$$

进项税额计算公式：

$$进项税额=\frac{采购价}{1\times 税率}\times 税率$$

销项税计算公式：

$$销项税额=\frac{销售收入FOB}{1\times 税率}\times 税率$$

增值税：

$$增值税=销项税-进项税$$

4.34.1 "免、抵、退税办法"（只适用于有进出口经营权的生产企业自营或委托出口的自产货物的增值税，注意：以 FOB 计税）

当期应退税额＝出口货物离岸价格（FOB）×外汇人民币牌价×退税税率

年应缴纳增值税额＝FOB×征税率－进项税额

4.34.2 "先征后退"税办法，适用于没有进出口经营权的生产企业委托出口的自产货物（即：外贸公司）

$$工厂的增值税=\frac{FOB}{1+增值税率}\times 增值税率-进项税额$$

$$外贸企业退税额=\frac{增值税发票金额}{1+增值税率}\times 出口退税率$$

课后练习：

一、单选题

1. 跨境电商未来的发展呈现出以下哪些趋势？（　　　　）
   A. B2C 模式增长空间巨大　　　　　　　　B. 产业生态更为完善
   C. 产品品类扩张的供给推动作用日益加强　　D. 以上表述都对

2. 以 FOB 价成交的出口货物完税价格的计算公式是（　　　　）。
   A. $\dfrac{FOB（中国境内口岸-运费）}{1+出口关税税率}$　　　　B. $\dfrac{FOB（中国境内口岸-运费-保险费）}{1+出口关税税率}$
   C. $\dfrac{FOB（中国境内口岸）}{1+出口关税税率}$　　　　　　D. $\dfrac{FOB（中国境内口岸）}{出口关税税率}$

3. 我国的跨境电商出口以（　　　　）为主，进口以（　　　　）为主。

A. B2B 和 B2C，O2O B. B2B 和 B2G，B2B
C. B2C 和 C2B，O2O D. B2B 和 B2C，B2C

4. 当前在跨境电子商务市场中增长最为迅速的是（　　　　）。
   A. 跨境 B2B B. 跨境 B2C
   C. 跨境 O2O D. 跨境 C2B

5. 跨境电子商务与传统国际贸易相比，在（　　　　）都大不相同。
   A. 物流方式 B. 交易流程
   C. 结算方式 D. 以上三方面

二、判断题

（　　）1. 跨境电子商务指分属不同关境的交易主体，通过电子商务平台达成交易、进行支付结算，并通过跨境物流送达商品、完成交易的一种国际商业活动。

（　　）2. 跨境电子商务最大限度地减少了传统贸易所必须涉及的交易环节和消除了供需双方之间的信息不对称。

（　　）3. 从中国跨境电商的进出口结构来看，进口电商中短期仍将占据主导地位。

（　　）4. 跨境电商产业分布由北部向南部转移趋势不断显现。

（　　）5. 我国跨境电子商务服务业的发展很快，已形成完整的供应链体系。

（　　）6. 报关是指货物的出口需向海关申报、交验单据证件，并接受海关的监管和检查的一种行为。

（　　）7. 自贸区是设立在内陆地区的具有保税港区功能的海关特殊监管区域。

（　　）8. M2C、B2B 和 C2C 都是面向最终消费者的，因此又可统称为跨境网络零售。

（　　）9. 淘宝在国内 B2C 领域发展最为壮大，占据垄断地位。

（　　）10. 移动网络的应用推动线上与线下商务之间的融合，促进了跨境电商 B2C 出口的发展。

三、名词解释

1. 报关
2. TPP
3. 出口退税
4. 综合保税区
5. TTIP
6. 清关
7. FTA
8. 自贸区

四、简答题

1. 我国跨境电子商务面临的挑战有哪些？
2. 如何区分广义的自贸区和狭义的自贸区？
3. 跨境电子商务最大的优势是什么？
4. 举例说明什么是 C2C 模式。
5. 随着跨境电子商务经济的不断发展，需要哪些配套企业为其提供服务？

第2章 跨境电商平台规则及卖家注册

1. Amazon

亚马逊，是一家土生土长的美国公司，成立于1995年，位于美国华盛顿州的西雅图，是最早通过网络经营电子商务的公司之一。刚开始，亚马逊平台只是经营书籍，但是随着业务区域的不断扩大，经营的产品类目也不断地扩大。2001年，Amazon开始推广第三方开放平台（Marketplace），2002年推出网络服务（AWS），2005年推出Prime服务，2007年开始向第三方卖家提供外包物流服务FBA（Fulfillment by Amazon），2010年推出KDP的前身自助数字出版平台DTP（Digital Text Platform）。Amazon（美国网站首页见图2-1）逐步推出这些服务，使其不断超越网络零售商的范围，成为了一家综合服务提供商。目前，亚马逊平台上的经营包括影视、音乐和游戏、电子和电脑、家居园艺用品、玩具、婴幼儿用品、食品、服饰、鞋类和珠宝、健康和个人护理用品、体育及户外用品、玩具、汽车及工业产品等。

Amazon分为北美平台、欧洲平台、亚洲平台。北美平台主要分为：美国、加拿大；欧洲平台主要分为：英国、德国、意大利、法国、西班牙；亚洲平台主要是日本。

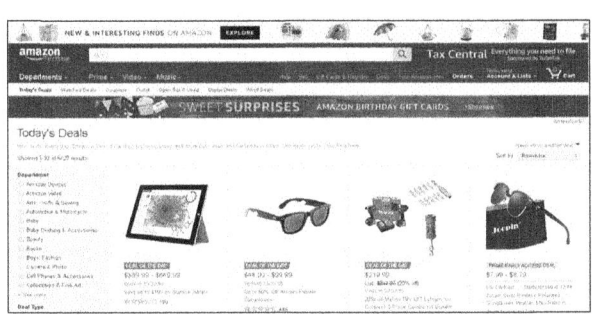

图2-1 美国亚马逊首页截图

1.1 亚马逊平台注册

1.1.1 亚马逊账户类型

亚马逊账户类型有个人销售计划（Individual）和专业销售计划（Professional）。无论是个人还是公司都可以申请"个人账户（Individual）"；同样，不论是个人还是公司也都可以申请"专业账户（Professional）"。

无论是个人还是公司，都可以注册这两种销售计划。这两种计划的主要区别在于费用结构和功能使用权限上。以美国市场为例，从表 2-1 可以清晰地看到，"个人销售计划"会被收取按件收费的费用，而"专业销售计划"账户则需要支付月度的订阅费。

以上两种销售计划之间是可以相互转化的。如果当卖家注册的时候注册了个人销售计划，之后也可以在后台自助升级为专业销售计划；如果卖家注册时候是专业销售计划，后续也可以降级为个人销售计划。所以，卖家若想在亚马逊销售，就算没有公司资质，一样也可以在亚马逊上申请一个专业销售计划。

表 2-1　　　　　　　　　　　　亚马逊账号类型

账号类型	个人销售计划（Individual）	专业销售计划（Professional）
注册主体	个人/公司	个人/公司
月租金	免费	39.99 美元/月
按件收费	0.99 美元/件	免费
销售佣金	根据不同品类亚马逊收取不同比例的佣金，一般为 8%～15%	
功能区别	单一上传，无数据报告	单一上传/批量上传，可下载数据报告

1.1.2　亚马逊开店注册

下面以北美站点为例来讲解如何注册亚马逊店铺。

注册亚马逊卖家需要以下资料：

- 电子邮箱地址。
- 个人或者公司的名称、地址、联系方式。
- 可以支付美元的双币信用卡（Visa，MasterCard 等）。
- 在注册期间可以联系到的电话号码。

亚马逊北美开店注册流程如下：

第一步：点击登录亚马逊官方网站 http：//gs.amazon.cn 注册，选择北美站点进行注册。需要注意的是，注册过程中，所有信息应使用拼音或者英文填写（见图 2-2）。

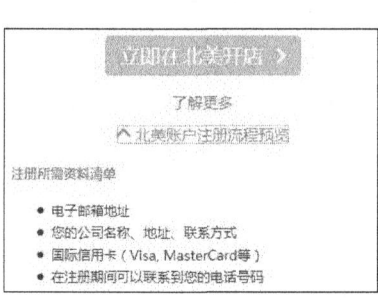

图 2-2　亚马逊北美站点注册页面 1

第二步：创建用户，按要求输入邮件地址（见图2-3）。

图2-3 亚马逊北美站点注册页面2

第三步：填写账户姓名，邮箱地址，创建用户密码（见图2-4）。

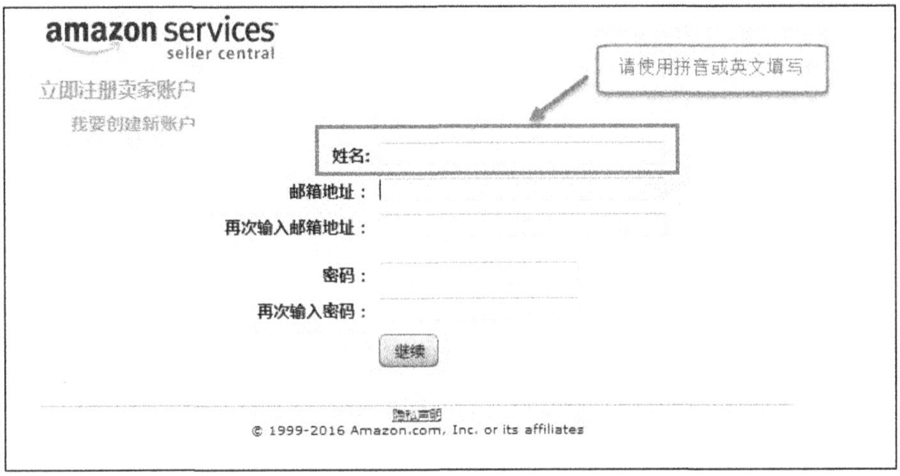

图2-4 亚马逊北美站点注册页面3

第四步：无论是公司用户还是个人用户，均使用英文或拼音填写注册名称。选择同意相关协议（见图2-5）。

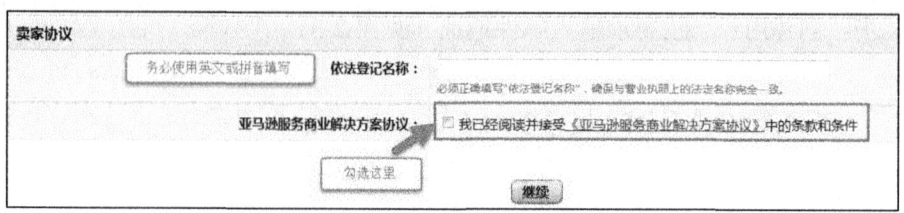

图 2-5　亚马逊北美站点注册页面 4

第五步：使用拼音或英文继续输入卖家信息（见图 2-6）。

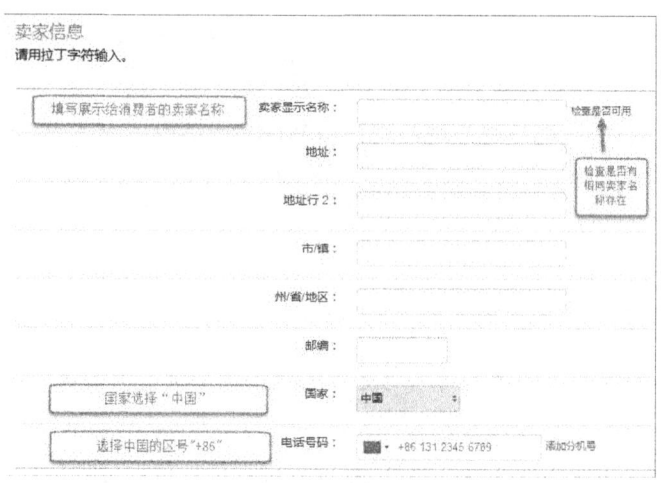

图 2-6　亚马逊北美站点注册页面 5

第六步：输入信用卡信息（见图 2-7）。

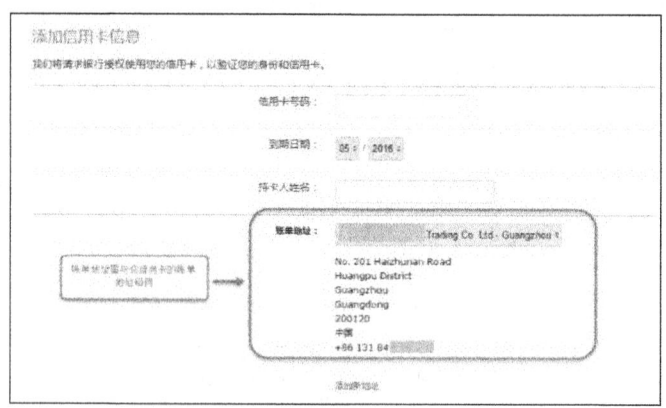

图 2-7　亚马逊北美站点注册页面 6

注意：
- 使用可以支付美元的双币信用卡，Visa，MasterCard 卡均可。

- 确认默认地址信息是否与信用卡账单地址相同。如不同，请使用英文或者拼音填写地址。
- 信用卡持卡人与账户注册人无须为同一人；公司账户亦可使用个人信用卡。
- 若填写信息正确，系统会尝试对该信用卡进行预授权以验证该信用卡尚有信用额度，持卡人可能会收到发卡行的预授权提醒。
- 在注册完成和账户运营过程中，可随时更换信用卡信息。
- 此信用卡是用于在账户结算时，卖家账户结余不足以抵扣相关款项，系统会从此信用卡中扣除月费或其他销售费用。
- 如果卖家收到通知，告知卖家账户中注册的信用卡信息无效，请检查账单地址是否与信用卡对账单中的账单地址完全相同；或与开户银行核实，确认信用卡尚未过期，具有充足的信用额度，且对被拒金额的网上扣款无任何限制。

第七步：验证电话号码，可使用听取电话或者接收短信获取验证码。点击"立即与我联系"，会接到一个系统打来的电话，然后电脑会显示4位数字，接起电话把4位数字输入进去，按#号结束，即可完成验证（见图2-8）。

（a）

（b）

图2-8 亚马逊北美站点注册页面7

第八步：进行税务审核

美国纳税审核是一个自助的审核过程，它将指导卖家输入卖家的身份信息确认卖家的账户是否需要缴纳美国相关税费。大部分身份信息会从卖家之前填写的信息中提取出来预先填入，为了尽可能高效地满足美国税务部门的要求，请在审核过程中确保回答所有问题并输入所需的所有信息。中国卖家也必须完成此审核流程才可完成注册流程。

- 首先开始税务身份验证（见图2-9）。

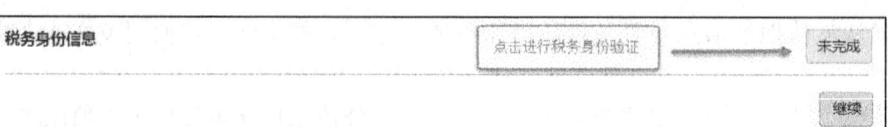

图 2-9　亚马逊北美站点注册页面 8

- 点击"上线审核向导"开始税务审查（见图 2-10）。

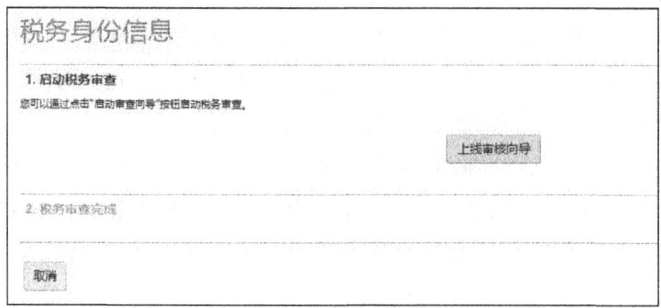

图 2-10　亚马逊北美站点注册页面 9

- 确认公司或个人非美国身份（见图 2-11）。

图 2-11　亚马逊北美站点注册页面 10

- 选择受益人性质——公司或个人（见图2-12）。

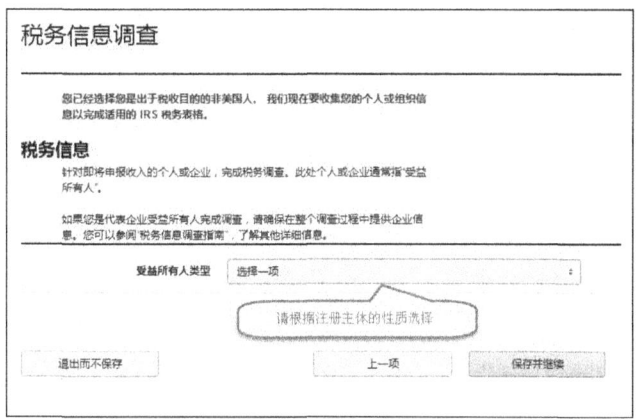

图2-12　亚马逊北美站点注册页面11

- 此处请确认Part I部分有关账户受益人的信息准确。如果任何字段有无，请返回上一页并更新卖家的信息。如信息经检查后无误，请点击"保存并继续"（见图2-13）。

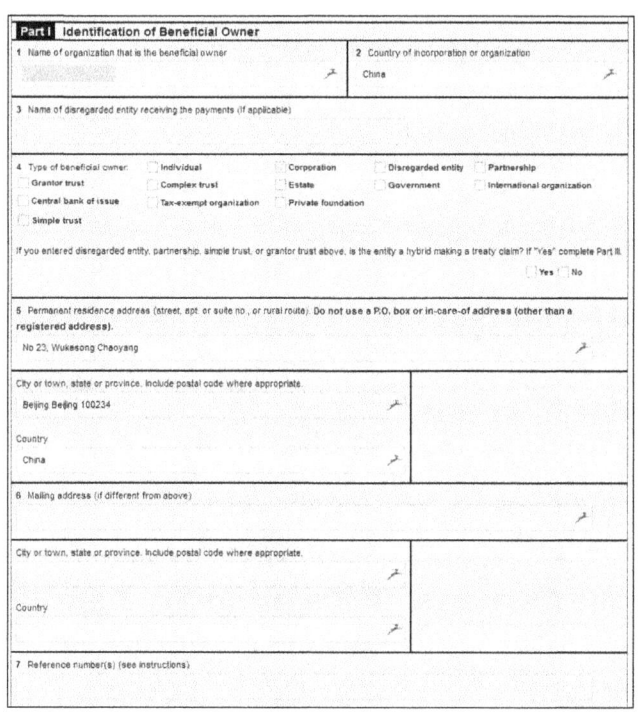

图2-13　亚马逊北美站点注册页面12

- 进入"税务信息调查"，选择"同意提供电子签名"，然后提交，再根据要求填写信息，完成后提交（见图2-14）。

图2-14　亚马逊北美站点注册页面13

- 此处直接点击"结束审核"（见图2-15）。

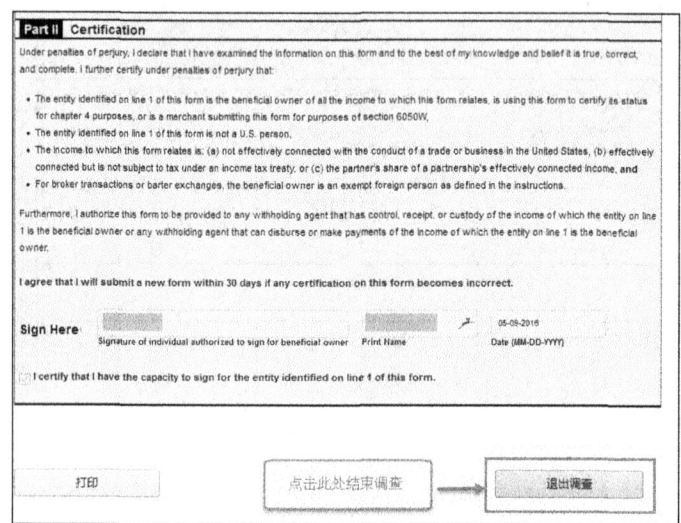

图2-15　亚马逊北美站点注册页面14

第九步：完成上述步骤后，账户注册已完成，可以进入卖家后台进行管理了。

1.2 亚马逊平台规则

1.2.1 Listing跟卖

①什么是Listing跟卖

Amazon独有的Listing机制，是亚马逊为了营造一个健康良性的竞争体系，希望更多的供应商和制造商，给出质量最好、价格最优惠的产品，所以，当一个卖家上传了某个产品的页面，这个页面的控制权就不再是这个当初创建页面的卖家的了，所有的数据讯息包括图片，都保存在亚马逊的后台，所有卖家只要有这个类别的销售权限，他就可以点击"Have one to sell? —Sell on Amazon"然后开始也卖这个东西，例如，A卖家创建了一个产品页，其他同款卖家看见后可以在上面增加一个按钮链接到自己的产品，也在这个页面里面卖同样的东西。这样就出现了一个产品页面，底下有几个几十个甚至更多的卖家在卖同一种东西。这对新卖家来说是好机会，可以分享到别人的流量，但很容易直接引发价格战。采取跟卖策略的卖家，必须遵循跟卖的规则：首先确认必须卖正品，不可以卖假货；第二，需要确认产品必须100%一致，包括每一个细节，不可以有出入。另外，还要注意不要触犯侵权问题，一旦被投诉侵权就会被平台处罚。

②玩转Listing

跟卖的优势：
- 不用自己去创建页面，想卖就卖不想卖就下架，省事省力省心。
- 商品的出价会立即出现在排名靠前的Listing中。
- 直接效果就是单量的增加带动流量上升，自己上架的产品也可能卖出去。

跟卖的风险：
- 直接引发价格战，导致低利润。
- 容易被Listing所有者投诉侵权，一旦投诉成功就会被封账号。

③跟卖策略

首先要确保自己的商品和跟卖的Listing描述完全一致，包括商品本身、包装、卖点、功能、描述等；否则，买家收到货如发现任何和描述不一致的地方，都可以向Amazon投诉。所跟卖的卖家也有可能对订单进行"Test Buy"，如发现和描述不一致，也可以向Amazon投诉。

- 跟卖时尽量设置较低的价格，价格越低获得购物车的可能性越高。抢夺购物车的权重依次为：FBA大于价格大于或等于信誉度。
- 谨慎选择跟卖Listing，如果一款产品好卖，又没有人跟卖的最大的可能就是这个产品是品牌有授权的，别人一跟卖他们就会被投诉。
- 了解产品是否注册品牌，可以在网上搜索或者去商标网站查看，主要通过Google搜索。
- 如果被投诉侵权要立刻取消跟卖，并积极和对方沟通了解是否真实发生了侵权行为。

1.2.2 Amazon账号被封主要原因及申诉

①Amazon账号被封主要原因

- 亚马逊关联

为了避免账号关联，在操作新账号时，保证IP路由、网卡、系统是全新的。多账号操作时，不要使用相同的税号信息和收款账号，否则会封闭其中一个账号。若办公地址发生变更，请及时联系亚马逊客服说明情况。

• 跟卖侵权

跟卖产品之前，一定要了解清楚对方产品是否注册了商标和外观专利，尤其是标志了LOGO 的产品，千万不要想当然，到相关商标网站查清楚了再去跟卖。一收到警告，必须马上下架跟卖的 Listings，最好给对方卖家写封邮件以示道歉。一旦跟卖有商标的产品，被对方卖家控诉侵权，直接封号。

• 好评太少，差评过多

评价少，好评就更少。老外似乎都没有留评价的习惯，更何况是好评。差评过多会移除销售权，甚至封号。如果是少数差评和 A-to-Z，确实解决不了，不影响 ODR 超标的情况下建议不要太纠结，关键是想办法冲更多的订单来增大分母。

• 产品缺乏相关认证

某些产品需要取得相关认证方可在某些国家销售，如产品授权认证，安全认证等。在欧洲站点，电子产品、玩具、医疗设备等需要取得 CE 认证。政策违规是累计的，很难被撤销。

• 产品与图片不符

为了提升转化率，我们不断优化产品详情，但要注意，在跟卖的时候，切记不要夸大其词，根据实际情况撰写产品描述，上传的图片必须与发货的产品一致，否则会遭到退货和差评，导致账号被封。

②申诉

• 搞清楚是什么原因导致卖家账户销售权限被移除

账户销售权限被移除以后亚马逊一般都会发一封 Notification 给卖家，卖家可以通过这封邮件得知准确的原因，到底是因为账户表现差，还是违反亚马逊的销售政策或者销售了平台禁售的产品。

• 评估过往的销售操作

检查客户指标，找出那些给客户带来差的用户体验的订单和不达标的参数；同时也检查下账户目前的产品 Listing，看看这些产品有没有那些违反亚马逊的政策的（比如侵权或者假货之类的）。

• 创建一个补救的行动计划

写一个行动计划概括一下卖家在第二步中发现的与账户销售权限被移除有关的问题，提供一个能够有效解决相关问题的精确的行动计划可以很大程度上恢复卖家账号的销售权限。

申诉的内容的补救行动计划务必要包含以下几点：

• 应让亚马逊知道卖家已明确了自己在销售或者产品管理中存在某些特定的问题。
• 卖家说明会如何去改进和避免这些出现的问题。
• 补救行动计划写完后，将其发送给亚马逊希望其恢复卖家销售权限。

2. eBay

eBay 平台创办于 1995 年的美国加利福尼亚，在创立之初，它只是一个商品拍卖的平台，用户在平台上可以针对自己的商品发起拍卖。如今 eBay 已经成长为一家从事各类商品销售的 B2C 销售平台，利用其强大的平台优势和旗下全球市场占有率第一的支付工具 Paypal 为全球商家提供网上零售服务。eBay 已经拥有超过 3.8 亿的全球买家，40 个站点分布全球，在 215 个国家都有 eBay 的买家。

eBay 平台允许个人注册，在收费上分为刊登费和成交费两类费用。eBay 平台面对不同的国家，收费也是不一样的；如果开设店铺，是按月或按年计费单独计收店铺费的；作为免费卖家，允许最多刊登 50 款产品，超过 50 款产品后，如果还需要刊登是需要额外收费的；而如果开设店铺，那么可免费刊登产品的数量就可以大幅提升。另外，eBay 平台中为了提高产品的曝光以加大流量，还设置了一些特色功能，包括在搜索结果中使用大图片、使用产品展示主题等，但个案用户需缴纳相关的费用。这样看来，eBay 平台可以理解为一个完全自由选择的大型市场，在市场中如何销售，用什么样的方式去销售，取决于用户在这个市场中选择了哪些服务。

通过 eBay 的全球平台，中国卖家的支付、语言、政策、品牌、物流等问题得到很好的解决，同时在出口电商网络零售领域发挥自身优势，将产品销售到世界各国，直接面对亿万消费者。中国卖家可通过 eBay 推广自有品牌，提升世界地位认可度。

2.1 eBay 平台注册

创建一个 eBay 交易账号，即可轻松开拓海外直销渠道。

①注册

第一步：打开 http://www.ebay.com.hk，点击左上角的"注册"按钮，卖家会被带到 eBay 香港平台填写注册表单。卖家应尽量用拼音或英文填写姓名栏，便于今后国外买家与卖家联系。另外，使用大型电子邮件服务商提供的邮件服务作为注册邮箱，可确保卖家与海外买家的沟通及时有效。卖家需先选择居住国家或地区，并根据实际情况填写真实资料。完成后点击页面下方的"登记成为会员"按钮（见图 2-16）。

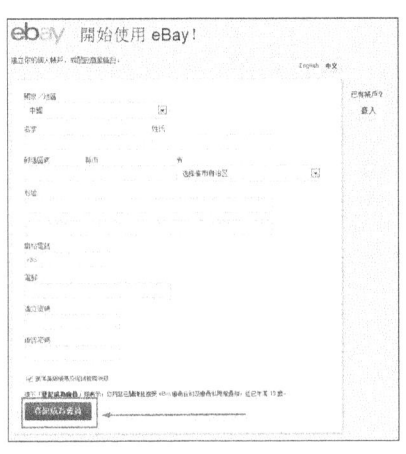

图 2-16 eBay 平台注册页面 1

第二步：部分用户会来到"请确认电话号码"页面。可选择一种验证方式（见图 2-17）。

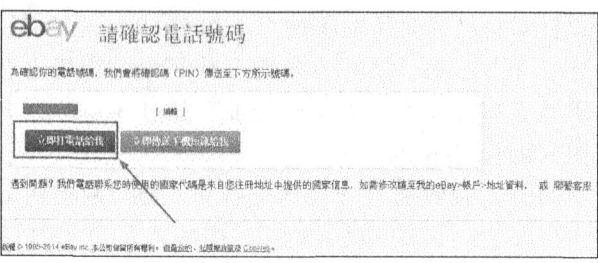

图 2-17　eBay 平台注册页面 2

第三步：请按照 eBay 的电话或短信提示，输入 PIN 码。完成验证后卖家将看到注册成功提示，系统将分配给卖家一个用户名（见图 2-18）。

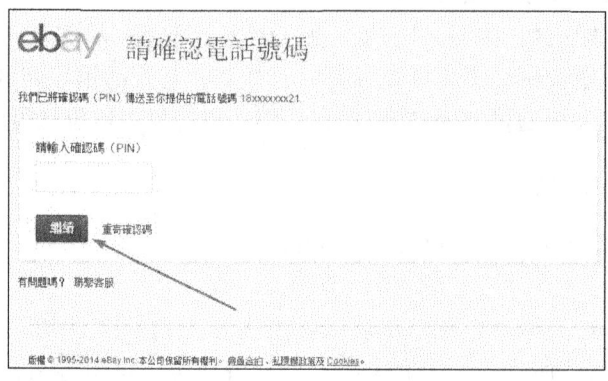

图 2-18　eBay 平台注册页面 3

第四步：如果卖家想设置个性化的用户名，请点此登录。在进入"变更会员账号"页面后，卖家可设置新的会员账号名称，再点击"储存"即可（见图 2-19）。

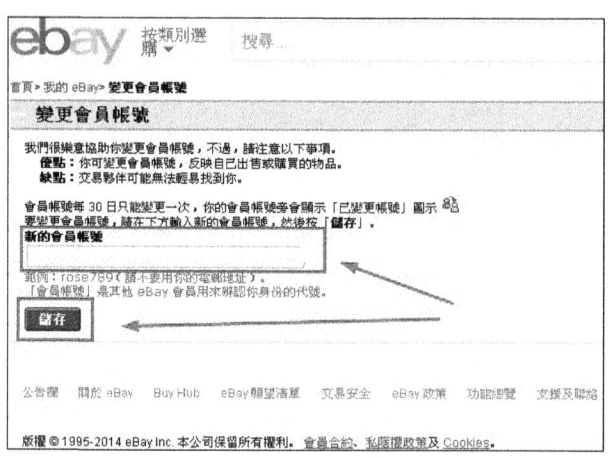

图 2-19　eBay 平台注册页面 4

②认证

信用卡认证 eBay 账号的操作步骤：

第一步：点击认证链接，完成登录操作后，卖家将被带到确认身份页面。请选择"透过信用卡确认身份"选项，然后点击"继续"（见图 2-20）。

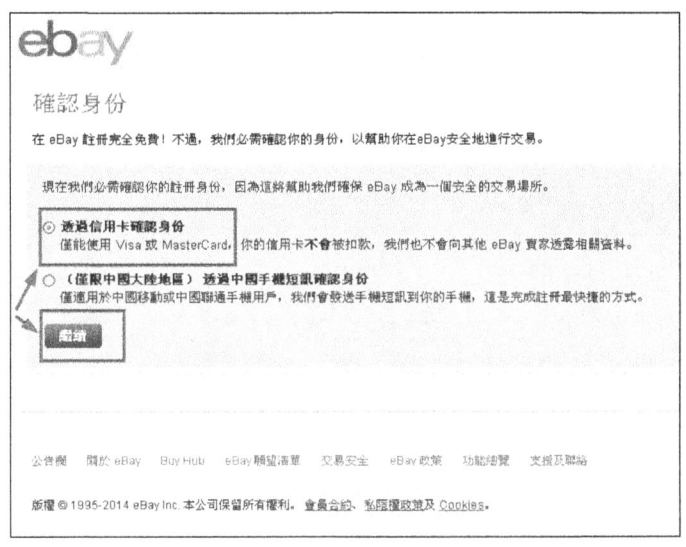

图 2-20　信用卡认证 eBay 账号页面 1

第二步：请正确填写卖家的个人信用卡信息，然后点击"继续"（见图 2-21）。

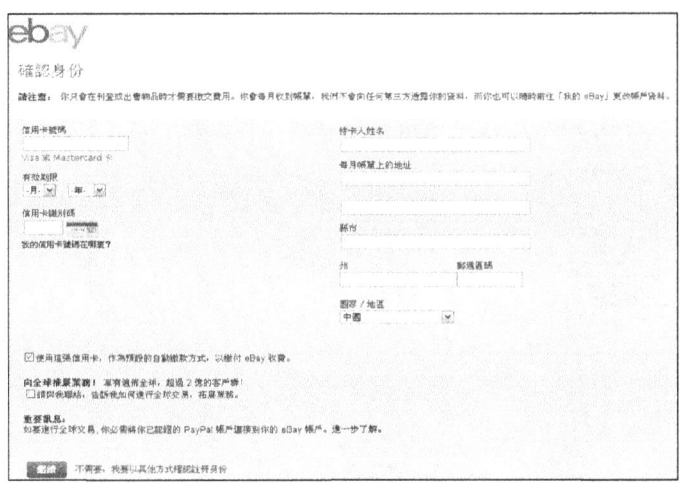

图 2-21　信用卡认证 eBay 账号页面 2

第三步：进入信用卡使用合约页面。确认条款后点击"授权信用卡"按钮，完成信用卡认证（见图 2-22）。

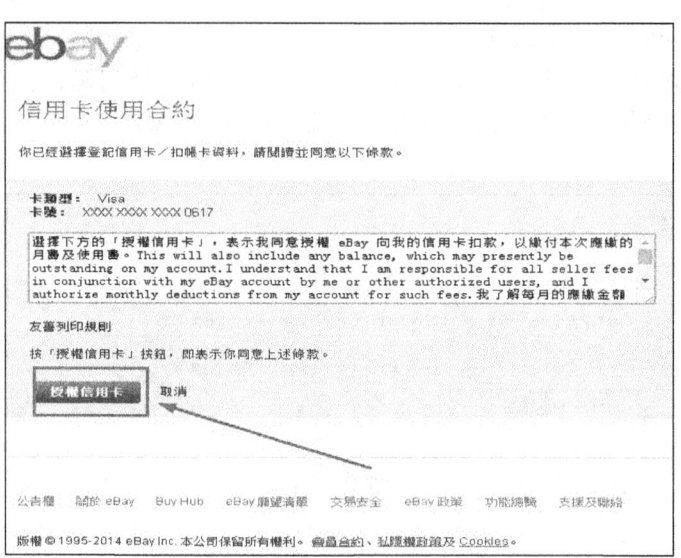

图 2-22　信用卡认证 eBay 账号页面 3

手机短信认证 eBay 账号的操作步骤：

第一步：点击认证链接，完成登录操作后，卖家将被带到确认身份页面。
请选择"透过中国手机短信确认身份"选项，再点击"继续"（见图 2-23）。

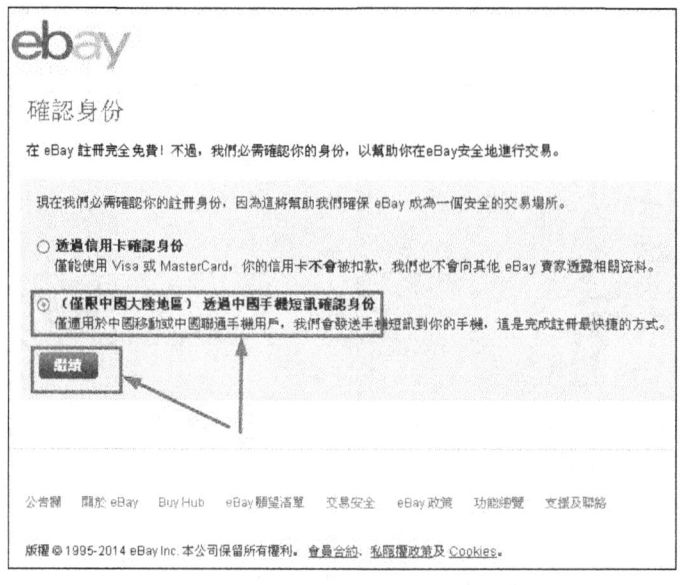

图 2-23　手机认证 eBay 账号页面 1

第二步：请在"透过手机短信确认身份"页面，输入手机号码，然后点选"以这个号码作为账号的联络号码"，然后再点击"传送手机短讯给我"进行验证（见图 2-24）。

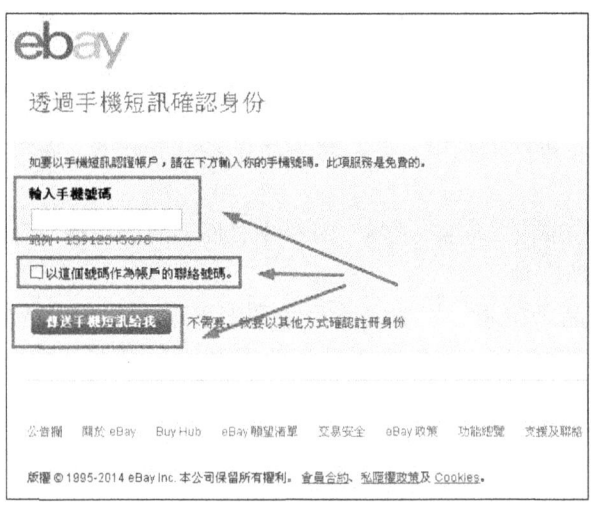

图 2-24　手机认证 eBay 账号页面 2

第三步：请在下一页面输入 eBay 发送到手机上的验证码，点击"继续"，即可完成手机短信认证（见图 2-25）。

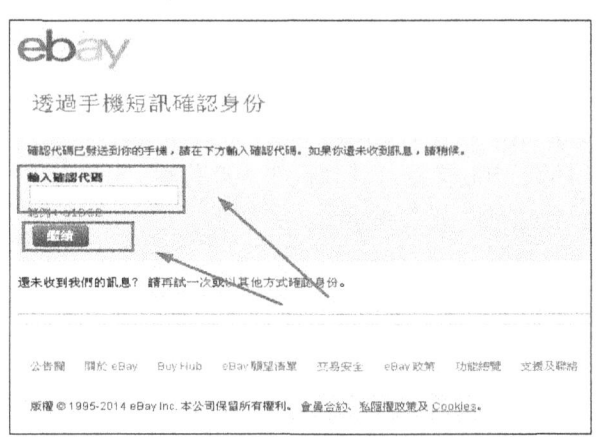

图 2-25　手机认证 eBay 账号页面 3

2.2　eBay 平台规则

eBay 希望卖家能持续不断地提供优质服务以提高买家的满意度，为了让买家拥有更好的购物体验，卖家在刊登物品和提供物流服务时须符合以下准则：

2.2.1　刊登规则

正确描述刊登的物品信息不仅可以提高成交率，也可避免卖家交易过后因物品描述不符而产生不必要的交易纠纷，不正确的刊登描述会扰乱 eBay 市场交易秩序。刊登描述不当会导致违规商品被删除、账户受限，严重者账户会被冻结，在刊登物品时，卖家应特别注意以下规则：

- 选择正确的物品分类

物品必须刊登在正确的类别中，如某物品存在多级子分类，需将物品刊登在相对应的分类中。

例如：戒指需要登录在"珠宝>戒指"分类中，而不能登录在"珠宝>其他"分类中。

- 正确设置物品所在地

卖家必须在"物品所在地"栏如实填写物品寄出地点；一般情况下物品所在地需与账户信息相符，如果物品所在地在外地或其他国家，务必在刊登时选择真实的所在地（不能仅在物品描述中作声明），避免日后不必要的交易纠纷；需特别注意运费的设置要与物品所在地相匹配。

若账户信息为中国，物品所在地为美国，物品被一个美国卖家拍下，运费价格需与美国当地运费相匹配，而不能设置为中国到美国的运费。

- 使用符合 eBay 标准的链接

在 eBay 刊登物品时，可以在物品描述中使用一些链接来帮助促销物品。但是，有些类型的链接是不允许的，例如，不能链接到个人或商业网站。任何链接均不能指向 eBay 以外含物品销售信息的页面。

- 物品图片标准

高品质的图片能给买家提供更好的购物体验，使物品更容易售出，因此 eBay 对物品图片刊登有一套详细标准：

- 所有物品刊登必须至少包含一张图片。
- 图片的长边不得低于 500 像素（建议高于 800 像素）。
- 图片不得包含任何边框、文字或插图。
- 二手物品刊登不得使用 eBay catalog 图片。
- 请务必尊重知识产权，不得盗用他人的图片及描述。
- 预售刊登必须符合预售刊登规则。

预售刊登是指卖方刊登那些他们在刊登时未拥有的物品。此类刊登的物品，通常在对大众的交货日期前就已预先出售。

卖方需保证自物品购买之日（即刊登结束之日或从 eBay 店面购买刊登物品之日）起 30 天之内可以送货，eBay 允许其有限制地刊登预售物品。

在 eBay 刊登（预售）物品的卖方，必须在刊登时表明：

- 该物品为预售物品，并说明交货日期，保证物品在刊登结束之日起 30 天内送出。
- 此外，这些文字必须（至少）用 3 号 HTML 字体。对于未注明这些资讯的任何预售物品，eBay 都会结束其刊登。

2.2.2 交易行为规范

①严禁卖家成交不卖

当卖家刊登在 eBay 上的物品有买家成功竞标，买卖双方相当于签订了交易合同，双方必须在诚信的基础上完成交易。根据这一合约，卖家不可以在网上成功竞标后拒绝实际成交、收到货款不发货。

如果卖家因为物品本身的原因无法完成交易（如损坏），卖家需及时与买方沟通，解释说明并提供解决方案，以获得买家的理解与谅解。虽然在这种情况下，eBay鼓励买家与卖家进行沟通，获取新的解决方案，但买家不是一定要接受卖家的新建议。所以，请卖家在刊登商品时务必熟知商品库存，在收到款项后及时发货，避免违反此政策。

②禁止卖家自我抬价

"自我抬价"是指人为抬高物品价格，以提高物品价格或增大需求为目的的出价行为，或者是能够获得一般大众无法获得的卖家物品信息的个人的出价。也就是卖家在竞拍的过程中，通过注册或操纵其他用户名虚假出价，或者是由卖家本人或与卖家有关联的人所进行，从而达到将价格抬高的目的。

自我抬价以不公平的手段来提高物品价格，会造成买家不信任出价系统，为eBay全球网络交易带来负面的影响。此外，这种行为在全球很多地方都是被法律所禁止的，为确保eBay全球交易的公平公正，eBay禁止抬价。

由于卖家的家人、朋友和同事可以从卖家那里得到其他用户无法得到的物品信息，因此即使他们有意购买物品，为保证公平竞价，亦不应参与出价竞投。不过，家人、朋友和同事可在不违反本政策的条件下，以"一口价"的方式直接购买物品。

如果卖家认为有会员利用假出价动作，提高价格或热门程度，可向eBay检举，并请确保于检举问题中提供"会员账号"和物品编号。

3. Wish

Wish平台是近年来中国跨境B2C平台上最炙手可热的平台之一，它成立于2011年12月，准确地说，Wish平台不能叫作传统意义上的电商平台，而是一个移动电商平台。Wish平台的理念就是完全回归消费者的喜好，而不用太多的推广方式或关键词等来进行营销。

作为较新的电商平台Wish，不得不说它是跨境电商移动端平台的一匹黑马，从下面几个数据就可以看出它到底有多"黑"：凭借仅50人的团队，只用了3年时间，就成为北美最大的移动购物平台，95%的订单来自移动端，89%的卖家来自中国，APP日均下载量稳定在10万左右，注册用户数超过3300万，日活跃用户100万，重复购买率超过50%，向卖家收取高达15%的佣金费率。一组组令人尖叫的数据亮瞎了许多人的眼，也让Wish在中国跨境电商中迅速蹿红。

Wish的优势在于坚持追求简单直接的风格，不讨好大卖家，也不扶持小卖家，全部通过技术算法将消费者与想要购买的物品连接起来。卖家进驻门槛低、平台流量大、成单率高、利润率远高于传统电商平台。与PC端展开差异化竞争，利用移动平台的特点，卖家不用牺牲产品价格来取胜。

3.1 Wish平台注册

3.1.1 卖家注册Wish必备

- 准备相关企业认证资料，如营业执照、法人身份证、品牌授权书等相关文件。
- 找到合适的货源和物流渠道以及能够高速运转的工作团队。
- 准备符合Wish要求的产品资料，比如图片、价格、文案等。

3.1.2 注册流程

第一步：登录 Wish 商户平台 https://www.merchant.wish.com 并点击"免费使用"（见图 2-26）。

图 2-26　Wish 平台注册页面 1

第二步：进入"开始创建您的 Wish 店铺"页面，请注意以下注意事项：
- 请选择习惯使用的语言，英文或者中文。选择按钮在页面的右上角。
- 请输入常用的邮箱开始注册流程。该邮箱也将成为未来登录账户的用户名。若已有 Wish 卖家账户，请点击"登录"。
- 请输入店铺名称，请确认店铺名称不能含有"Wish"的字样。店铺名称一旦确定将无法更改。
- 请输入登录密码。为确保账户安全，密码必须不少于 7 个字符，并且包含字母、数字和符号。
- 输入验证码，请注意切换到大写状态，不然会提示验证码有误。

当完成以上所有步骤之后，请点击"创建您的店铺"（见图 2-27）。

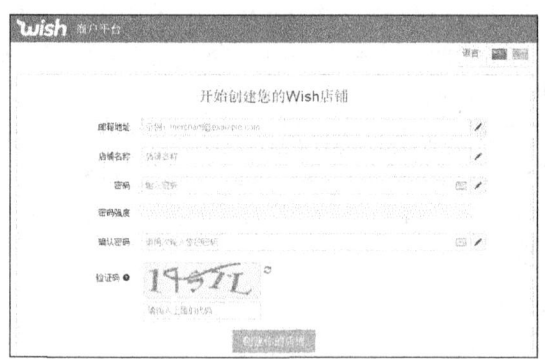

图 2-27　Wish 平台注册页面 2

第三步：按照要求填完相关信息后，提交第一产品进行店铺审核，在店铺审核过程中 Wish 会给每一个店铺分配一个客户经理，客户经理会发送一封邮件收集信息。

第四步：设置配送范围。默认仅配送到美国，卖家可以在后台修改为配送到全球，如果仅配送到美国只会得到来自美国的流量。

3.2 Wish 平台规则

Wish 与其他平台最大的区别是：Wish 主要使用手机 APP 购物，因此在上传产品时不能按照以往的方式来做，另外，Wish 与传统的产品展示方法不同，它是根据用户的基本信息和浏览记录等行为给用户打上"标签"，并不断收集记录更正这些信息，为用户创建多个维度兴趣"标签"，依据这些多维度兴趣"标签"和一定的算法来给客户进行相关产品的推荐，来提高推荐产品的准确性。因此，在上传产品时，要注意产品的标题、图片、价格、属性、Tags 标签等问题。

3.2.1 Wish 标题搜索权重小，不能够像速卖通或者其他平台一样，通过堆砌关键词来获得搜索流量，Wish 标题简洁明了、与产品相关性强。

3.2.2 由于 Wish 是手机 APP 购物，因此，图片不应过多，4~8 张为宜。图片质量要高，应为 400×400 以上像素，方形。

3.2.3 颜色和尺码的属性选择以及准确的产品描述有利于提升产品推送曝光。

3.2.4 产品价格和运费占比要合理，Wish 不提倡价格战，但是合理的价格定位还是有助提升转化率；产品价格不应太高，在 15~30 美元之间。价格太高转化率就会很低。

3.2.5 Tags 标签搜索全重大，应尤为重视，Tags 最多 10 个，位置越靠前，权重越大，要把重要的写前面。Tags 涉及推送之后的转化率，因此，Tags 一定要能够精准说明产品，尽量包含一些大词和流行词，在一定程度能影响到推送权重。

Wish 是自动推送规则，精美的图片、精准的 Tags、简练的标题、一针见血的描述、多选 SKU、具有吸引力的价格等都是获得推送的关键维度。根据 Wish 的规则，每一个通过审核上架的产品都能公平得到推送，而这一周期为 3~7 天。期间 Wish 系统也有一套算法，推送期间流量达标、转化率达标将会继续推送，黄钻也会在这些产品中产生。

4. 全球速卖通

全球速卖通（AliExpress）正式上线于 2010 年 4 月，是阿里巴巴旗下唯一面向全球市场打造的在线交易平台，被广大卖家称为"国际版淘宝"。全球速卖通面向海外买家，通过支付宝国际账户进行担保交易，并使用国际快递发货，是全球第三大英文在线购物网站。

截至 2016 年 11 月，全球速卖通已经覆盖 230 多个国家和地区的买家；覆盖服装服饰、3C、家居、饰品等共 30 个一级行业类目；其优势行业主要有服装服饰、手机通信、鞋包、美容健康、珠宝手表、消费电子、电脑网络、家居、汽车摩托车配件、灯具，等等。

全球速卖通（AliExpress）是阿里巴巴帮助中小企业接触终端批发零售商，小批量多批次快速销售，拓展利润空间而全力打造的融合订单、支付、物流于一体的外贸在线交易平台。

4.1 全球速卖通注册

4.1.1 招商入驻要求

2017 年 1 月 1 日起，平台关闭个人账户转为企业账户的申请入口，所有新账户必须以企业身份进行卖家账号注册及认证。一家企业在一个经营大类下可经营店铺数量限3家。

①所有商家准入该经营大类账号需要完成企业认证。

②经合法登记注册过的公司或企业（不包括个体工商户）。

③需要提供四证（营业执照、组织机构代码证、税务登记证、银行开户证书）或多证合一后有统一社会信用代码的营业执照及银行开户证。

④申请不同店铺类型，对于品牌的资质要求会有所不同。

⑤商品需符合法律及行业标准的质量要求。

4.1.2 全球速卖通平台注册流程

从2016年4月1日开始，新卖家在入驻时需要有企业身份，不再允许个人（包括个体工商户）卖家入驻。同时，类目准入也需要企业身份的账号才能申请。注册流程如下：

第一步：打开速卖通主页 https://www.aliexpress.com，点击右上角"join"按钮，然后填写邮件地址，验证，点击下一步（见图2-28）。

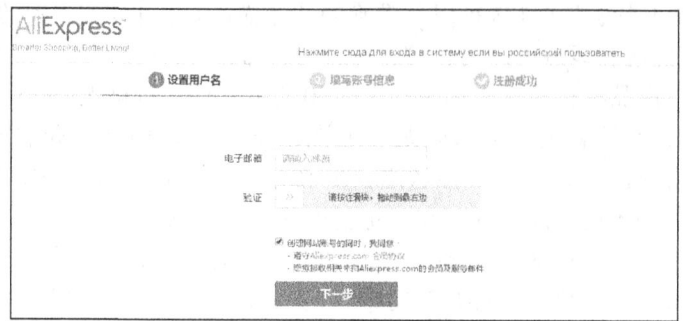

图2-28 全球速卖通注册页面1

第二步：注册邮箱，查找邮件，点击完成注册（见图2-29）。

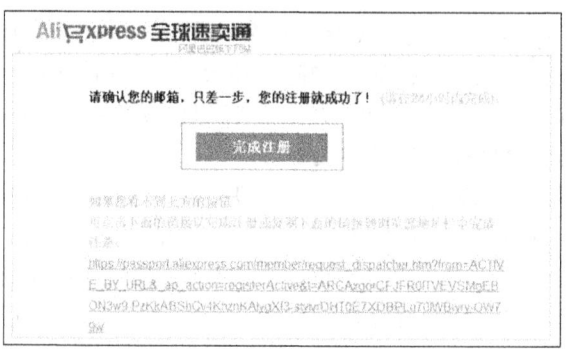

图2-29 全球速卖通注册页面2

第三步：跳转到填写账号信息页面后（此处需要一个英文名，不要只填写名字，还要注意写上英文的姓氏，同时要填写正确的手机号）（见图2-30）。

图 2-30　全球速卖通注册页面 3

第四步：信息填写完毕，点击确定后手机将会收到验证码。填写手机上收到的验证码，点击确定完成注册（见图 2-31 和图 2-32）。

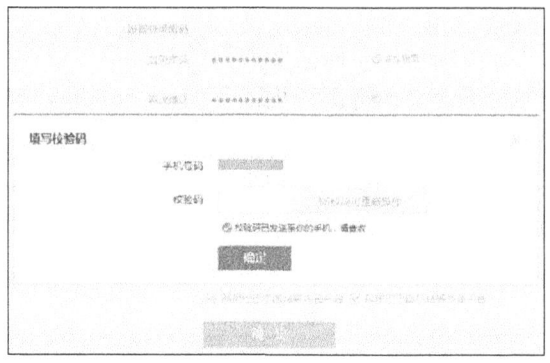

图 2-31　全球速卖通注册页面 4

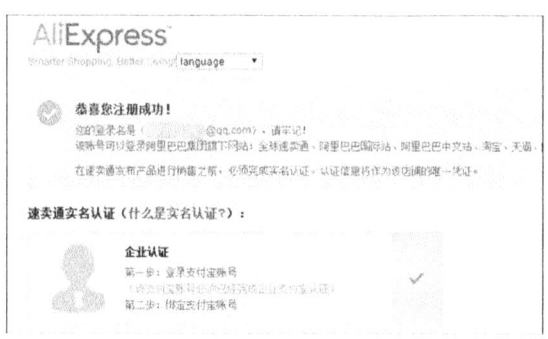

图 2-32　全球速卖通注册页面 5

第五步：进行企业认证。第一步：登录支付宝账号（该支付宝账号必须已经完成企业支付宝认证）第二步：绑定支付宝账号（见图2-33）。

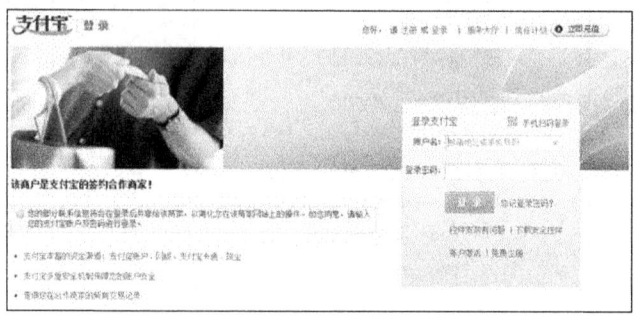

图 2-33　全球速卖通注册页面6

第六步：绑定完成后就到认证的环节，需要严格根据要求上传企业资料，完成注册。

4.2　全球速卖通发布存在的问题

4.2.1　类目错放

类目错放是指商品实际类别与发布商品所选择的类目不一致。这类错误可能导致网站前台商品展示在错误的类目下，平台将进行规范和处理，请检查错放产品的这类信息，进行修改，新发产品也请正确填写类目信息。例如，将手机壳错放到化妆包"Cosmetic Bags & Cases"中，正确的类目应该为：电话和通信（Phones & Telecommunications）>手机配件和零件（Mobile Phone Accessories & Parts）>手机包/手机壳（Mobile Phone Bags & Cases）（见图2-34）。

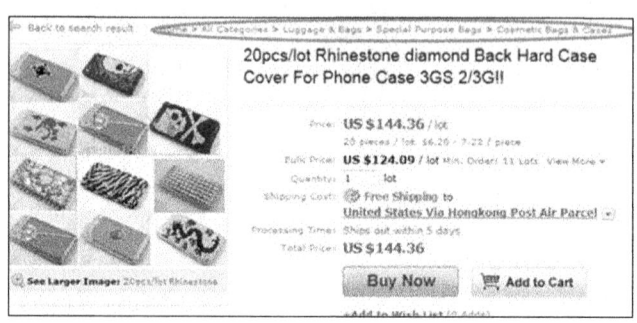

图 2-34　类目错放举例

4.2.2　属性错选

属性错选是指用户发布商品时，类目选择正确，但选择的属性与商品的实际属性不一致的情形。

这类错误都可能导致网站前台商品展示在错误的属性下，平台会进行规范和处理，需检查错放产品的这项信息，进行修改，新发产品正确填写属性信息。例如，该商品为"short sleeve"，但是在商品发布时卖家选择了属性"sleeve length"的"full"属性值，则在前台导航时，当用户选择了"full"，则被展示出来，属于错误曝光的一种，影响了这件商品的成交转化（见图2-35）。

图2-35 属性错选举例

对于属性错选的商品，平台在搜索排名中靠后，将该商品记录到搜索作弊违规商品总数里，当店铺搜索作弊违规商品累计达到一定量后，再给予整个店铺不同程度的搜索排名靠后处理；情节严重的，将对店铺进行屏蔽；情节特别严重的，将冻结账户或直接关闭账户。

4.2.3 标题堆砌

标题堆砌是指在商品标题描述中出现关键词使用多次的行为。例如，Stock lace wig Remy Full lace wig Straight wigs Human Lace wigs #1 Jet Black 16 inch，在这个标题中wig及wigs出现了4次，这样的标题给买家的阅读感受非常差（见图2-36）。

商品标题是吸引买家进入商品详情页的重要因素。字数不应太多，应尽量准确、完整、简洁，用一句完整的语句描述商品。标题的描述应该是完整通顺的一句话，如描述一件婚纱：Ball Gown Sweetheart Chapel Train Satin Lace Wedding Dress，这里包含了婚纱的领型、轮廓外形、拖尾款式、材质，用wedding dress来表达商品的核心关键词。

图 2-36　标题堆砌举例

对标题堆砌的商品，平台在搜索排名中靠后，将该商品记录到搜索作弊违规商品总数里；当店铺搜索作弊违规商品累计达到一定量后，平台再给予整个店铺不同程度的搜索排名靠后处理；情节严重的，将对店铺进行屏蔽；情节特别严重的，将冻结账户或直接关闭账户。

4.2.4　标题类目不符

标题类目不符是指在商品类目或者标题中部分关键词与实际销售产品不相符。例如，图 2-37 中的实际商品属性词应该是 wedding dress，但是标题中却出现了 flower girl dress。

图 2-37　标题类目不符举例

对标题类目不符的商品，平台在搜索排名中靠后，将该商品记录到搜索作弊违规商品总数里；当店铺搜索作弊违规商品累计达到一定量后，平台再给予整个店铺不同程度的搜索排名靠后处理；情节严重的，将对店铺进行屏蔽；情节特别严重的，将冻结账户或直接关闭账户。

4.2.5　重复铺货

重复铺货是指商品之间须在标题、价格、图片、属性、详细描述等字段上有明显差异。例如，图片不一样，而商品标题、属性、价格、详细描述等字段雷同，也视为重复铺货。

如果需要对某些商品设置不同的打包方式，发布数量不得超过 3 个，超出部分的商品则视为重复铺货。

同一卖家（包括拥有或实际控制的在速卖通网站上的账户），每件产品只允许发布一条在线商品，否则视为违反重复铺货的政策。例如，图 2-38（a）和（b）中所示的就是重复铺货。

图 2-38　重复铺货举例

对于重复铺货的商品，平台在搜索排名中靠后，将该商品记录到搜索作弊违规商品总数里，当店铺搜索作弊违规商品累计达到一定量后，再给予整个店铺不同程度的搜索排名靠后处理；情节严重的，将对店铺进行屏蔽；情节特别严重的，将冻结账户或直接关闭账户。

4.2.6　描述不符

描述不符是指标题、图片、属性、详细描述等信息之间明显不符，信息涉嫌欺诈成分。例如，卖家设置运费以小包方式进行运费计算，降低商品整个成本价格，但在详细描述中又写出是达到一定的数量，这样存在对买家的欺骗，同时也加大了卖家发货后的风险。

对于描述不符的商品，平台在搜索排名中靠后，将该商品记录到搜索作弊违规商品总数里，当店铺搜索作弊违规商品累计达到一定量后，再给予整个店铺不同程度的搜索排名靠后处理；情节严重的，将对店铺进行屏蔽；情节特别严重的，将冻结账户或直接关闭账户。

4.2.7 计量单位作弊

计量单位作弊是指发布商品时,将计量单位设置成与商品常规销售方式明显不符的单位;或将标题、描述里的包装物作销售数量计算,并将产品价格平摊到包装物上,误导买家的行为。

例如,卖家展示出售 120 pieces of shoes。依据常理鞋子不按单只出售,买家认为收到的是 120 pairs of shoes,但卖家发出的仅是 60 pairs of shoes,并声称写明的 120 pieces of shoes 即等于 60 pairs of shoes。

对计量单位作弊的商品,平台在搜索排名中靠后,将该商品记录到搜索作弊违规商品总数里,当店铺搜索作弊违规商品累计达到一定量后,再给予整个店铺不同程度的搜索排名靠后处理;情节严重的,将对店铺进行屏蔽;情节特别严重的,将冻结账户或直接关闭账户。

4.2.8 SKU 作弊

SKU (Stock Keeping Unit),即库存进出计量的基本单元,可以是以件、盒、托盘等为单位。SKU 作弊指卖家通过刻意规避商品 SKU 设置规则,滥用商品属性(如套餐、配件等)设置过低或者不真实的价格,使商品排序靠前(如价格排序)的行为;或者在同一个商品的属性选择区放置不同商品的行为。

例如:将不同的商品放在一个链接里出售;将正常商品和不支持出售(或非正常)的商品放在同一个链接里出售;将常规商品和商品配件(如:手表和表盒)放在一个链接里出售(见图 2-39);将不同属性商品捆绑成不同套餐或捆绑其他配件放在一个链接里出售;在手机整机类目中,以排序靠前为目的的自定义买家极少购买的套餐,如裸机、不带任何附件(包含且不限于)等套餐。

图 2-39 SKU 作弊举例

对于 SKU 作弊的商品,平台在搜索排名中靠后,将该商品记录到搜索作弊违规商品总数里,当店铺搜索作弊违规商品累计达到一定量后,再给予整个店铺不同程度的搜索排名靠后处理;情节严重的,将对店铺进行屏蔽;情节特别严重的,将冻结账户或直接关闭账户。

4.3 全球速卖通评价规则

全球速卖通平台的评价分为信用评价及卖家分项评分两类(见图 2-40)。

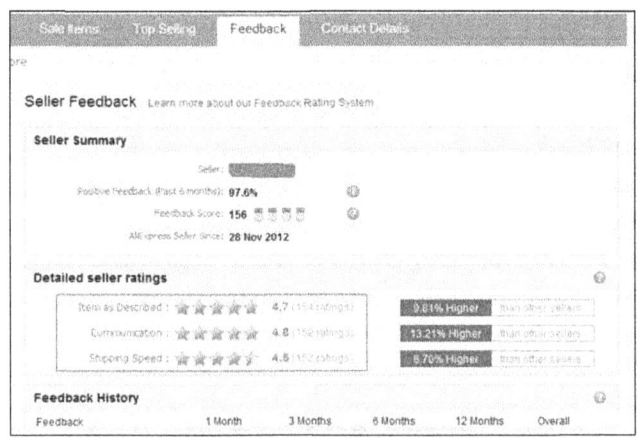

图 2-40　全球速卖通评价规则

信用评价，是指交易的买卖双方在订单交易结束后对对方信用状况的评价，其包括五分制评分和评论两部分。卖家分项评分，是指买家在订单交易结束后以匿名的方式对卖家在交易中提供的商品描述的准确性（item as described）、沟通质量及回应速度（communication）、物品运送时间合理性（shipping speed）三方面服务作出的评价，是买家对卖家的单向评价。信用评价买卖双方均可以进行互评，但卖家分项评分只能由买家对卖家作出。

所有卖家全部发货的订单，在交易结束 30 天内买卖双方均可评价。如果双方都未给出评价，则该订单不会有任何评价记录；如一方在评价期间内作出评价，另一方在评价期间内未评的，则系统不会给评价方默认评价（卖家分项评分也无默认评价）。

商品/商家好评率（positive feedback ratings）和商家信用积分（feedback score）按照以下原则计算：

①相同买家在同一个自然旬（自然旬即为每月 1～10 号，11～20 号，21～31 号）内对同一个卖家只做出一个评价的，该买家订单的评价星级则为当笔评价的星级（自然旬统计的是美国时间）。

②相同买家在同一个自然旬（自然旬即为每月 1～10 号，11～20 号，21～31 号）内对同一个卖家做出多个评价，按照评价类型（好评、中评、差评）分别汇总计算，即好中差评数都只各计一次（包括 1 个订单里有多个产品的情况）。

③在卖家分项评分中，同一买家在一个自然旬内（自然旬即为每月 1～10 号，11～20 号，21～31 号）对同一卖家的商品描述的准确性、沟通质量及回应速度、物品运送时间合理性三项中某一项的多次评分只算一个，该买家在该自然旬对某一项的评分计算方法如下：平均评分＝买家对该分项评分总和/评价次数（四舍五入）。

④以下 3 种情况不论买家留差评或好评，仅展示留差评内容，都不计算好评率及评价积分。

● 成交金额低于 5 美元的订单。（成交金额明确为买家支付金额减去售中的退款金额，不包括售后退款情况。）

● 买家提起未收到货纠纷，或纠纷中包含退货情况，且买家在纠纷上升到仲裁前未主动取消。

● 运费补差价、赠品、定金、结账专用链、预售品等特殊商品（简称"黑五类"）的评价。

除以上情况之外的评价，都会正常计入商品/商家好评率和商家信用积分。不论订单金额，都统一为：好评+1，中评0，差评-1。

⑤卖家所得到的信用评价积分决定了卖家店铺的信用等级标志。

$$平均票价星级=\frac{该买家评价星级总和}{评价个数}$$

卖家店铺的信用等级具体标志及对应的积分如表2-2所示：

表2-2　　　　　　　　　　全球速卖通之卖家信用标志

Level	Seller	Buyer	Score
L1.1			3-9
L1.2			10-29
L1.3			30-99
L1.4			100-199
L1.5			200-499
L2.1			500-999
L2.2			1000-1999
L2.3			2000-4999
L2.4			5000-9999
L2.5			10000-19999
L3.1			20000-49999
L3.2			50000-99999
L3.3			100000-199999
L3.4			200000-399999
L3.5			400000 分以上

4.4　全球速卖通放款规则

为确保速卖通平台交易安全，保障买卖双方合法权益，就通过速卖通平台进行交易产生的货款，速卖通及其关联公司根据相关协议及规则，有权根据买家指令、风险因素及其他实际情况决定相应放款时间及放款规则。

4.4.1　放款时间

①速卖通根据卖家的综合经营情况（例如好评率、拒付率、退款率等）评估订单放款时间：

- 在发货后的一定期间内进行放款,最快放款时间为发货3天后。
- 买家保护期结束后放款。
- 账号关闭的,且不存在任何违规违约情形的,在发货后180天放款。

②如速卖通依据合理相信判断订单或卖家存在纠纷、拒付、欺诈等风险的,速卖通有权视具体情况延迟放款周期,并对订单款项进行处理。

4.4.2 放款方式

全球速卖通的放款方式如表2-3所示:

表2-3 全球速卖通之放款方式

账号状态	放款规则		
	放款时间	放款比例	备注
账号正常	发货3个自然日后(一般是3-5天)	70%~97%	保证金释放时间见下方提前放款保证金释放时间表
		100%	
	买家保护期结束后	100%	买家保护期结束:买家确认收货/买家确认收货超时后15天
账号关闭	发货后180天	100%	无
提前放款保证金释放时间表			
类型	条件		保证金释放时间
按照订单比例冻结的保证金	商业快递+系统核实物流妥投	无	交易结束当天
	1. 商业快递+系统未核实到妥投 2. 非商业快递	交易完成时间-发货时间≤30天	发货后第30天
		交易完成时间-发货时间=30~60天	交易结束当天
		交易完成时间-发货时间≥60天	发货第60天
固定保证金	账号被关闭	无	提前放款的订单全部结束(交易完成+15天)后,全额释放
	退出提前放款		
	提前放款不准入		

5. 敦煌网

敦煌网在2004年就已正式上线,是中国国内首个实现在线交易的跨境电商B2B平台,以中小额外贸批发业务为主,开创了"成功付费"的在线交易佣金模式,免去卖家注册费,只有在买卖双方交易成功后才收取相应的手续费,将传统的外贸电子商务信息平台升级为真正的在线交易平台。作为国际贸易领域B2B电子商务的创新者,敦煌网充分考虑了国际贸易的特殊性,全新融合了新兴的电子商务和传统的国际贸易,为国际贸易的操作提供专业有效的信息流、安全可靠的资金流、快捷简便的物流等服务,是国际贸易领域一个重大的革新,掀开了中国国际贸易领域新的篇章。

敦煌网的优势在于较早推出增值金融服务,根据自身交易平台的数据为敦煌网商户提供无实物抵押、无第三方担保的网络融资服务。其还在行业内部率先推出 APP 应用,不仅解决了跨境电商交易中的沟通问题和时差问题,而且还打通了订单交易的整个购物流程。目前,敦煌网已经具备 120 多万家国内供应商在线,3000 万种商品,遍布全球 224 个国家和地区的 550 万买家的规模。

5.1 敦煌网注册

注册人年龄须在 18 周岁到 70 周岁之间;只有中国内地的企业或个人,或中国香港地区的企业才可在敦煌网注册卖家账户。

注册流程如下:

第一步:打开敦煌网主页 http://seller.dhgate.com/,点击"免费注册",填写商户信息后提交(见图 2-41)。

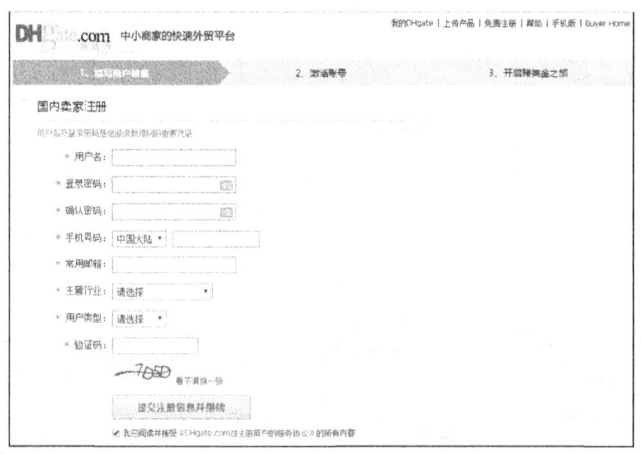

图 2-41 敦煌网注册页面 1

第二步:进行手机验证和邮箱验证以激活账号(见图 2-42)。

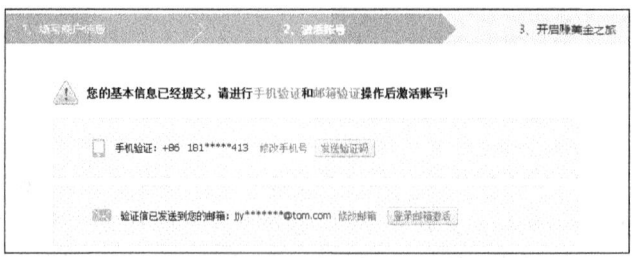

图 2-42 敦煌网注册页面 2

第三步：手机验证和邮箱验证成功后，会显示注册成功，进行身份认证（见图2-43）。

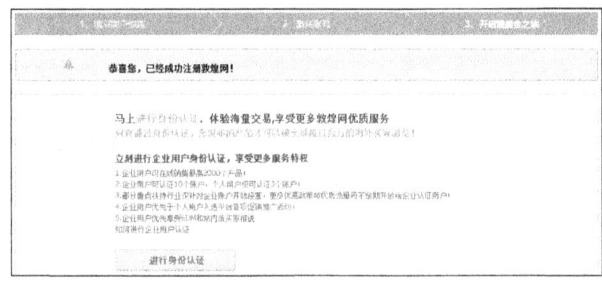

图2-43　敦煌网注册页面3

第四步：进入认证页面选择认证类型，填写联系人姓名、身份证号，点击"开始认证"（见图2-44）。

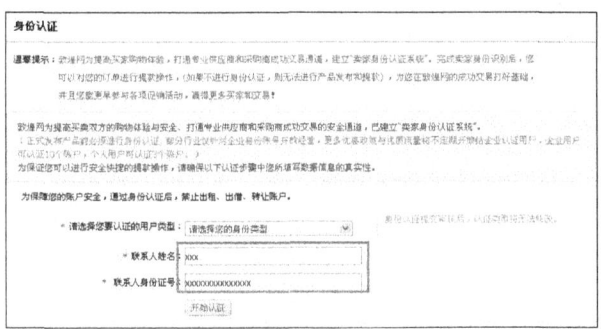

图2-44　敦煌网注册页面4

第五步：上传提交Dhgate联系人手持身份证正面照片及反面照片（照片清晰不含水印，保证放大后能看清身份证个人信息和身份证号，图片大小控制在2M以内，尽量为JPG格式）（见图2-45）。

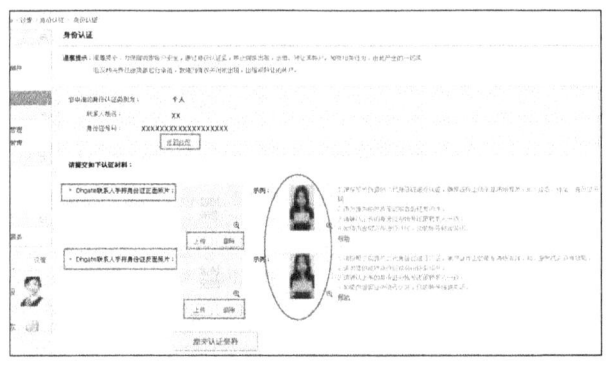

图2-45　敦煌网注册页面5

第六步：提交认证资料，等待审核通过。

5.2 产品如实描述规则

5.2.1 如实描述和描述不符

如实描述是指卖家在产品或者服务描述页面、店铺页面和所有敦煌网提供的沟通渠道中，对于所售产品或者服务的基本属性、成色、瑕疵、保质期等必须说明的信息进行真实、完整地描述，不存在任何夸大或者虚假的成分。

描述不符是指买家所购买的产品和服务与达成交易时卖家对产品的描述和承诺的服务存在明显偏差。

5.2.2 "描述不符"类型和判断规则

①外观不符是指买家所购买的产品外包装、产品颜色、尺寸、材质等通过目测可以识别的属性，与达成交易时卖家对于产品的描述有明显偏差。

②功能属性不符是指买家所购买的产品与达成交易时卖家对于产品相应功能的描述有明显的偏差或者属性缺失。

③售后服务不符是指买家在购买某项产品或者服务时，卖家未提供或者未完全提供在产品描述中所承诺的售后服务条款。

④附带品不符是指买家所购产品或者服务缺少卖家在产品描述中所承诺的附带品或者附带品与描述有明显偏差。

⑤产品价格或者运费不符是指卖家不能按照交易达成时的产品价格或者运费执行订单，有要求买家额外支付费用的行为（买家同意的除外）。

⑥发货方式、发货时间和发货数量不符。

5.2.3 卖家触犯"描述不符"类型和处理办法

①卖家欺诈：买家收到的产品与交易达成时的描述严重不符，且具有主观故意嫌疑，欺诈金额巨大。出现此种情况，敦煌网将对卖家作出关闭账户的处罚措施。对于触犯中国法律、法规的行为，敦煌网有权向相关国家机关检举、举报，并提供必要的协助。

②严重不符：买家收到的产品构成第四条中列明的某一项或者几项产品描述严重不符的情况，并直接导致买家不能使用产品或者服务，对于买家体验造成严重伤害。卖家触犯严重不符将给予产品删除，90天内第一次违规期限冻结7天，第二次违规关闭账户。

③一般不符：买家收到的产品构成第四条中列明的某一项或者几项产品描述存在不符的情况，影响买家对于产品或者服务的使用，对于买家体验造成伤害。卖家触犯一般不符将给予产品删除，90天内第一次违规期限冻结7天，第二次期限冻结30天，第三次关闭账户。

④轻微不符：买家收到的产品构成第四条中列明的某一项或者几项产品描述存在轻微不符的情况，但未对买家正常使用造成实质性影响。卖家触犯轻微不符将给予产品下架，黄牌累计处罚。

6. 天猫国际

2014年2月19日,阿里宣布天猫国际正式上线,为国内消费者直供海外原装进口商品。

入驻天猫国际的商家均为中国大陆以外的公司实体,具有海外零售资质;销售的商品均原产于或销售于海外,通过国际物流经中国海关正规入关。所有天猫国际入驻商家将为其店铺配备旺旺中文咨询,并提供国内的售后服务,消费者可以像在淘宝购物一样使用支付宝买到海外进口商品。而在物流方面,天猫国际要求商家120小时内完成发货,14个工作日内到达,并保证物流信息全程可跟踪。

6.1 天猫国际注册

6.1.1 卖家保证

①所有商品均属中国境外(中国香港特别行政区、中国澳门特别行政区和中国台湾地区被视为中国内地之外)直采,是海外原装正品。

②卖家的注册地为中国境外。

③向买家提供当地指定退货地点及正规退货渠道,即商品销往中国大陆的商家需提供中国大陆的指定退货地点;商品销往香港的商家需提供香港的指定退货地点;商品销往台湾的商家需提供台湾的指定退货地点。

6.1.2 店铺命名规范

商家会员的会员名、店铺名的命名应当严格遵守《天猫国际店铺命名规范》(见表2-4)。天猫国际店铺ID及域名根据商家商品所在类目、品牌属性等要素生成,如遇店铺名称已被占用等特殊情况,天猫国际有权进行适当调整。天猫国际店铺ID及域名一旦生成,无法修改。

表2-4　　　　　　　　　　天猫国际店铺命名规范

店铺类型	命名规则	域名规则
品牌旗舰店	品牌名+海外旗舰店	品牌英文名(或者品牌中文名拼音)
卖场型旗舰店	品牌名+海外旗舰店	品牌英文名(或者品牌中文名拼音)
专卖店	品牌名+企业商号/或关联名称+海外专卖店	品牌英文名(或者品牌中文名拼音)+企业商号/或关联名称的全拼或者首字母
专营店	企业商号/或关联名称+海外专营店	企业商号/或关联名称的全拼或者首字母+类目名全拼或者首字母
注释	• 店铺名字不得超过24个字符; • 域名不得少于4个字符(实际品牌英文名少于4个字符,则以实际为准),支持英文、数字和"-"(英文状态下的横杠); • 企业商号/或关联名称,鉴于海外主体企业商号为多语种,允许其使用已在中国香港提出商标注册申请的其他字号进行命名。	

如针对专营店,店铺命名的可选类目包括服饰鞋包:服饰/内衣/男装/女装/鞋类/箱包/服饰/男鞋/女鞋,运动户外:运动户外/运动/户外,家装家具家纺:家居/家居用品/家纺/装潢/五金/卫浴/玩具等。具体可参照网页内容:https://rule.tmall.hk/rule/rule_detail.htm?spm=0.0.0.0.qPnxnC&id=4160&tag=self。

6.1.3 天猫国际入驻流程:

①发送运营产品数据至@service.alibaba.com。
②等待审核(10个工作日)。
③注册国际支付宝账户(7~10个工作日)。
④与天猫国际签署协议并支付保证金与年费(7~10个工作日)。
⑤注册天猫国际账户,完成开店测试,提供所有产品文件,最后网上店铺开张。

6.2 天猫国际商品发布规范

6.2.1 标题发布规范

①必须包含品牌名+商品名称+其他相关描述(如:属性/规格/材质描述/款式描述等)。
②商品标题中不得带有任何与商品真实信息无关的文字或符号。
③定制/预售商品标题需加上"定制/预售"。

6.2.2 主图发布规范

①主图图片须达到5张且必须为实物拍摄图,并且每张图片必须大于或等于800×800(自动拥有放大镜功能),除部分类目外必须为白底图。
②如获得了相应品牌商品的商标使用权,则可将商品品牌LOGO放置于主图左上角,大小为主图的1/10寸;卖场型旗舰店拥有卖场品牌商标使用权,则可将卖场品牌LOGO放置于主图左上角,大小为主图的1/10寸,如图2-46。

图2-46 天猫国际主图发布示例

③第一张和第二张主图必须为商品正面全貌清晰实物拍摄图。图片不得出现水印,不得包含促销、夸大描述等文字说明,该文字说明包括但不限于秒杀、限时折扣、包邮、折、满、送等。图片不得出现任何形式的边框,不得留白,不得出现拼接图,除情侣装、

亲子装等特殊类目外，不得出现多个主体。

6.2.3 类目发布规范商品类目

发布须遵守《天猫国际经营大类一览表》和《天猫国际允许跨类目经营的商品列表》具体要求；包括但不限于以下情况除外：商品品名上明确标示使用人群为孕妇、婴幼儿、儿童的（适用人群包含成人），须发布在母婴行业所属类目下（包含旗舰店）；商品品名上未明确标示使用人群为孕妇、婴幼儿、儿童的（适用人群包含孕妇、婴幼儿），须发布在商品所属行业大类下。

例如，在服饰大类下，如商品名称为"日本进口孕妇牛仔裤托腹外穿打底裤夏款"，明确为孕妇使用的，请发布在孕妇装/孕产妇用品/营养>孕妇裤/托腹裤类目下；未明确标明为孕妇使用，仅在使用人群中包含孕妇的，请发布在商品所属行业大类下（见图2-47）。

图2-47 天猫国际类目发布示例

6.2.4 产品描述规范

商标品牌细节图展示，为保证消费者在购买商品时拥有充分的知情权，商家需在发布产品时明示以下信息：（包括商品瑕疵、临界保质期、附带品等信息披露，不得含有虚假、夸大等内容）

- 商标等品牌细节图展示。
- 有效期：有效期不可以写详见产品外包装，必须具体展示，例如"截止日期"，如商品销售时剩余保质期少于一年的，必须如实说明。
- 产品主要性能、适用人群。

提醒：化妆品应标注品牌归属国，化妆品名称中不得含有医疗术语、明示或者暗示医疗作用和效果的用语、虚假/夸大/绝对化的词语、医学名人的姓名等相关国家和地区法规明确规定禁止使用的词。

- 使用说明要给出正确的使用方法（包括使用顺序）。
- 产品重要信息中英文对照（例如：奶粉营养成分、使用方法等中英文对照说明）。
- 物流查询方式及说明。

6.2.5 产品宣传规范

- 页面描述不得含有"最新科学"、"最新技术"、"最先进加工工艺"等绝对化的语言或者表示。
- 页面描述不得明示或者暗示可以替代母乳,不得使用哺乳妇女和婴儿的形象。
- 页面描述中不得使用医疗机构、医生的名义或者形象。食品描述中涉及特定功效的,不得利用专家、消费者的名义或者形象做证明。
- 页面描述不得与其他产品进行对比,贬低其他产品。
- 页面描述不得含有无效退款、保险公司保险等内容。
- 页面描述不得含有"安全"、"无毒副作用"、"无依赖"等承诺性表述。
- 页面描述不得含有有效率、治愈率、评比、获奖等综合评价内容。
- 页面描述不得出现医疗术语、明示或暗示医疗作用和效果的词语。
- 页面描述不得出现庸俗或带有封建迷信色彩的词语。

6.2.6 保质截止日期发布要求

保质截止日期指产品最佳的食用或使用的期限。食品大类商品发布时须填写保质截止日期,该日期与商品发布日差距天数不得小于商品保质期的十分之一。若未按此标准发布,每件商品将按严重违规行为扣一分,三天内累计不超过六分;情形特别严重的,将按严重违规行为每次扣六分。

若发布商品日期距保质截止日期大于或等于商品保质期的十分之一但小于或等于商品保质期的十分之二,必须在商品标题上注明"临期"字样,且在商品详情页面最上方清晰明显地展示"临期商品"字样,字样大小为"二号字体",颜色为"标准红色"。若未按此标准发布,将下架该商品。

7. 京东全球购

京东于2015年4月16日正式宣布上线全球购业务,涵盖来自美、法、英、日、韩、德、新西兰等国家和地区的母婴用品、服装鞋靴、礼品箱包等众多品类。京东全球购开放平台是指由香港 JD.com International Limited 公司提供平台服务的电子商务平台网站,网址为 www.JD.HK。网站为用户提供信息发布、交流,第三方经营者开设店铺并经营,以及其他技术服务的电子商务交易服务平台。

京东全球购与海外商家的合作更为自由,包括自营模式和平台模式。其中,自营模式是京东自主采购,由保税区内专业服务商提供支持;平台模式则是通过跨境电商模式引入海外品牌商品,销售的主体直接就是海外的公司。

围绕国际化发展需要,在跨境电商领域,京东推出了"京东全球购"平台和多语言全球售跨境贸易平台 en.jd.com,旨在抢占跨境电商业务市场,全面加速京东的国际化进程。"京东全球购"平台立足于进口跨境电商,目前已开设多个国家馆和地区馆。京东全球购为跨境电商企业提供了一个权威的跨境电商平台,下面来看看京东全球购的入驻事宜。

7.1 京东全球购商家入驻

7.1.1 入驻要求

①基本条件：
- 拥有海外注册公司实体。
- 拥有境外对公银行账户（美金结算）。
- 是品牌方/拥有品牌授权/提供从品牌方开始完整链路的商品进货凭证。

②优先入驻条件：
- 海外知名实体卖场或者B2C网站。
- 品牌商、品牌代理商、知名零售商。
- 未进入中国市场的海外知名品牌。
- 拥有以下品类：母婴、保健品、食品、服饰、箱包、个护化妆。

③申请入驻基本资质文件
- 申请入驻公司成立证明文件。
- 申请入驻公司近一年的纳税证明材料。
- 申请入驻公司法人、授权代表人及店铺联系人身份证件。
- 入驻公司海外对公银行账户开户证明/对账单/流水单。
- 在国内有固定的授权退货地址。
- 京东全球购要求提供的其他基础文件或资料。

④商品及服务要求
- 商品：原产于或销售于海外，保证100%原装正品。只可售卖直邮、保税区发货的商品。
- 商品页面：页面信息须中文描述，国际公制度量单位，配备中文客服（咚咚客服）。
- 在线服务：配备中文咚咚客服人员，下载安装咚咚软件，解答客户疑问。
- 物流服务：客户下单后72小时内完成发货，可追踪。
- 售后服务：中国大陆地区有退货点及联系人和联系方式。

7.1.2 入驻流程

- 资质提交。
- 合同签订。
- 缴纳保证金。
- 店铺开通。

7.2 商品发布规则

7.2.1 商品标题

在商品标题中可以简单明确地说明商品属性，并使用描述性的文字，但不允许滥用品牌名称及与本商品无关的字眼。

7.2.2 商品图片

清晰美观的图片对促进交易起着重要作用，商品都需要添加图片展示。Banner 图片规格为：980×250 像素、Logo 图片规格为 180×60、商品描述图片规格宽度为 700 像素，分辨率均为 72 像素。

7.2.3 商品描述

商品描述，是向买家展示商品的各项特征和属性，翔实的商品描述对于能否成功出售商品起着至关重要的作用。

商品描述应对商品外观、颜色、尺寸、成分、含量、质量、包装、保修、保质期、产地、功能、用途等商品属性进行说明，这将有助于买家更全面地了解商品属性。任何为吸引买家而使用的夸大描述、不实描述以及指向其他网站商品说明链接取代描述都是无效的。

7.2.4 商品价格

市场价格是指商品在线下市场的售卖参考价格；京东全球购价格是指商品在京东全球购的实际售卖价格。商家需正确合理设置商品的相应价格，不得夸大扭曲，违背市场规律和所属行业标准。

7.2.5 商品数量

商品数量分为单品数量即 SKU 数量和单品库存数量。店铺在售商品数量最少不低于 60 件，单品库存数量不能为 0。

备注：单品数量即 SKU 数量，指同一品牌中产品型号的数量。此数量不能少于 60 个。单品库存数量，指单个型号产品的库存数量。此数量不能为 0 个。

7.2.6 商品类目

店铺在售所有商品的类目必须与京东全球购平台系统保持一致。

7.3 平台违规积分制度

京东全球购平台采用违规扣分制的监管细则，如卖家施行违规行为将被扣除一定分数，当扣分累积到相应节点，则京东全球购平台依据本规则实行相应的违规处理措施。若此细则与《京东全球购 JD.HK 平台管理总则》（https://www.jd.hk/rule/glzz.html）内容存在异议，以此细则为准。

①违规行为分为两种类别：一般违规行为与严重违规行为。

②每一个违规行为对应一个扣分分值。计算方式："一般违规行为"以 25 分为一次违规处理节点，每累计扣除 25 分则开始执行违规处理；"严重违规"以 25 分、50 分、75 分、100 分为节点进行相应的违规处理。

7.4 售后服务管理规则

售后服务包括：商品的使用指导与咨询；客户提出的商品退货申请的处理；其他与售后相关的投诉问题的处理等。

7.4.1 售后服务规则

自商品售出之日（以实际收货日期为准）起 7 日内因质量等非客户原因，客户可以在线提交返修/退换申请办理退货事宜。退货时请保持主商品完好，附件齐全，并将商品的赠品一并返回，具体退换货标准如表 2-5 所示：

表 2-5 京东全球购售后服务规则

退货类别	具体描述	是否支持 7 天（含）内退换货	是否收取返回运费	备注
商品质量问题	京东全球购第三方卖家出具检测报告或经全球购商家售后确认属于商品质量问题。	是	否	建议联系全球购商家客服处理。
	京东全球购自营出具检测报告或经品牌方确认属于商品质量问题。	是	否	可联系京东全球购在线咨询服务或客户专线。
到货物流损、缺件或商品描述与网站不符等原因	物流损指在运输过程中造成的损坏、漏液、破碎、性能故障，经售后人员核查情况属实。缺件指商品原装配件缺失。	是	否	审核期间可能需要快递人员证明或要求您提供实物照片等，以便售后人员快速做出判断并及时处理。
其他原因	除以上两种原因之外，如个人原因导致的退货。	否	否	

运动健康类、家居、厨具、家装类、礼品箱包类、服饰鞋靴类、食品保健类、母婴用品类、美妆个护类、3C 数码类等出现质量问题的，请将检测报告、附件、说明书、购物凭证、包装、商品一并返回办理退货手续。属于物流损等原因的，请将商品及附件（说明书、包装、赠品等）、购物凭证等一并返回办理退货手续。

出于安全和卫生考虑，贴身用品如内衣裤、袜子、泳衣类商品不予退货；因个人原因造成的商品损坏（如自行修改尺寸、洗涤、皮具打油、刺绣等），不予退货；食品饮料、保健食品类商品属于特殊商品，一经售出拆开包装后不予退货。母婴食品、婴儿用品、贴身衣物属于特殊商品，一经售出，不予退货。

7.4.2 退货流程

①第三方卖家退货流程（见图2-48）：全球购卖家商品将由全球购商家直接为买家提供售后服务，如对处理结果有异议，京东鼓励买家与全球购商家之间协商解决，如无法协商一致，请拨打京东全球购客服专线解决。

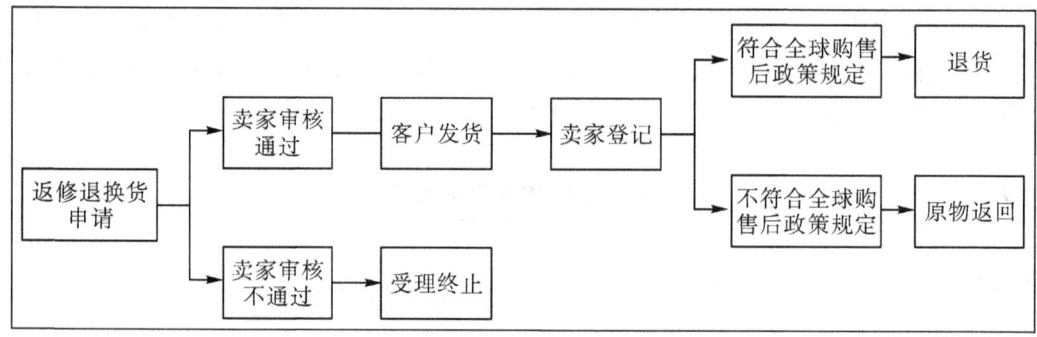

图2-48　京东全球购第三方卖家退货流程

②京东全球购自营业务退货流程见图2-49：

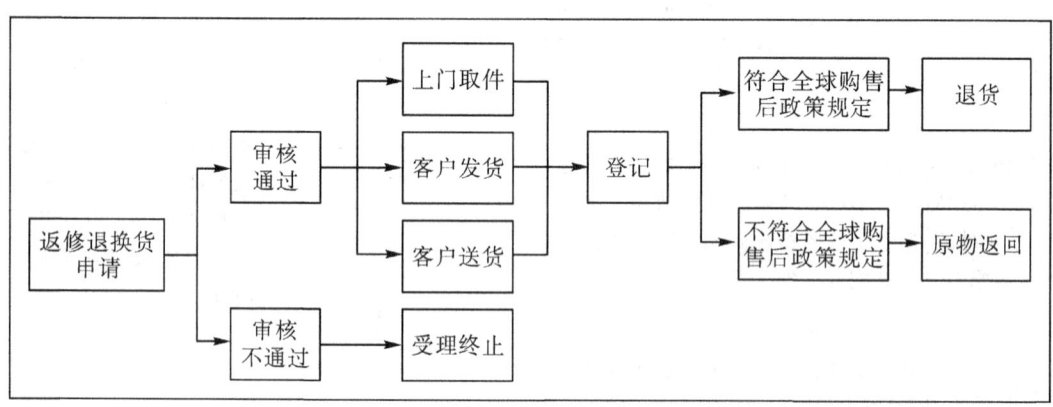

图2-49　京东全球购自营业务退货流程

7.4.3 售后服务运费规则

表2-6　　　　　　　　京东全球购售后服务运费规则

商家	订单签收后	商品问题类型	是否补偿原商品寄回商家的运费
京东全球购第三方卖家	7天（含）内	商品质量问题、物流损坏、缺少件	客户寄还
京东全球购自营			双免：上门取件和寄还费用均免费

如商品由全球购商家提供退货服务，则买家需将商品自行送至卖家或邮寄至卖家地址。非买家个人原因导致的退货，全球购商家将补偿运费。如双方对运费有异议，京东全球购鼓励协商解决，无法协商一致，可拨打全球购客户专线：4006069933。

京东全球购自营及京东全球购第三方卖家订单产生的退款只能按原支付方式返回，到账时间：储蓄卡1~7个工作日，信用卡1~15个工作日。

课后练习：

一、单选题

1. Amazon账号被封主要原因不包括(　　)。
   A. 亚马逊关联　　　　　　　　　B. 产品缺乏相关认证
   C. 销售额太低　　　　　　　　　D. 跟卖侵权
2. 当卖家刊登在eBay上的物品有买家成功竞标，但卖家因为物品本身的原因无法完成交易时，卖家可以(　　)。
   A. 拒绝实际成交　　　　　　　　B. 收到货款不发货
   C. 延迟发货　　　　　　　　　　D. 与买家协商解决
3. 根据Wish平台自动推送规则，下列不属于获取推送关键维度的是(　　)。
   A. 精美的图片　　　　　　　　　B. 精准的Tags
   C. 具有吸引力的价格　　　　　　D. 堆砌关键词
4. 卖家在全球速卖通发布商品时，将手机壳放到化妆包这类错误属于(　　)。
   A. 属性错选　　　　　　　　　　B. 类目错放
   C. 描述不符　　　　　　　　　　D. 重复铺货
5. 根据全球速卖通评价规则，卖家分项评分不包括(　　)。
   A. 运费的合理性　　　　　　　　B. 物品运送时间合理性
   C. 沟通质量及回应速度　　　　　D. 商品描述的准确性
6. 根据敦煌网的产品如实描述规则，买家所购买的产品外包装、产品颜色、尺寸、材质等通过目测可以识别的属性，与达成交易时卖家对于产品的描述有明显偏差的情况属于(　　)。
   A. 功能属性不符　　　　　　　　B. 外观不符
   C. 售后服务不符　　　　　　　　D. 发货方式不符
7. 根据天猫国际商品发布规范，商家在发布产品时需明示的信息不包括(　　)。
   A. 商标等品牌细节图展示　　　　B. 有效期
   C. 产品主要性能及适用人群　　　D. 产品效果的承诺性表述

二、判断题

(　　)1. 当卖家刊登在eBay上的物品有买家成功竞标时，卖家可以拒绝实际成交。
(　　)2. Wish平台是传统意义上的PC端电商平台。
(　　)3. 全球速卖通仅允许卖家以企业身份进行账号注册及认证。
(　　)4. 根据全球速卖通评价规则，成交金额低于5美元的订单不计算好评率及评价积分。

(　　)5. 亚马逊账户类型的两种销售计划不能互相转化。

(　　)6. 天猫国际店铺ID及域名生成后，可申请修改。

(　　)7. 根据天猫国际商品发布规范，商品销售时剩余保质期少于一年的，必须如实说明。

(　　)8. 根据京东全球购售后服务规则，贴身用品、保健食品和母婴用品等均可退货。

三、简答题

1. 卖家Amazon账号被封后，如何重新恢复账号？
2. 简述Amazon跟卖机制的优势和风险。
3. 根据全球速卖通发布规则，简述什么是SKU作弊并举例说明。
4. 根据天猫国际"环球必达"服务规范，若商品未按承诺时间送达，商家不承担赔付责任的情况有哪些？

四、实操题

请在eBay、敦煌网、Wish平台各注册一个卖家账号。

第3章 跨境选品与定价

1. 跨境电商的选品

中国的销售商在占据丰富的产品线和低廉的产品价格等天然优势的情况下,要把产品快速地销售出去并获得高回报,其关键问题就是选择符合国外客户需求的产品。如果对国外客户的购物需求、偏好等情况不了解,那么首先要考虑的就是选择哪种产品进行销售。对目标客户、目标市场进行必要的数据分析,确定产品适用于哪个年龄阶段的目标人群,在锁定目标人群、目标市场之后才能选择好跨境销售的产品。

1.1 跨境电商常见品类认知

从市场角色关系看,选品,即选品人员从供应市场中选择适合目标市场需求的产品。从这个角度看,选品人员必须一方面把握用户需求,另一方面,要从众多供应市场中选出质量、价格和外观最符合目标市场需求的产品。成功的选品,最终实现供应商、客户、选品人员三者共赢的结果。此为选品价值之所在。

从用户需求的角度看,选品要满足用户对某种效用的需求,比如带来生活方便、满足虚荣心、消除痛苦等方面的心理或生理需求。

从产品的角度看,选出的产品应该是在外观、质量和价格等方面符合目标用户需求的产品。

由于需求和供应都处于不断变化之中,选品也是一个无休止的过程。选品选型的基本思路如下所示:

网站定位→行业动态分析→区域需求分析→品相参考→产品开发与信息加工

在把握网站定位的前提下,研究需要开发产品所处行业的出口情况,获得对供需市场的整体认识;借助数据分析工具,进一步把握目标市场的消费规律,并选择正确的参考网站,最终结合供应商市场,才能进行有目的的产品开发。

产品专员还需通过对销售网站整体定位的理解和把握,选择适合定位的品类进行研究分析。中国制造的产品,其优势在于成本低、更新快、种类多、国外需求量大。而其劣势在于质量一般、缺少品牌、客户忠诚度低。因此,对于立足中国的跨国电商 B2C 站点来说,建立销售品牌更优于建立产品品牌。

目前,跨境电商平台普遍包含的品类有儿童用品、摄像器材、汽车配件、手机周边、服装服饰、电脑周边、电子、美容保健、家居园艺、首饰手表、办公用品、体育用品、玩具收藏品、游戏配件等。

网站综合性定位对产品集成的要求包括：

①宽度方面

- 充分研究该类别，拓展品类开发的维度，全面满足用户对该类别产品的不同方面的需求，拓宽了品类的宽度同时，也提升了品类的专业度。
- 开发产品时，应考虑该品类与其他品类之间的关联性，提高关联销售度和订单产品数。

②深度方面

- 每个子类的产品数量要有规模，品相足够丰富。
- 产品有梯度（如高中低三个档次），体现在品相、价格等方面。
- 挖掘有品牌的产品进行合作，提高品类口碑和知名度。
- 对目标市场进行细分研究，开发针对每个目标市场的产品。

结合网站定位，并借助第三方信息（研究报告、行业展会等）及网络分析工具，明确自己所管理的品类的最优产品投放市场，进行区域化用户需求分析。

从行业的角度研究品类，每个品类，都是建立在中国制造的产品面向国外出口的整个行业背景下。了解中国出口贸易中该品类的市场规模和国家分布，对于认识品类的运作空间和方向，有较大的指导意义。

目前，了解某个品类的出口贸易情况，主要有以下3种途径：

①第三方研究机构或贸易平台发布的行业或区域市场调查报告

第三方研究机构或贸易平台具备独立的行业研究团队，这些机构具备全球化的研究视角和资源，因此，这类研究报告往往可以带来较系统的行业信息。以下为目前公开发布的行业研究报告：

- 行业分析报告——中国制造网

http://www.made-in-china.com/communication/industry-analysis/list-1.html

- 行业视频教程——敦煌网

http://edu.dhgate.com/videos.php

- 环企网：外国人眼中的中国公司调查

http://www.gemag.com.cn/gemag/Uploadfile/file/2010127.pdf

②行业展会

行业展会是行业中供应商为了展示新产品和技术、拓展渠道、促进销售、传播品牌而进行的一种宣传活动。参加展会，可以获得行业最新动态和企业动向。

- 深圳会展中心展会排期：http://www.szcec.com/zgxgzx/zhpq/2011zlpq/
- 中国行业展会信息：http://www.31expo.com/

③出口贸易公司或工厂

产品专员在开发产品时，需要与供应商进行直接的沟通。资质较老的供应商，对所在行业的出口情况和市场分布都很清楚，通过他们，产品专员可以获得较多有价值的市场信息。需要注意的是，产品专员需要先掌握了一定的行业知识后，再与供应商进行沟通，否则会容易被"忽悠"。

1.2 跨境选品的策略

跨境电商真正成功的第一步就是跨境产品的选品，正确的选品需要了解自己企业真实的产品优势，自己产品的目标客户群体、目标市场群体、现有竞争对手的市场竞争力、产品的盈利能力和产品的销售后服务等一系列问题。跨境商品的选品是一个非常细致并且严谨的市场调研工作，纳入分析的数据一般分为外部数据和内部数据。外部数据是指企业范围之外的其他渠道，比如行业市场、类似产品公司销售情况、市场反馈等。内部数据是指企业内部根据企业经营发展的需要和发展目标，在经营过程中产生的数据信息。只有在充分掌握外部数据和内部数据的信息之后，才能有针对性地作出科学、正确而有效的决策，选出销路好、回报高的产品进行销售。选品和分析数据反馈示意图如图3-1所示。

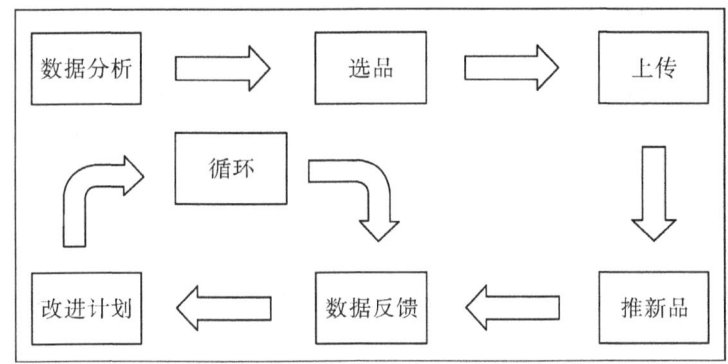

图3-1 选品和分析数据反馈示意图

从内部和外部数据分析结果可以看出，要想选择一个能做得出来的产品，可以从货源、市场、热门类别和关联产品四个方面来选择。

1.2.1 从货源角度选择

涉及货源的角度主要有两个方面：价格和对货源质量的把控情况。

①从价格角度考虑

产品价格从来都是买卖双方首要考虑的问题，对于跨境电商产品的价格，由于要考虑到各种税费，总体单品价格适宜选在50~500美元。首先，跨国交易需要考虑到国标运费，如果商品单价太低，运费却比产品价格要高出很多，那么买家在选择是否买的时候，就会犹豫不决，在其他产品的诱惑下，很容易下单给其他商家。从另外一方面来说，产品单价过低，自己的利润就不会太高，好不容易做成一单，赚得比快递还少，心里肯定不舒服，进而打消继续经营的决心。甚至由于产品价格低，利润薄，也很容易引起其他竞争者跟风，把整个市场都作乱。

此外，如果产品单价过高，比如一些奢侈品、贵重物品，客户在选择是否购买时，会形成与实体店的一种潜在比较，再考虑到购买者总体经济状况，就很难形成信任关系，快速形成订购。

产品的售价需要有足够的利润，只有足够的利润空间才能支撑起企业的整个销售链条，所以，确定的某个售价区间的产品在利润上必须要有足够的空间。

②从货源质量的把控情况考虑

销售的本质就是以产品的质量换利益，如果对销售的产品质量难以把控，不知道发给顾客的产品质量怎么样，那又怎么能做好销售？特别是对于跨境电商来说，做的完全是信誉。如果卖出的是假冒产品或产品质量不合格，或者产品和所描述的不符，那必然会失去更多的客户，甚至平台会封店。如此一来，只能是两败俱伤。所以，选好产品的同时，必须要控制产品的质量，使销售能良性循环，越做越大，越做越好。

1.2.2 从市场角度选择

从市场的角度选择产品，就需要综合考虑国内市场的国外市场由于地域文化的差异、消费习惯的不同、主流推广平台的不同等因素在产品消费方面引导的发展趋势。接下来做好需求调查，在充分了解市场需求的前提下，做好市场细分。市场细分可以从地域、年龄、消费能力、消费倾向性、消费品位等方面来做综合考虑选择哪种产品。

在决定选择一样产品进行推销之前，一定要对这个产品要有所了解，从它的性能、价格、市场需求情况到国外对这个产品的需求、价格、市场供应情况等，都要有所了解。只有对产品和市场有一个敏锐的洞察力，才能比较好地去把握买家的心理需求。

在选择好产品以后，就需要对这个产品适合的市场进行研究。首先，要从国内市场考察，因为跨境电商跟国内的淘宝和其他电商一样，都要考察文化、地理、消费习惯等问题，就这些方面来说，基本上跟国内的考察没有本质性的差异。随着国际交往方式的增多，消费者的消费习惯也容易研究。剩下的就只要考虑增加产品和网站的曝光量，有流量，就会有订单产生。当然，研究国内其他电商的时候，一样要研究消费者的消费习惯和产品特性以及目标客户人群各方面的特征。而对于外国客户，由于地理和文化的差异，在刚开始做跨境电商的时候不一定就了解他们，甚至在感知到外国客户的消费习惯的时候，他们的很多消费习惯会让中国商家咋舌，感到难以相信。有时候，在国内有很多人追捧的东西，热卖得不得了，在国外却没人理睬，然而很冷门的商品却成为在国外销售的爆款。更何况，全世界有那么多的国家，每个国家都有着不同的地域文化、风俗习惯、文化背景等，某种产品到底适合哪个国家、哪个地区、哪个年龄阶段的消费者等，这些问题都需要下工夫来从各个不同的方面做深入细致的研究。

此外，不同的产品，不同的市场，不同的消费对象，在选择推广平台的时候，也需要根据具体产品和消费对象的不同来确定。比如，eBay平台比较适合一些欧美、澳洲、英国等发达国家和地区，它的优势在于它拥有一些比较有特色的产品，产品质量要求相对较高，但是拼价格就不占优势。而速卖通则比较适合做发展中国家、欠发达国家，比如巴西等市场，它的优势就是可以利用价格优势攻克更多客户，同时速卖通还有一个优势就是即使是单一品类，它的供应链也是非常齐全。对卖家要求最高的要属Amazon，它对产品质量要求极高，致力于集中优势品牌做最好平台，但也可以做出不菲的利润，所以想做Amazon，就必须有品牌意识，以高质量的产品建立品牌，以品牌换利润。

当然，所有这些考虑因素，都可以直接和间接获得。不管是通过哪种方式获得，都要对所有信息进行仔细、深入地分析，特别是在不能去国外实地考察的情况下，一定要关注客户和市场的反应情况，做好记录，总结经验教训。更为有效而且说明问题实质的方式还是要经常留意和分析市场和平台上的数据，根据数据来源分析问题实质，特别是在做得好与不好的过程中，要经常关注变化，及时根据客户、市场的回应做出相应的应对措施，使销售工作能做到经久不衰、越来越好。

1.2.3 从热门类别角度选择

规划核心优势商品，就是要从公司或者平台的整体定位、策略、模式、市场调研、目标客户分析、竞争对手分析，平台研究、政策走向等情况来规划适合自己平台的、能带来实际利润的商品。卖家在经营一个店铺或者平台时，离不开的就是商品，要获得高流量、高利润，更离不开好的商品。如果我们把商品分为爆款、引流款、利润款三个层次，那么什么样的商品结构分配才能达到理想的效果呢？

首先是爆款。顾名思义，爆款就是非常火爆的商品，高流量、高曝光量、高订单量就是它的具体表现。爆款商品的评价和晒单是最好的商品介绍，能吸引客户，增加信任感，能给平台内其他商品带来关联流量。但是这样的商品却不是利润的来源。也许有人会问，既然爆款的订单量和流量都这么高，为什么不是盈利的来源？因为，一般情况下达到高流量、高订单的商品，价格相对来说不会高，这样造成的直接影响就是给卖家带来的利润低，针对这样的商品，建议一个品类设1~2件。卖家在打造爆款的前期阶段应把利润尽量降低，做好不盈利的准备，这样才方便爆款商品的打造。而对爆款的利润率期望应该设在-1%~0%，也就是说，爆款商品的预期是亏1%的。爆款商品的折扣都设在50%以上，这样方便商品报名参加平台活动，例如平台大促以及全店打折等。

爆款就是要销量，要销量就不能断货，必须设置一个预警库存：日均销量×采购周期（即进货从下单到入库需要的时间）。有了最低库存要求，那么比较适宜的采购进货量就等于设定的预计销售周期×单品单日销量。

爆款能最大地优化商品线，能配合平台的定位，最大程度带来关联交易。对于爆款，能有最优性价比。也就是，锁定竞争对手，做定向或活动措施，打造性价比最高的商品，能提供最优的服务：有充足的库存，有高效准确的交付服务，还有良好的售后服务。

接下来，就需要针对性的商品策划（活动策划，页面策划，店铺策划），以及运营UED（用户体验设计）与设计部视觉配合（页面逻辑清晰，商品图片精美，风格贴切，推广活动）。通过循环性爆款调整、改善、沟通、分析、确定及引爆，这样的一个周期再一个周期的循环爆款，最终就会为平台带来源源不断的流量，滚滚的红利。

其次是引流款。引流款是指为了给平台或者店铺及商品带来流量的商品。同样，这样的商品价格不能过高，一般情况下利润预期在0%~1%。引流款也不是利润的主要来源，一般情况下它是不获利或获利很少的，所以建议每个品类设立5件。这样，对卖家的成本投入要求就不会过高。引流款商品折扣空间可以设置在30%~50%。这样的价格，在报名参加或者举办各种平台活动时就不会被折扣空间限制。再与爆款商品配合，将会有一个非常好的效果。

最后是利润款。一个平台或者店铺的运营离不开效益，利润款就是主要的盈利商品。一般而言，除了爆款和引流款，店铺其他商品都是利润款。利润率就由卖家对商品预期利润率的估值来定,虽然这类商品流量不多,但是其利润高。当然,这类商品也要预留折扣空间,这是为了在促销时顺应平台推出的打折活动,折扣空间可以预留5%~20%。有了这样的折扣空间,就方便利润款赶上平台的流量高峰期了。

当然,商品结构的设置只是经营店铺的一个环节,物流、选品、售后、营销等都是不可或缺的。

因此,要想利润高,个性化需求是方向,爆款标品只是引流的手段,精细化、差异化的选品思维才是核心。总的来说,挑选产品对新手而言确实是比较艰难的事情。市场上那么多的产品,哪个会好卖,哪个不好卖,并不能一眼看清楚。有时候,看到别人卖得比较好的产品自己并不一定卖得好。所以在选择某个类别的产品以后,可以做一个比较笨的筛选法:在初始阶段,大量地铺货,而且隔一段时间就换一轮产品,销售一两个星期后,再来分析比较数据,撤换掉数据差的产品。通过这种优胜劣汰的方式,最终挑选出来的一定是一些好卖的产品,然后在继续售卖的同时不断丰富产品的类别。

1.3 数据分析工具

电子商务是在信息技术化和互联网发展的背景下迅速兴起的行业,因此,懂得快速利用互联网获取有价值的商务信息是当今电子商务人士必须具备的生存技能。

通过对各个业务节点业务数据的提取、分析及监控,让数据作为管理者决策、员工执行的有效依据,作为业务运营中的一个统一尺度和标准。一切以数据说话,一切以结果说话。

以数据来源看,数据分为外部数据和内部数据。外部数据是指企业以外的其他公司、市场等产生的数据。内部数据是指企业内部经营过程中产生的数据信息。知己知彼,百战不殆,要想做出科学、正确的决策,需要对内外部数据进行充分的调研和分析。

1.3.1 外部数据分析

分析思路:灵活综合运用各个分析工具,全面掌握品类选型的数据依据。

组合方法:通过Google Trends工具分析品类的周期性特点,把握产品开发先机;借助KeywordSpy工具发现品类搜索热度和品类关键词,同时借助Alexa工具,选择出至少3家该品类中以该市场作为主要目标市场的竞争对手网站,作为对目标市场产品品相分析和选择的参考。

①Google Trends

工具地址:http://www.google.com/trends

查询条件:关键词、国家、时间。

举例:以关键词泳装swimwear为例,选择国家分别为美国和澳大利亚,搜索结果如下:

图3-2和图3-3显示,在北半球的美国,5月~7月为泳装搜索的高峰期,而在南半球的澳大利亚,9月~1月为泳装高峰期。因此,对于美国市场的产品开发,要在3月~4月就要完成,而对于澳大利亚市场的产品开发,则需要在8月~9月内完成。如果不知道目标市场品类热度的周期规律,则必会错过市场高峰。

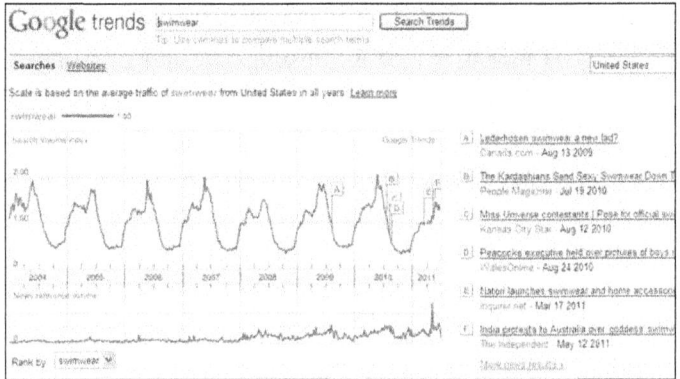

图 3-2　Google Trends 关键词搜索页面 1

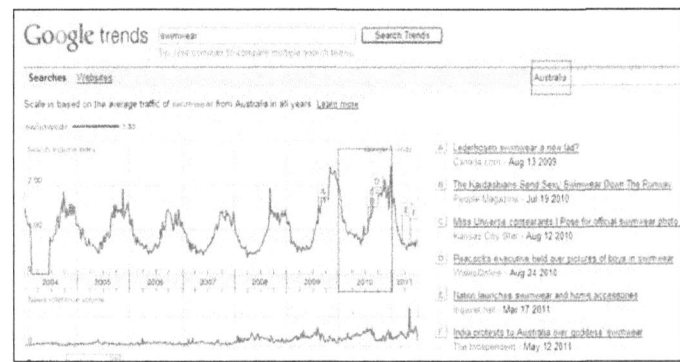

图 3-3　Google Trends 关键词搜索页面 2

再如：在全球范围内，圣诞节（Christmas）的关注热度，如图 3-4 所示。

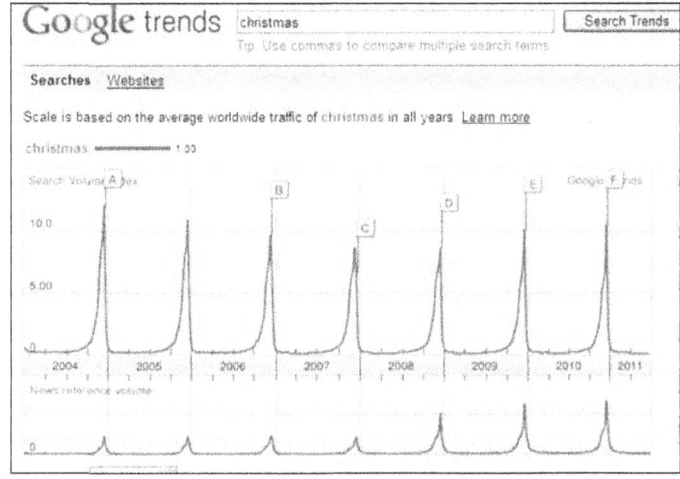

图 3-4　Google Trends 关键词搜索页面 3

由图3-4可见，圣诞节在一年之中只有一次最热的点，在每一年的9月份开始市场关注度逐渐提升，10月、11月高速增长，到12月底进入最高峰，之后迅速跌至低谷。如果能提前准备产品和相关的推广活动，则能从产品的整个热度周期占领市场，否则只能抓个圣诞节的尾巴。

在获得了品类开发的时间规律后，就可以开始通过工具寻找需要参考的竞争对手网站了。

②KeywordSpy

工具地址：http://www.keywordspy.com/

查询条件：关键词、站点、国家。

举例：以swimwear为例，选择美国为分析市场，查询条件选择Keywords（见图3-5）。

图3-5　KeywordSpy搜索栏

搜索结果见图3-6：

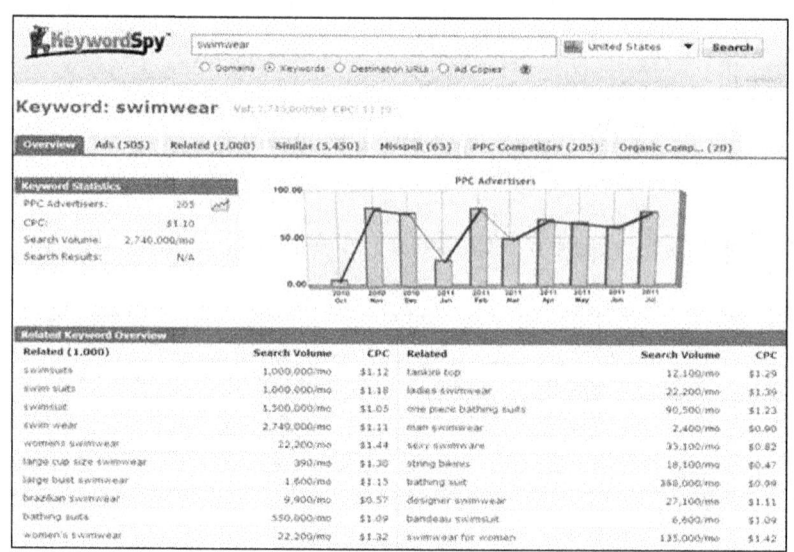

图3-6　KeywordSpy搜索结果页1

图3-6中的数据表明，在美国市场，swimwear月搜索量达到约274万次，市场热度较高。与swimwear相关的热门关键词，如图3-7所示。

搜索量最大的几个关键词是泳装的主关键词，如swimwear，swim wear，swimsuit，bathing suit等，而其他关键词可以作为长尾关键词。这些关键词用于产品搜索、产品信息加工中的命名及描述中，会大大提升SEO的优化水平。

Related Keyword Overview

Related (1,000)	Search Volume	CPC	Related	Search Volume
swimsuits	1,000,000/mo	$1.12	tankini top	12,100/mo
swim suits	1,000,000/mo	$1.18	ladies swimwear	22,200/mo
swimsuit	1,500,000/mo	$1.05	one piece bathing suits	90,500/mo
swim wear	2,740,000/mo	$1.11	man swimwear	2,400/mo
womens swimwear	22,200/mo	$1.44	sexy swimware	33,100/mo
large cup size swimwear	390/mo	$1.30	string bikinis	18,100/mo
large bust swimwear	1,600/mo	$1.15	bathing suit	368,000/mo
brazilian swimwear	9,900/mo	$0.57	designer swimwear	27,100/mo
bathing suits	550,000/mo	$1.09	bandeau swimsuit	6,600/mo
women's swimwear	22,200/mo	$1.32	swimwear for women	135,000/mo

图 3-7 KeywordSpy 搜索结果页 2

图 3-8 为 swimwear 这个关键词所对应的主要竞争对手网站的站点列表，其中重点关注原始关键词较多的网站，如图 3-9 所示。

Competitors Overview

PPC Competitors (205)	Keywords	Organic Competitors (20)	Keywords
Blair.com	61,922	everythingbutwater.com	923
sanctuarie.com	1,797	venus.com	31,770
teenyb.com	153	swimwearboutique.com	0
Evreward.com	20,523	swimsuitsforall.com	2,401
rileysdoset.com	2,258	swimoutlet.com	38,773
tyr.com	987	4swimwear.com	1,431
Oakley.com	12,006	instyleswimwear.com	686
figleaves.com	6,756	landsend.com	140,488
samanthasage.com	1,281	ujena.com	550
h2owear.com	626	swimwearexpress.com	112
View More »			View More »

图 3-8 关键词 swimwear 所对应的主要竞争对手网站站点列表

Organic Competitors (20)	Keywords
everythingbutwater.com	923
venus.com	31,770
swimwearboutique.com	0
swimsuitsforall.com	2,401
swimoutlet.com	38,773
4swimwear.com	1,431
instyleswimwear.com	686
landsend.com	140,488
ujena.com	550
swimwearexpress.com	112

图 3-9 重点关注原始关键词 swimwear 较多的网站

下面将以图 3-9 中通过 KeywordSpy 发现的 www. landsend. com 为例，利用 Alexa 工具对该网站进行进一步分析，以确定是否可作为适合的参考网站。

③Alexa——网站目标市场及分布

工具地址：http://alexa. chinaz. com/

举例：以 www. landsend. com 为例，其搜索栏如图 3-10 所示。

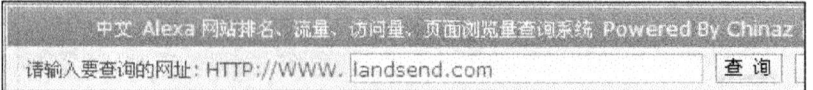

图 3-10　Alexa 网站搜索栏

在查询结果页面，重点关注 landsend. com 这个网站的日均 IP 流量（代表网站的整体知名度）及该网站在各个地区的排名（代表网站在各个地区的知名度），如图 3-11 所示。

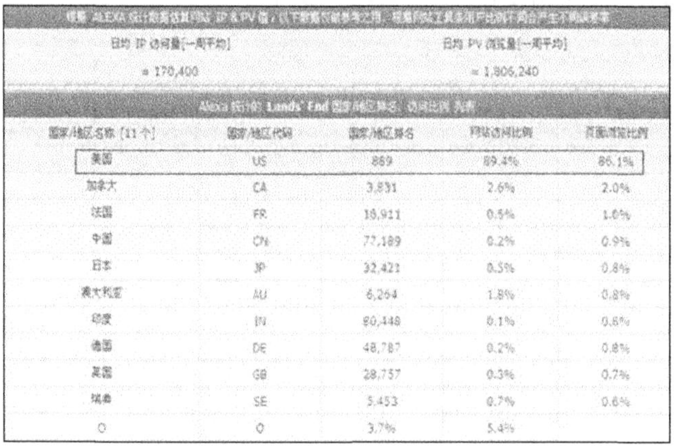

日均 IP 访问量[一周平均]	日均 PV 浏览量[一周平均]
≈ 170,400	≈ 1,806,240

国家/地区名称 [11 个]	国家/地区代码	国家/地区排名	网站访问比例	页面浏览比例
美国	US	889	89.4%	86.1%
加拿大	CA	3,831	2.6%	2.0%
法国	FR	18,911	0.5%	1.0%
中国	CN	77,189	0.2%	0.9%
日本	JP	32,421	0.5%	0.8%
澳大利亚	AU	6,264	1.8%	0.8%
印度	IN	80,448	0.1%	0.6%
德国	DE	48,787	0.2%	0.8%
英国	GB	28,757	0.3%	0.7%
瑞典	SE	5,453	0.7%	0.6%
O	O	3.7%	5.4%	

图 3-11　Alexa 网站查询结果举例

通过图 3-11，可以得出结论：www. landsend. com 这个网站以美国为主要目标市场，且在美国有较高知名度。结合 KeywordSpy 工具的分析，就能确定将 www. landsend. com 作为在美国乃至北美市场的泳装类别的参考网站，用于研究适合美国市场的泳装产品的品相及价格。

1.3.2　内部数据分析

分析思路：内部数据是已上架的产品产生的销售信息，可以作为选品成功与否的验证，也可用于以后选品方向的指导。

GA 工具地址：http://www. google. com/analytics/

通过 GA 分析工具获得对已上架产品的销售信息（流量、转化率、跳出率、客单价等），分析哪些产品销售好，整体动销率如何等，从选品成功和失败的产品中逐步积累选品经验，结合外部数据，利用关键词和品相，确定产品主体和供应商，以最终的产品满足和引导客户需求，同时实现个人价值和企业价值。

以下再以速卖通为例，简要分析选品和数据分析反馈攻略。

选品主要可分为六个步骤。

第一步：明确大类。所谓大类，就是产品类型。比如：箱包、安全防护、鞋子、电话和通信、工具等。

第二步：使用数据纵横中的选品专家。以箱包行业为例，可以挑选 30 天全球箱包交易情况，下载相关数据，并稍作整理，同时可以采用不同的标准，筛选自己需要的类别。

表 3-1　　　　　　　　　选品专家产品交易情况数据举例

行业	国家	商品关键词	成交指数	购买率排名	竞争指数	成交竞争比
箱包	全球	stretch	40	27	0	#DIV/01
箱包	全球	trip	13	36	0	#DIV/01
箱包	全球	beauty	9	44	0	#DIV/01
箱包	全球	zippers	6	49	0	#DIV/01
箱包	全球	handbags	46680	19	0.66	70727.273
箱包	全球	backpacks	11210	12	1.14	9833.3333
箱包	全球	wallet	17909	3	2.12	8447.6415
箱包	全球	cosmetic bag	5560	5	0.71	7830.9859
箱包	全球	waist pack	1621	22	0.26	6234.6154
箱包	全球	coin purse	6542	2	1.19	5497.479
箱包	全球	card	5560	1	1.33	4180.4511
箱包	全球	school bag	3920	4	1.35	2903.7037
箱包	全球	cover	180	18	0.1	1800
箱包	全球	travel bag	1504	8	0.97	1550.5155
箱包	全球	messenger bag	365	35	0.24	1520.8333
箱包	全球	belt	40	33	0.03	1333.3333
箱包	全球	suit	13	48	0.01	1300

第三步：以表 3-1 中的"handbags"为例，搜索"行业情报"，即可得到图 3-12 显示的行业国家分布。

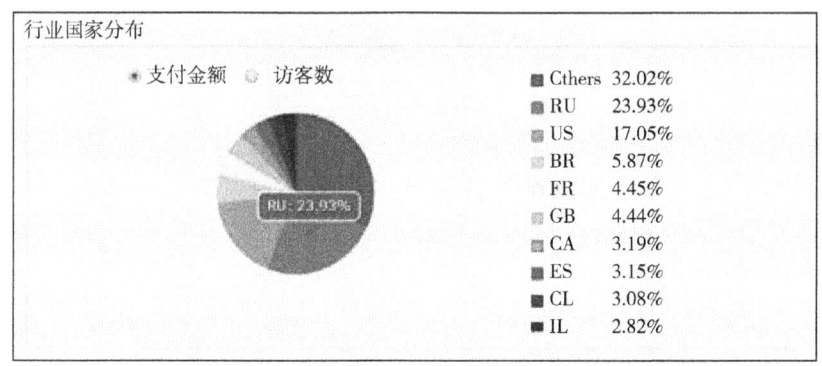

图 3-12　选品专家之行业情报截图

第四步：以图 3-12 中的美国为例，下载搜索词并稍作整理，可得到表 3-2 中的数据。

表 3-2　　　　　　　　　　　　选品专家搜索词数据举例 1

NO	搜索词	是否品牌原创	搜索人气	搜索指数	点击率	成交转化率	竞争指数	真实点击	点击指数	成交指数	成交竞争比
1	women bag	N	847,326	945,627	7.93%	0.02%	0	67192.96	#DIV/01	13.43859	#DIV/01
2	women messenger bags	N	664,100	727,954	5.81%	0.01%	0	38584.21	#DIV/01	3.858421	#DIV/01
9	channel handbag	N	4,994	14,024	76.77%	0.35%	8	3833.894	479.2367	13.41863	1.677329
3	michael kors designer	N	13,813	28,278	26.15%	0.72%	1	3612.1	3612.1	26.00712	26.00712
5	purses and handbags	N	4,808	22,373	50.09%	0.51%	30	2406.327	80.27757	12.28247	0.409416
4	handbags	N	4,436	23,209	53.44%	0.49%	37	2370.598	64.07023	11.61593	0.313944
6	boys handbags women	N	3,852	20,523	52.43%	0.45%	31	2019.604	65.1485	9.088216	0.293168
7	designer handbags hign qunality	N	3,897	20,226	45.45%	0.08%	25	1771.187	70.84746	1.416949	0.056678
8	genuine leather bag	N	3,715	14,151	38.15%	0.21%	29	1417.273	48.87147	2.976272	0.10263
10	women leather handbags	N	2,630	13,441	48.97%	0.42%	45	1287.911	28.62024	5.409226	0.120205
18	louis	N	2,313	6,337	47.89%	0.12%	15	1107.696	73.84638	1.329236	0.088616
12	michael korse bag	N	4,796	8,892	22.48%	0.55%	0	1078.141	#DIV/01	5.929774	#DIV/01
15	bags	N	2,049	7,636	52.13%	0.15%	51	1068.144	20.94399	1.602216	0.031416
20	cline bag	N	1,200	3,254	81.78%	0.12%	14	961.36	70.09714	1.177632	0.084117
38	luis vintage bag women	N	1,733	2,626	53.21%	0.00%	0	9221.293	#DIV/01	0	#DIV/01
22	cc bag	N	1,298	4,948	50.20%	0.08%	31	781.396	25.20632	0.625117	0.020165

通过数据的整理，可以简单计算出自己需要的数据。如：成交转化率，竞争指数等。通过计算数据，可以得到一些成交性好、竞争数也并不高的产品。

第五步：按照不同标准，分析表格，挖掘出需要的数据见表 3-3。

表 3-3　　　　　　　　　　　　选品专家搜索词数据举例 2

NO	搜索词	是否品牌原创	搜索人气	搜索指数	点击率	成交转化率	竞争指数	真实点击	点击指数	成交指数	成交竞争比
209	eva clutch	N	191	688	100.00%	2.70%	13	191	14.69231	5.157	0.396692
313	women moshino bags 2	N	176	472	100.00%	0.79%	32	176	5.5	1.3904	0.04345

比如："women moshino bags 2015" 这个词，它的点击率为 100%，成交指数为 1.3904。这样可以推算出，新款的"莫斯奇诺（Moshino）"女包前景应该还是不错的。

第六步：上传注意事项。上传时，要选择背景透明的清晰的图片。词库的建立要分为三种类型，首先是大词，也就是搜索和点击比较高的词，其次是高端点击率的词，还有精准的词；注意 Sku 编辑；上传一定要按照相关标准进行。

数据反馈对卖家具有很大的帮助。因为数据反馈不但在卖家们制订推新品计划时有参考价值，而且利用数据分析还可以筛选产品，更重要的是利用数据来体现这些产品的"生长情况"、"健康状况"等，为合理选品提供客观有力的帮助。

2. 跨境电商的定价

2.1 商品成本核算

店铺的核心目的需要盈利，所以首先要非常清楚真正的产品成本，这也是后期对于产品定价策略的基础。商品的实际成本一般会由下面几点组成：进货成本（产品价格+快递成本+破损率）+跨境平台的成本（包括推广成本，平台年费，活动扣点）+跨境物流成本+销后维护成本（包括退货，换货，破损率）+其他综合成本（人工成本，跨境物流包装成本等）。对于跨境物流费用的报价建议包含在产品标价里面，并且写上 FREE SHIPPING 这样的标价方式比较吸引客户。

2.1.1 平台的推广成本

平台的推广成本包括平台的年费，核心是市场推广成本，这个都需要加到产品价格里面。比如阿里巴巴速卖通平台的 P4P 项目推广。资金实力不是特别雄厚的中小卖家，对于商品的推广投入成本应该谨慎并且有非常详细的预算，一般建议是（工厂进价+国际物流成本）×10%～35%，一般不建议超过40%的投入，如果超过了40%，运营压力就非常大，店铺本质上会长期处于亏损阶段。

2.1.2 售后纠纷成本的计算

这个成本核算是很多跨境创业新人最容易忽视的一个成本，跨境物流很多中小跨境卖家通过中国境内发货，线长点多周期长，经常会出现一些产品破损，丢件甚至客户退货退款的纠纷事件。因为跨境电商的特性，这样的成本投入往往比较高，在核算成本的时候应该把这个成本明确地核算进去。核实的比例一般是（进货成本+国际物流成本+推广成本）×3%～18%，如果超过这个比例，建议放弃这类产品。因此，选择跨境品类的时候，应该选择一些适合国际物流、标准化强，并且不容易发生消费纠纷的品类。

2.2 价格的调整与换算

在跨境平台商品定价之前首先应该清楚地了解商品的采购价格是处于这个行业价格的什么水平，也就是供应商的价格水平是不是具备优势。跨境电商经营要成功，选择一个优质的供应商是重中之重，还须考虑到优质的产品品质、产品的研发能力、良好的电商服务意识。而最核心的事情是供应商给出的价格必须具备一定的市场竞争力，这样才可能拥有足够的利润空间去做运营和推广。对于跨境小卖家，一般建议去阿里巴巴 1688 批发市场去找供应商。

首先进入1688店铺，在"企业档案"栏查看这家企业的性质是工厂还是贸易商，注册资本有多少，成立时间是何时，也可以看一下类似淘宝天猫评分系统，核心是供应商的是不是具备非常好的电商服务意识，最后就是关注产品的价格优势了。比较好的建议是选择长期做外贸出口的工厂，这样的工厂一般来说其外贸出口价格具备很大的市场优势，得到价格单应该是比较容易的事情。至于产品价格市场调研，供应商的市场调研从1688可以简单地比较一下，也可以进入天猫输入产品关键词看看国内市场的零售价格水平。最好的策略是在天猫找到一家销售火爆的店铺，去购买一个需要经营的产品的样品，与供应商的产品品质作比较。如果品质非常合理，价格水平在同类供应商价格中等偏下的水平，供应商又有非常好的服务意识，那么跨境价格策略就成功了一半了。但是需要注意的是，阿里巴巴1688也有一些低于行业价格的供应商，一般是个人小作坊，这个不建议选择，后期如果店铺做了爆款，小作坊在产品的稳定可靠、服务意识方面有可能跟不上。

表3-4　　　　　　　　　　　速卖通产品定价示例

国际运费计算-中邮小包					示例		灰色：常量	
运费单价（单位:元/千克）	产品重量（单位:克）	挂号费（单位:元）	运费折扣（单位:%）	国际运费（单位:元）	运费计算：9元挂号费，9分一克，即90一公斤，打8.5折。如果是100克，运费计算为：(0.09x100+9)x0.85=15.3元		黄色：输入	
88	2000	8	100.00%	184			红色：输出	
(Free Shipping)速卖通包邮售价计算								
原价（成本价）（单位:元）	国内运费（单位:元）	国际运费（单位:元）	利润率（单位:%）	人民币对美元汇率（单位:1:X）	速卖通佣金（单位:%）	利润（单位:元）	速卖通售价（单位:美金）	
78	10	184	10.00%	6.5	5.00%	27.2	48.45	
速卖通售价（单位:美金）	折扣（XX% Off）	折后价格（美金）	折后利润（元）	$1.99邮费售价（单位:美金）	$2.99邮费售价（单位:美金）	$3.99邮费售价（单位:美金）	$4.99邮费售价（单位:美金）	
48.45	10.00%	43.605	7.260875	46.46	45.46	44.46	43.46	
速卖通售价5折(50% Off)	速卖通售价6折(40% Off)	速卖通售价7折(30% Off)	速卖通售价8折(20% Off)	速卖通售价9折(10% Off)	速卖通售价95折(5% Off)			
	80.77	69.24	60.56	53.83	51.02			
$2.99邮费售价5折(50% Off)	$2.99邮费售价6折(40% Off)	原$2.99邮费售价7折(30% Off)	$2.99邮费售价8折(20% Off)	$2.99邮费售价9折(10% Off)	$2.99邮费售价95折(5% Off)			
90.92	75.78	64.96	56.83	50.51	47.87			

下面还是以速卖通为例来讲解如何设置产品定价（见表3-4）。在速卖通里，对排序起着重要影响的两大因素分别是销量以及关键词。而影响销量的最关键因素在于价格。以下是必须了解的一些相关名词：

上架价格（List Price，LP）：即产品在上传的时候所填的价格。

销售价格/折后价（Discount Price，DP）：即产品在店铺折扣下显示的价格。

成交价格（Order Price，OP）：用户在最终下单后所支付的单位价格。

这几个价格的直接联系显示如下：

销售价格=上架价格×折扣

成交价格=销售价格-营销优惠（满立减、优惠券、卖家手动优惠）

搞清楚这几个价格的关系，那么就可以有针对性地对不同定位的产品采取不一样的定价。

①研究同行业卖家、同质产品销售价格，确定行业最低价，以最低价减（5%~15%）为产品销售价格。用销售价格倒推上架价格，不计得失确定成交价。

那么上架价格又可以两种思路来做：

上架价格=销售价格／（1-15%）

上架价格=销售价格／（1-30%）

第一种思路费钱，可以用重金打造爆款，简单、粗暴、有效。但不可持续，风险较大。

第二种思路略微保守一些，可以通过后期调整折扣来让销售价格回到正常水平。

两种定价思路都可以在15%折扣下平出或者略亏，作为引流爆款。

②通过计算产品的成本价，根据成本价加利润来确定产品的销售价格，这样做是比较稳妥的。

产品的销售价格确定后，根据店铺营销的安排，确定上架价格。

例如：产品成本是$3，按照速卖通目前的平均毛利润率（15%），还有固定成交速卖通佣金费率5%，及部分订单产生的联盟费用3%~5%。我们可以推导：

销售价格 = $3÷（1-0.05-0.05）÷（1-0.15）= $3.92

再保守点，销售价格 = $3 ÷（1-0.05-0.05-0.15）= $4

这其中，5%的联盟佣金并不是所有订单都会产生，但考虑到部分满立减、店铺优惠券直通车等营销投入，以5%作为营销费用，基本没有差错。

当然，这其中还可以加入丢包及纠纷损失的投入，按照邮政小包1%的丢包率来算，又可以得到：

销售价格 = $3 ÷（1-0.05-0.05-0.01）÷（1-0.15）= $3.96

再保守点，销售价格 = $3 ÷（1-0.05-0.05-0.15-0.01）= $4.05

得到销售价格后，我们需要考虑该产品是通过活动或者作为一般款来销售。

假如作为活动款，那么，按照平台通常活动折扣要求40%来计算：上架价格=销售价格÷（1-0.4），平时打40%折扣，活动最高可以到50%。

作为一般款销售：上架价格=销售价格÷（1-0.3），平时打30%折扣。

建议折扣参数不低于15%，因为平台大促所要求的折扣是这个数字，不高于50%，因为折扣过于大了容易产生虚假折扣的嫌疑。而根据速卖通官方的统计，折扣在30%左右，是买家最钟情的折扣，属于合理预期范围。

对于50%折扣的活动要求，基于以上定价的模式，基本上相当于平出，不会亏本或者略亏，假如客户购买两个及两个以上，卖家就能赚到钱。

2.3 定价技巧与策略

关于定价，最简单有效分方法是：搜索出产品的类目，看看同一类目下的产品定价范围，一般来讲排序在前三页的产品最畅销，价格最具有参考价值。例如图3-13所示，挑选宠物狗服装（dog clothing）的产品时，可以看出当前产品的定价是 9.23 美金/件。

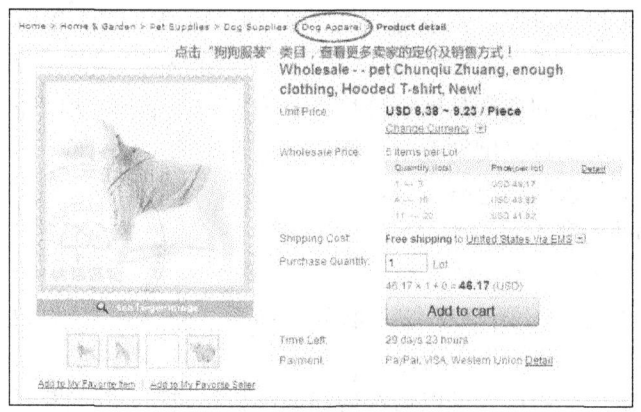

图 3-13　产品定价及信息页面

点击产品上方的 Dog Apparel 类目链接，查看所有 dog clothing 的产品价格范围，一般只需查看前三页最畅销的产品，就可以知道什么质量的产品是什么价位了，搜索结果如图 3-14 所示。

图 3-14　畅销产品页

在图 3-14 中，共搜索出了 2513 个 Dog Apparel 产品，他们的产品定价基本在 $5 ~ $20 / Piece 之间，因此卖家可以根据同等产品的质量确定价格在 $8 ~ $9 / Piece 是合理的。如果同等质量的一件产品定到20美金左右，那就很难卖出去了。在上面的搜索结果中，还能清楚地了解到其他卖家的打包方式、销售模式等，这些都是可以借鉴的地方。

在定期进行充分的市场调研的基础上，做到知己知彼，不断地自我调整，商家才能具备真正的竞争优势。而要做好跨境电商，在越来越多跨境同行中取得订单，产品的价格必须具有比较明显的优势。

2.3.1 成本差异化定价策略

商家非常了解自己的成本，加上意愿的利润，以成本差异来定价格，在数据上可以做到非常准确，能够在谈判的过程中做到游刃有余、张弛有度，能在控制好利润的前提下有效抓住客户心理，获得客户的订单。它的不足之处就是没有很好地考虑到市场需求的因素对价格的影响，有时候，市场需求量大，而利润率决定的价格相对来说就会较低，从而影响总的营业额；相反，在市场需求量小的情况下，价格就会高出市场价格，势必引起客户的反感，从而错失很多良好的客户。

2.3.2 数量差异化定价策略

数量差异化定价是根据顾客所定数量来定价格。比如十个以下什么价格，十个以上什么价格，一百个以上什么价格，等等。这种定价办法的好处就能通过价格差异，提升销售量，达到以销售的量提高总的营业额的办法。

2.3.3 市场差异化定价策略

市场差异化定价就是以历史价格为基础，根据不同的市场需求、顾客的需求和消费能力来定价。它的优点是产销平衡，符合经济学供求原理，贴近市场实际需求状况，有时可能同一产品，由于地点不一样，供需情况不一样，它的价格就不一样。缺点是市场实际需求的数据难以采集，而且采集的成本之高，数据凌乱，处理起来费时费力，有时甚至会影响整个销售。

2.3.4 顾客承受能力定价策略

以顾客的承受能力来定价就是要根据顾客对该产品的价格承受能力结合商家对利润的追求来确定产品的价格。在市场上，有些产品的价格实际上没有确切的数值，会因为各种因素而不断变动。在选择某些产品的时候，经济能力不同的顾客的承受能力会影响到产品在价格上的变化，比如化妆品类、化工品类、生物制品类。在这种情况下，商家一定要多跟客户交流，揣摩他们的心理，了解他们的生活状况、经济能力、消费习惯，从而确定一个客户能承受的价格。当然，这种定价的营业额总量肯定会比固定定价的方式高，同时又能提升营销人员的能力，增加他们的收入，为整个公司的长远运作储备人员，打下良好的基础。

2.3.5 套餐定价策略

选品不能只选单品，否则，即使产品质量再好，价格再优惠，顾客也会因为买不到全套的产品而选择别的电商。因此，在选好成套产品的时候，也要考虑套餐价格。

套餐价格就是顾客在购买某种商品的时候，会考虑购买与此产品相搭配的其他产品，比如服饰、电子产品等。此时，如果考虑到客户不同的喜好进行搭配，以成套出售来定价，并给予一定的价格优惠，客户肯定会因为一方面能购买到全套产品，另一面能享受到价格优惠，再加上在邮费方面的考虑，作出购买套餐产品的选择。

2.3.6 竞拍定价策略

竞拍定价就是电商确定好一个基础价格，由顾客通过竞争的方式，最终确定价格的定价方式。这种方式的好处是，电商在竞拍平台上确定好基础价格，制订相应的竞拍规则，剩下的工作就由顾客根据自己对商品价值的评估及该商品对他的意义来确定最终价格。当然，这个价格往往高于电商的定价，而且对于电商来说，省时省力，收益高。一般来说，顾客非常喜欢这种方式所带来的成就感，也能根据他们的承受能力选择适合的产品，甚至有些产品对他们来说意义非凡，那就不仅仅是价格问题了。

2.4 商品折扣对定价的影响

2.4.1 商品打折时的注意事项

①研究同行业、同质产品的价格及销售情况，弄清行业最低价格，然后以行业最低价格减价5%～15%为自己产品的价格。这种折扣方式的特点是：商家必须有一定的实力，用这种方式打造自己的爆款，吸引客户眼球，引进来之后再根据具体情况跟客户商谈价格。因此，这种方式有一定的风险，不能持续时间太长。不然对于自己的总销售额有一定的损害。

②直接利用产品上架价格为基础，进行打折让利，但是这个折扣必须是在利润率的控制范围之内的，比如5%。这种打折方式最大的特点是：客户能直接感受到商家的折扣诚意，但是也会遭到一些精明的客户质疑，因此一定要做到诚心诚意，才能获得更多客户的青睐。

③利用成交价格为基础打折，成交价格打折的具体做法是：在销售价格的基础上减去营销优惠价，再进行打折。营销优惠方式有满立减、优惠券、卖家手动优惠、买家好评后返现等。这种打折方式的好处在于能充分调动客户的积极性，为各项数据的提升提供最直接最可靠的保证。

④特别值得注意的是：所有的折扣都应该是在一定的利润率控制范围之内，都是为了提高曝光量，提升转化率所做的努力。一定是要在自身能力所能承受范围之内的打折，不能是仅仅为了获得短期转换率而做的赔本行为。

2.4.2 定价时应考虑客户讨价还价的主客观因素

①主观因素

• 如果该客户是大客户，而且购买力较强，还能进行长期购买，此时可适当根据具体情况把价格报高一点，为后期因其他情况的变化而再跟客户谈判时留有余地。如果客户的情况与此相反，那就应该把价格稍报低一点。

• 如果客户对该产品和价格都非常熟悉，那么就应该用专业"对比法"。在与其谈判时，通过突出自己产品的优点、显现同行的缺点，进而掌握定价的主动权。通常通过这种方式与客户交流，能够长期稳固地"抓"住顾客，形成稳定的供需关系。

● 如果客户性格比较直爽，不喜欢兜圈子讨价还价，通常来说，这类客户是比较了解该产品及其价格的。那么，最好在一开始就亮出自己的底牌，以免报出高价吓跑客户。

● 如果客户对产品不是很熟悉，那么就应该多介绍一些产品的用途及优点，通过该产品的品质和特点介绍，让客户了解该类产品的价格定位。此时，价格也可以报高一点，而且还可以通过后续的技术跟踪，牢牢抓住该客户。

● 如果有些客户对价格特别敏感，每分每厘都要争，与此同时，对于产品又很中意，这说明他们对产品的特性是了解的。此时，可以试图跟客户交朋友，更专业地讲解产品性能和优势，打持久的心理战。当然，在这个过程中，也可以询问或揣摩一下客户的目标价格、消费习惯，从产品的特征上为自己争取主动权。在具体讲价格的时候，可以采取先让多后让少的策略，比如了解到客户的目标价格是22元，而其心理价格是20元，此时最好报28元。在还价时，直接让到24元，接着进行一系列讨价还价，千万不可以一步到位，而应步步为营，既要让客户看到成交希望和出售产品的诚意，又要让对方通过艰苦议价来努力达成交易，让客户最后有一种赢得谈判的感觉。销售商通过这种方式获得的客户，通常会与之成为好朋友，甚至会带来更多的客户。

②客观因素

任何时候，产品价格的高低跟它的质量和供求关系等息息相关。报价之前，必须要对自己产品特征及目标价位、主要目标市场等信息与目标市场上同类产品及价格做一个充分的对比，做到知己知彼，百战不殆。一般情况下，应该要把握以下原则：

● 根据价和值通常是相等的原则，如果产品质量相对更好，报价肯定要更高。

● 根据供求关系影响价格的原则，如果产品在市场上供不应求，当然也可以报更高的价。

● 根据人们比较喜欢新鲜事物的特性，如果产品是新品，款式又比新颖，通常报价比成熟的产品要高些。

● 综合考虑各方面因素定价，即使同一种产品，在不同的阶段，因受市场因素和政府控制等因素影响，报价也不尽相同。所以一定要进入到销售产品的领域和行业，一定要多方了解有关信息，锻炼出敏锐的嗅觉，实时对价格做出调整。

价格一直是买卖双方最关心的问题，一定要给自己留有余地，不要一开始就直接给客户最低的报价，防止自己手中的底牌被客户摸清，最终无路可退，只能被客户牵着鼻子走。总而言之，在定价时，一定要综合考虑多种定价策略和主客观因素，争取主动，以获得较高的利润。

课后练习：

一、单选题

1. 了解某个品类的出口贸易情况，主要有几种途径？
   A. 第三方研究机构或贸易平台发布的行业或区域市场调查报告
   B. 政府工作报告

C. 出口贸易公司或工厂
D. 行业展会
2. 商品的实际成本除了进货成本之外,一般还包含(　　　　)。
　A. 跨境平台成本　　　　　　　　B. 跨境物流成本
　C. 销后维护成本　　　　　　　　D. 其他综合成本
3. 确保合理的利润进行定价,可以采取的策略有:(　　　　)。
　A. 市场差异化定价策略　　　　　B. 数量差异化定价策略
　C. 竞拍定价策略　　　　　　　　D. 成本差异化定价策略
4. 以下哪个公式是正确的?(　　　　)
　A. 销售价格＝上架价格×折扣
　B. 销售价格＝成本价格×折扣
　C. 成交价格＝销售价格－营销优惠(满立减、优惠券、卖家手动优惠)
　D. 成交价格＝上架价格－营销优惠(满立减、优惠券、卖家手动优惠)
5. 计算售后纠纷成本的时候,按什么核算比较合适?(　　　　)
　A. 2%　　　　　　　　　　　　B. 15%
　C. 20%　　　　　　　　　　　D. 5%

二、判断题

(　　)1. 根据价和值通常是相等的原则,如果产品质量相对更好,报价肯定要更高。
(　　)2. 利用成交价格为基础打折,可以在成本价格的基础上减去营销优惠价,再进行打折。
(　　)3. 产品质量是决定产品最终能否售出的关键因素。
(　　)4. 引流款和爆款是店铺利润的主要来源。
(　　)5. 营销优惠方式有满立减、优惠券、卖家手动优惠、买家好评后返现等。

三、简答题

1. 什么是引流款?
2. 简要说明上架价格、销售价格和成交价格之间的关系。
3. 什么是市场差异化定价策略?
4. 从市场的角度考虑,应该如何进行选品?
5. 如何进行商品成本核算?

三、实操题

1. 假定产品成本是$5,交易平台的平均毛利润率是10%,固定成交佣金费率是5%,部分订单产生的联盟费用是3%~5%,试计算并分析如何确定该产品的销售价格和上架价格。
2. 在1688平台上与货源卖家联系,选定几个待上架的产品。

第4章 跨境平台商品发布实操

跨境电子商务是以网络上的虚拟店铺为媒介进行的交易，因此，运营跨境电商网店的首要内容就是商品的上传与发布。发布产品是卖家在跨境电商平台上向海外客户进行产品展示的重要途径，能够让买家迅速、清楚、全面地了解商品，缩短询盘时间，提高成交速率。

1. 发布商品的基本方式

不同的跨境电商平台产品发布的方式不尽相同，但都是为了让买家了解商品，于是在对商品信息进行设置时应当符合这样几方面的标准：标题专业、图片清晰、描述详尽、定价合理、商品属性及其他信息完整、图文描述符合平台规则。

一般在跨境电商平台上发布商品信息都是完全免费的，但在对某商品进行上传发布之前一定要确定其是否为禁销品，需符合平台的禁售、限售规则，同时，考虑到国际运输方面可能会出现的问题，在选品时最好注意选择体积小、重量轻、不易破损的商品。

具体而言，卖家如果要在跨境电商平台上发布商品信息，首先要在平台上注册一个卖家账号，且完成实名认证（具体操作步骤详见第2章相关介绍），然后才能发布商品。一般卖家登录账号后，点击"发布产品"按钮，或者进入"管理产品→发布产品"页面，就可以按流程来发布商品。下文以敦煌网为例来讲解商品发布的流程与实操。

2. 商品发布流程详解

产品上架前，要预先准备好所需要的各种图文信息，包括主图、详情图、标题、关键词、价格、属性内容等。这些信息一般包括**.doc，**.xls，**.jpg，**.png等不同软件格式。待这些信息准备好后就可以开始上传产品了。敦煌网卖家商品发布的流程如图4-1所示：

产品发布流程

1. 进入界面、选择类目
2. 填写基本信息
3. 填写销售信息
4. 填写产品内容描述
5. 填写包装信息
6. 设置运费模板
7. 填写其他信息
8. 提交发布产品

图4-1 敦煌网产品发布流程图

2.1 进入产品上传界面并选择类目

上传产品时,首先需要进入店铺后台"我的 DHgate",点击"添加新产品"进入产品上传界面(见图 4-2)。

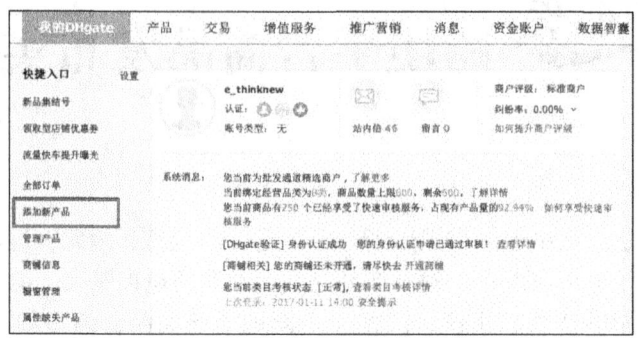

图 4-2 敦煌网卖家后台产品发布入口

进入产品发布页面后,首先就是需要正确选择产品所属的类目,敦煌网提供了两种类目选择方式(见图 4-3)。若卖家此时不太确定产品的类目,则可以根据图中标注的方法一,在线通过商品关键词查看同类商品的展示类目,以之作为参考,然后逐层筛选确定最准确的类目;若卖家此时清楚自己所售商品从物理属性而论从属于哪个类目之下,则可采用方法二,直接根据类目等级逐级来进行筛选,待确认下方方框里"当前已选择的类目"后,然后点击"立即去发布新产品"。

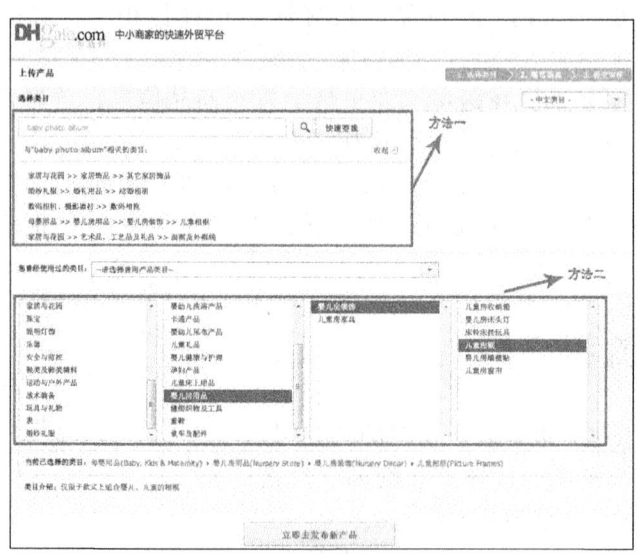

图 4-3 敦煌网卖家后台上传产品之类目选择页

有些平台对部分商品制订了准入门槛,这时就需要根据准入类目的提示信息联系行业经理，提交相应的准入审核资料，待通过平台审核后方可发布产品。如果在取得上传资格之前就将产品随意上传到其他类目，则属于类目违规乱放，会遭到平台的处罚。

2.2 填写产品基本信息

敦煌网卖家后台产品基本信息填写页如图4-4所示。

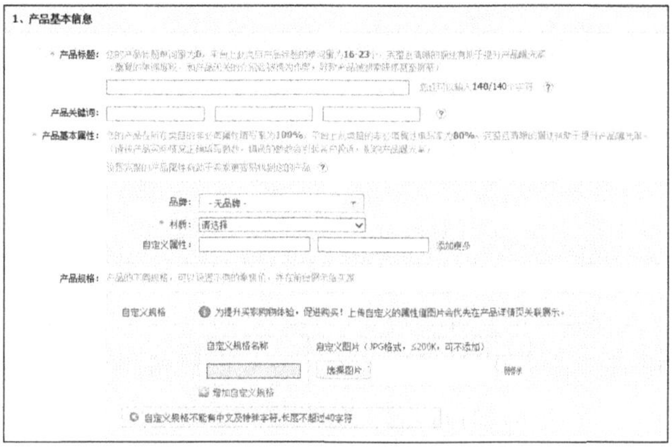

图4-4 敦煌网卖家后台产品基本信息填写页

2.2.1 设置产品标题和关键词

产品标题是匹配关键词搜索、影响产品曝光率的关键，最多可以填写140个字符，可以包括产品基本功能、特点、性能等。卖家设置标题时，一定要先明了商品搜索排序的规则（详见第5章），然后才能设置出更能吸引顾客的好标题，尤其是对于那些"标题党"而言，商品标题的重要性是不可替代的。

标题设置的主要方法可以概括为"三段法"：①关键词，即在特定商品类目中的流行热门词条；②属性词，如对商品的长度、高度、颜色、材质等进行描述性的词；③流量词，其设置的目的是给商品带来更多的流量。关键词是不变的部分，属性词是可变的部分，流量词是可替换的部分。

标题推荐写法：

品牌+风格+特性+款式+品名+配饰+材质+尺码+颜色+打包方式+促销信息+是否支持代发货等

例如：*** Brand New Men's long sleeve shirt   100% cotton   five colors   10pcs/lot drop shipping

在填写关键词时，建议选择能体现产品、带定语的热词进行填写，这能便于敦煌网在站内相关产品或内容中对产品进行推广，并且利于搜索引擎通过该关键词引流到该产品处，从而提高产品曝光量，增加销售。

比如某个产品是"New White Strapless Formal Prom Wedding Dress Ball Gown"，则关键词可以填写为 Prom Wedding Dress、White Wedding Dress、Formal Prom Wedding Dress、

Strapless Ball Gown，White Ball Gown，White Strapless Ball Gown，等等，而不是只填写 Wedding Dress 或 Ball Gown。

这样的标题及关键词组合，既可以照顾到商品的各方面相关属性，又有助于提高流量。敦煌网上关键词并不是必填项，且最多只能填写 3 个。在标题和关键词都是有字数限制的情况下，应尽可能充分地利用好。

2.2.2 产品基本属性填写的重要性

产品属性是买家下单前决策的最重要因素之一，买家在搜索页可以通过产品属性的筛选，看到卖家店铺的商品。请认真填写准确和完善的产品属性，从而获得更多曝光机会。该部分内容填写的重要性具体体现在：

①能够多方位多角度地提高买家浏览量，提升产品售出率

● 获取 60%买家流量：无论买家是通过类目进入产品页，还是搜索关键字进入产品页，60%的买家会利用属性及属性值来缩小想要的产品范围。因此选填专业、完备的属性、属性值将有机会获得这 60%的买家流量。

● 获取多维度展示流量：各行业均有设置多维度展示类目，其原理就是抽取类似或者相关的属性、属性值，建立新的类目，展示给不同需求的买家。因此选填专业、完备的属性、属性值将有机会获得多维度展示流量。

● 获取平台主题推广流量：例如，上传产品时选择节日属性"Halloween"，在万圣节来临时，平台会整体促销万圣节主题产品，而其产品包含相关服装、首饰、宠物衣服、家庭装饰用品等，这样平台会通过万圣节这一属性来集合相关产品。根据图 4-5 可见主题推广页面的流量十分可观，只有填写了相对应属性的产品才有机会获得此类推广页面流量。

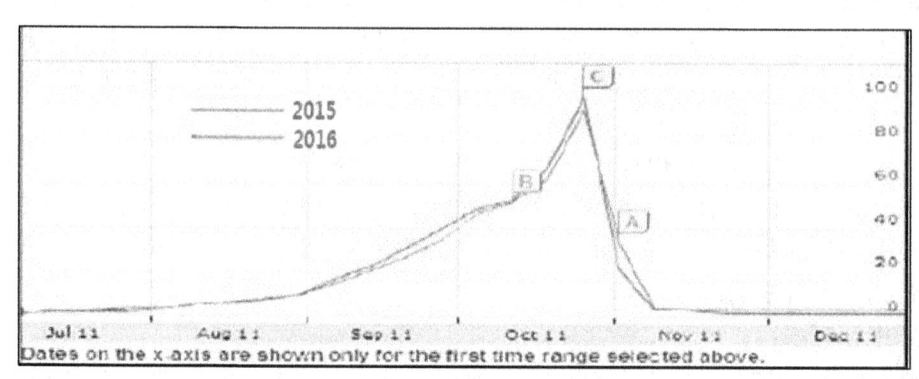

图 4-5 产品基本属性对获取平台主题推广流量的效果显示图

● 获取更多 SEO 流量：填写更完备的属性及属性值会引来搜索引擎更多的兴趣，收录店铺更多页面，引来更多流量。

②减少沟通成本，降低纠纷退款率

以鞋为例，在上传产品时如果不填写尺寸这一属性，买家购买时，看中款式就下单，导致卖家无法发货，需要进行多次沟通。通常会出现，线上沟通不畅，或者时间拖延的问题，导致纠纷退款等情况。设置完备的购买属性，将有效避免这个问题。

2.2.3 产品自定义属性填写

产品基本属性中的自定义属性栏是当平台推荐的属性无法满足卖家对产品的描述时，可以自选添加的信息内容。自定义属性往往非常灵活，非常具有个性化。设置好的属性和属性值会显示在产品最终页，方便买家更好地了解产品信息，推动最终成单。

在敦煌网中自定义属性默认显示一行，点击"添加更多"增加一行，最多可添加 5 个。点击"删除"，即删除该行属性值。自定义属性不能为中文和 HTML 代码，属性及属性值长度分别限制 40 个字符。例如：

输入属性：colour；属性值：red，yellow，green，pink，blue（见图 4-6）。

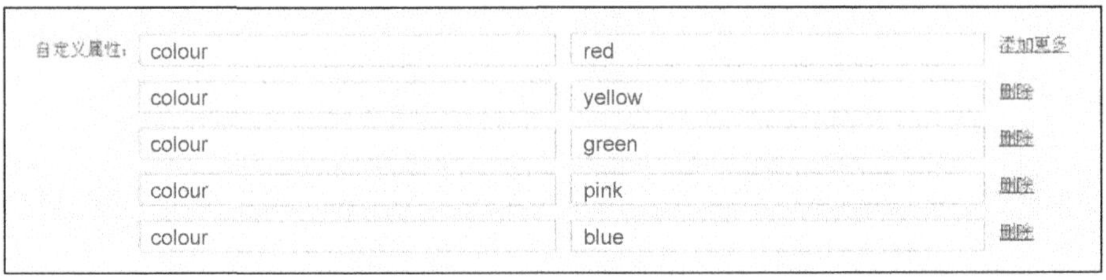

图 4-6　敦煌网卖家后台产品自定义属性填写示例图

所添加的自定义属性是卖家对产品特征的补充说明，对产品的说明越详尽，越有利于买家下单。自定义属性同样会展示到产品最终页，这样，可以减少交易中很多不必要的沟通时间，非常有利于交易顺利完成。买家前台显示效果如图 4-7 所示：

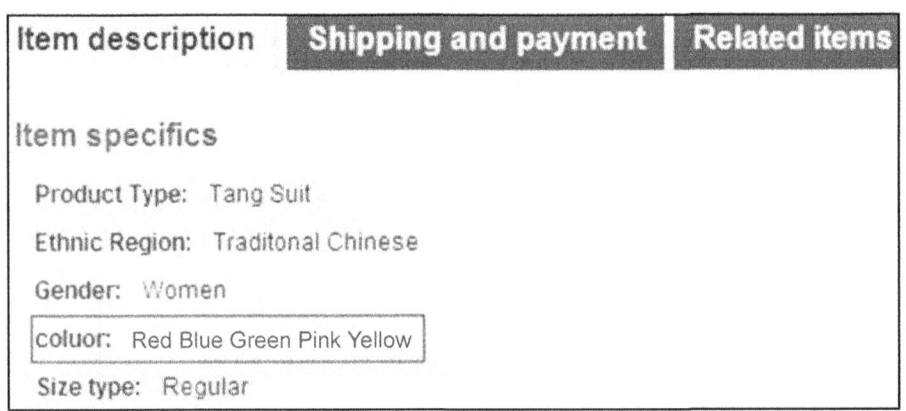

图 4-7　敦煌网产品自定义属性填写效果显示图

2.2.4 产品规格填写

产品的不同规格，可以设置不同的零售价，并在前台展示给买家。该部分的具体内容一般可以包括产品的颜色、尺码、材质等，如图 4-8 所示：

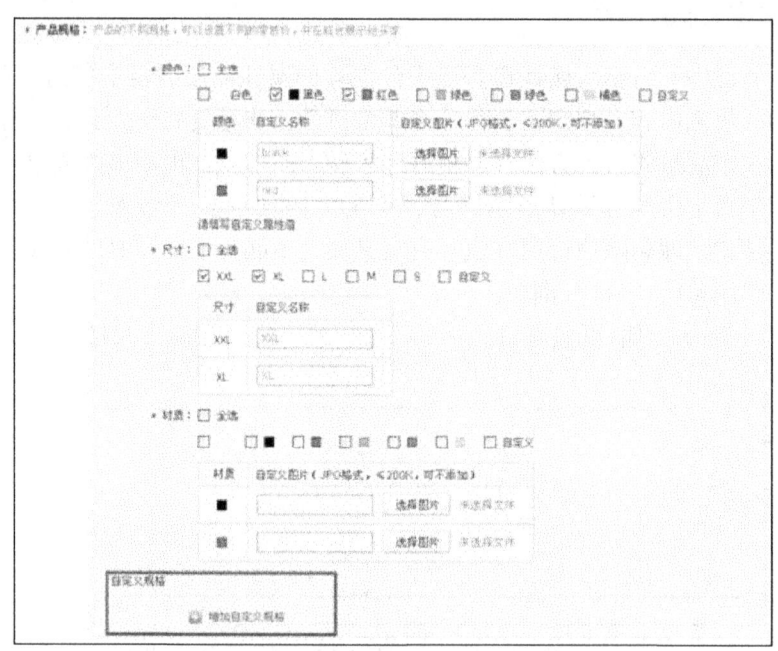

图 4-8　敦煌网卖家后台产品规格填写示例图

为了追求更好的用户体验,敦煌网对产品上传页面进行了功能升级,其中的一个重要板块就是对自定义规格功能的升级。从"自定义规格→增加自定义规格"进入,允许卖家编写自定义规格的名称,或者上传规格的图片,规格图片需要为 jpg 的格式,同时大小不能超过 200k,并且提供最多 10 个自定义规格值(如图 4-9 所示)。比如,在"服装→民族服装"的类目下,平台没有设置"颜色"这个规格,可以设置一个自定义规格,并将自定义规格值定义为 white,black,red,purple 等,同时也可以上传不同"颜色"的产品图片或别的代表颜色的图片。

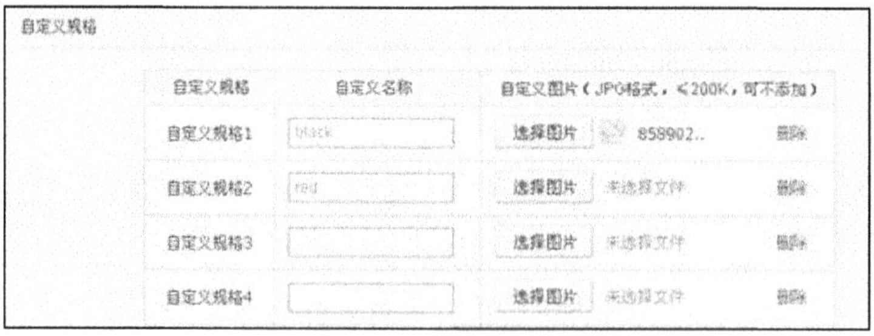

图 4-9　敦煌网卖家后台自定义规格填写示例图

"自定义规格"和平台定义的"产品规格"一样,都可以在产品详情页以文字或者图片的形式展示出来,供客户在购买时进行选择,如图 4-10 所示。

图 4-10 敦煌网产品自定义规格填写效果显示图

2.3 填写产品销售信息

产品销售信息板块必填项最多，具体包含内容如图 4-11 所示：

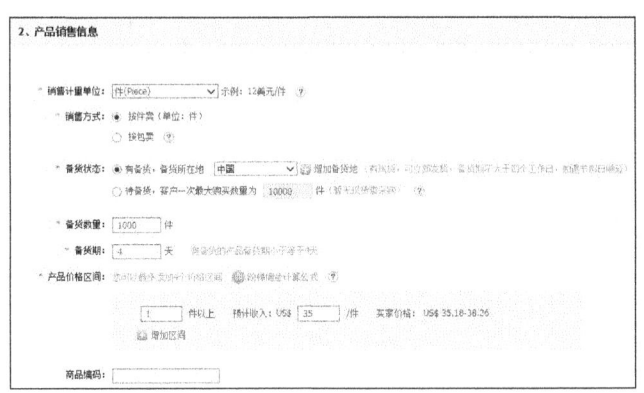

图 4-11 敦煌网卖家后台产品销售信息填写页

①销售计量单位是指产品最小的计量单位，也就是单个产品的量词。例如，若销售的是袜子，则选择双（pair）；销售的是手机，则选择件（piece）。

②销售方式可以根据实际所卖产品的重量、体积、货值来选择打包方式。比如，手机、平板电脑这种货值比较大，或者家具这种体积和重量都比较大的产品，较适合单件卖；袜子这种重量、体积和货值都较小的产品，较适合打包出售。

③产品备货状态分为两种：

a. 有备货：指的产品有现货，可立即发货。如果选择了该状态，需要填写备货的所在地，针对该产品的属性、规格组合分别设置对应的产品数量，并且该产品的备货期被限制在指定的天数内,需在该天数内发货此产品。买家会看到该产品的数量与备货期,有针对性地进行下单。该状态的产品具有竞争优势。

b. 待备货:指的是产品暂时没有现货,需要根据买家的下单进行采购后再进行发货。如果选择了该状态,备货期填写需小于或等于 60 天,不需要设置产品的数量。

④备货期为卖家的发货期限,指的是在一定的时间内需发货。备货状态为"有备货"的产品的备货期根据类目的不同被控制在一定的时间内,即卖家填写的备货期需小于或等于该时间控制(目前平台规定有备货的产品备货期小于或等于 4 天);备货状态为"待备货"的产品的备货期无时间控制,卖家可根据自己的实际发货情况进行填写相应的备货期。

⑤产品价格区间最多可以添加 4 个。具体定价方法参见第 3 章相关内容。在定价时需要注意敦煌网 2016 年新颁布的平台佣金调整方案。具体可查网页:http://seller.dhgate.com/promotion/xzjiedu.html?d=f-4xzsx。

2.4 填写产品内容描述

产品内容描述页包含的内容如图 4-12 所示,其中必填项目为"产品图片"、"产品简短描述"和"产品详细描述"三个部分。

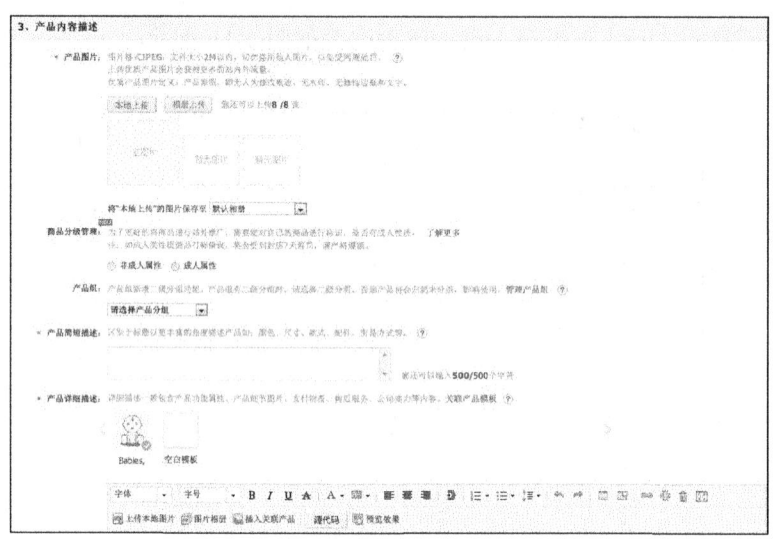

图 4-12 敦煌网卖家后台产品内容描述页

2.4.1 产品图片

敦煌网目前支持每个产品最多上传 8 张图片,传满 8 张图的产品系统会自动在产品排序上给予相应加权。图片需要采用 JPEG 格式,图片要尽可能清晰,要避免大面积文字遮盖产品细节的情况;产品图片以 4~8 张为宜,不得盗图。同时,优质产品图片,尤其是主图,能极大地延长客户在产品页面停留的时间,也极大地提高店铺的转化率,为店铺吸引更多的流量,也为卖家节省推广费用。产品图片的拍摄及处理见第 7 章"跨境电商的视觉美工"中的相关内容讲解。

在上传产品图片时，还需要注意以下几点：
- 请不要在图片上留下除敦煌网以外的任何联系方式。
- 请不要上传涉及品牌侵权和违规的图片（《敦煌网产品发布规则》）。
- 当两个产品的首张产品图片重复时，会被敦煌网视为重复产品，因此请不要将同一张图引用为不同产品的首图。
- 建议自拍产品照片作为图片，因为买家查看产品都是参照产品图片的，所以要保持图片和产品一致。一旦买家发现有产品与图片不符的现象，买家就很可能会以此要求退货退款，造成不必要的交易纠纷，甚至影响整个店铺的信用度。

2.4.2 商品分级管理

这部分的"成人属性"与"非成人属性"是新增内容，用于标识商品是否具有成人性质。参加商品分级管理，给商品打标即可免费参加站外推广，成人性质会参加 PLA 推广，非成人性质的会参加 RMKT 推广。

一般建议卖家完善新建产品组功能，增加英文字段的输入，这有助于设置关联营销并提高产品的曝光量。敦煌网可以在一级产品组中再添加二级分组，目前最多能创建 60 个一级分组，每个一级产品组最多可以创建 5 个二级分组。在单个产品组中可添加或移除产品，可通过拖拽的方式进行一级产品组排序以及组内产品排序。关于产品组的具体内容包含下面几个方面：

- 产品组的添加方法：点击"添加产品组"，自主命名店铺产品分组英文名称和中文名称、备注信息等。具体填写内容如图 4-13 所示：

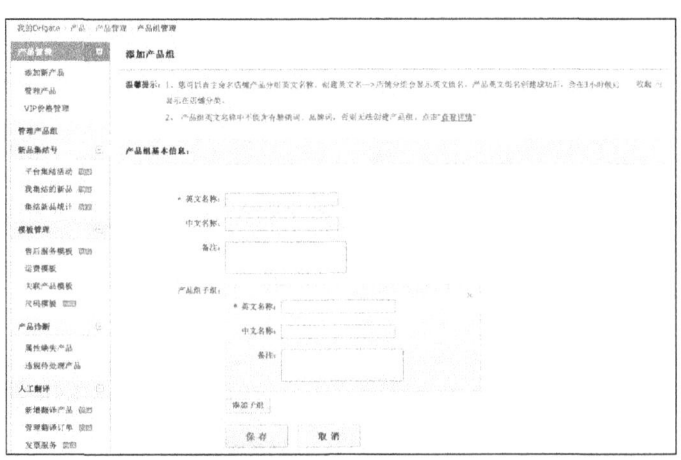

图 4-13　敦煌网卖家后台添加产品组填写页

- 管理组内产品：可以通过点击顶部的"添加产品"（见图 4-14 中标注①）按钮来向产品组内添加产品，同时可以批量勾选一部分产品（见图 4-14 中标注②）后，将这些产品从当前所属分组中移除。

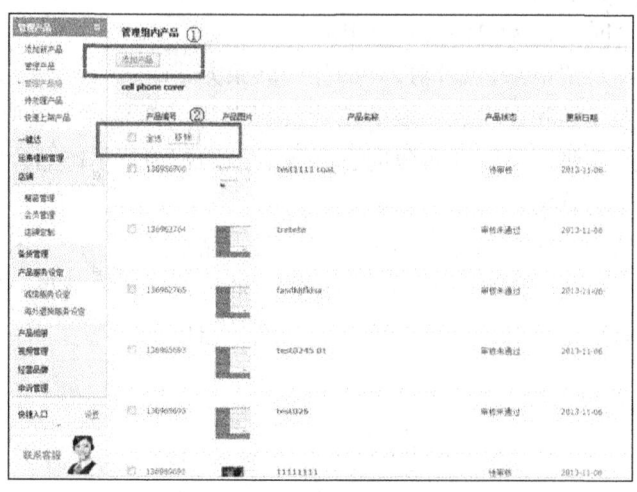

图 4-14　敦煌网卖家后台管理组内产品设置页

• 组内产品排序：可以选中想要调整顺序的产品通过拖拽的方式将其调整到想要调整的位置（如图 4-15 所示）。

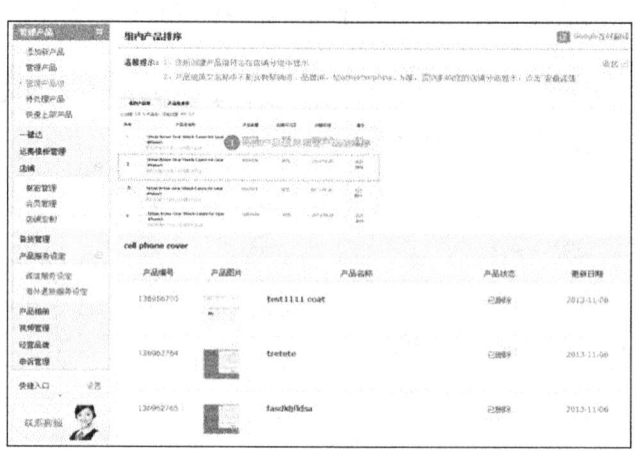

图 4-15　敦煌网卖家后台组内产品排序设置页

2.4.3　产品简短描述

产品标题中没有包含的相关产品特性可以补充到产品简短描述中，最多可以填写 500 个字符，可以包括产品的颜色、款式、配件附件、销售模式等。例如：

- Color：red，yellow，green（产品颜色）
- Size：M，L，XL／4，5，6，7（产品尺码）
- Sales model：mix order（支持混批）
- Material：100% cotton（产品材质）

- Quantity: 10 items per lot（打包销售）

在填写产品简短描述时切忌重复标题或堆砌关键词。

2.4.4 产品详细描述

产品详细描述建议包括如下内容：
- 产品实物图片：包括整体图片、细节图及使用过程图等。
- 产品的特点、优势等。
- 产品的详细使用说明。
- 产品的包装信息、是否有配件等。
- 店铺的信誉情况，获得的好评等。
- 商户的服务承诺：建议对退货、换货、退款及售后服务（服务范围和质量）进行说明，这方面内容往往将直接影响到产品的订单成单量。

一个好的严谨的产品详情页，一定是带有驱动性的直观阐述，能够使顾客在短短的停留时间里，产生购买的欲望和行为，提升产品的转化率。

2.5 填写产品包装信息

该部分需要准确填写按照产品销售方式（1件或者1包）进行物流包装后的重量和尺寸，避免造成填写过低的重量和尺寸，导致运费受到损失；或者填写了过高的重量和尺寸，导致买家看到的运费价格过高，影响对产品的购买下单。

考虑到部分产品的包装重量不是完全根据产品的数量等比增加的，所以平台对于产品包装重量比较大、体积比较小的产品，特别提供了自定义重量计算功能，以方便广大卖家更加合理、灵活地设置产品重量信息，避免系统计算的运费高于产品实际运费的情况。如图4-16所示：

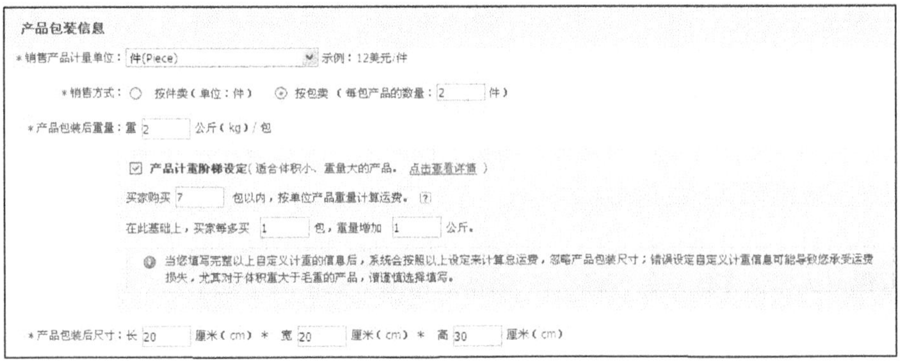

图 4-16 敦煌网卖家后台产品包装信息填写页

产品设置自定义计算重量后，买家页面产品会自动显示购买数量达到几件，可以享受计重阶梯计算出的运费如图4-17（a）所示。若买家下单购买的产品数量到达产品计重阶梯计算的数量，买家页显示如图4-17（b）所示。

(a)

(b)

图4-17 敦煌网某产品买家前台显示页

例如,某产品单个产品包装后的重量是2kg,2件产品包装后的实际重量是3kg,3件产品包装后的实际重量是4kg。

•若不使用自定义计重:如果买家购买3件产品,那么系统将按照3×2=6kg的产品重量来计算买家需要支付的运费。

•若使用自定义计重:且将产品的重量信息设置为买家购买1件产品,就按2kg的重量计算运费。买家每多买一件产品,重量增加1kg。

同样,如果买家购买3件产品,那么系统将按照2+(3-1)×1=4 kg的产品重量来计算买家需要支付的运费。这样,通过自定义计重设置,卖家就能够更加灵活、方便地设置产品的实际重量情况,提高产品的运费竞争力。

需要注意的是,勾选"产品计重阶梯设定"后,系统将忽略计算产品的体积重量。该功能不适合产品包装重量较小、体积较大的产品。

2.6 设置运费模板

运费模板的设置对于新手卖家而言往往有一定的难度,需要学习和了解各种不同的物流方式在资费标准、参考时效、计重方式和各种限制条款等,掌握它们的优缺点,才能为不同商品设置最合适的运费模板。

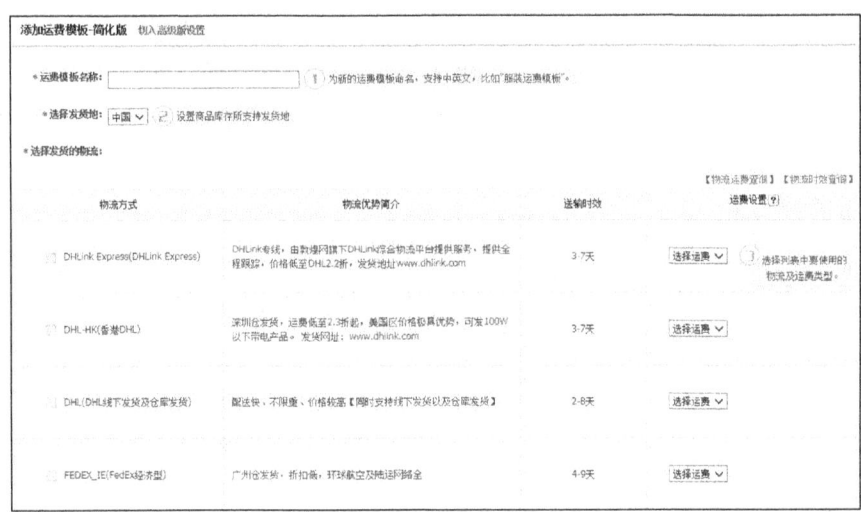

图 4-18 敦煌网卖家后台运费模板设置页

在设置运费时,点击蓝色字显示的"添加运费模板"即可进入图 4-18 中的页面,然后按照图中标注的三个步骤分别:
- 设置运费模板名称;
- 选择发货地;
- 进行运费设置并选择发货的物流。

运费设置及物流选择方面的详细信息见本书第 8 章相关内容。

2.7 填写其他信息

最后一部分需要设置的信息是产品有效期和售后服务模板,填写页面如图 4-19 所示:

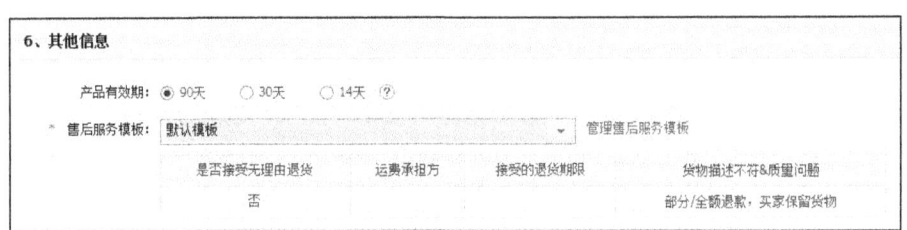

图 4-19 敦煌网卖家后台其他信息填写页

2.7.1 产品有效期

产品有效期指的是从发布产品信息成功那天开始,到产品信息在平台上停止展示那天为止的时间段。后台提供了90天、30天、14天这三种时间期限供卖家选择。对于产品价格波动较为频繁的商品,建议选择较短的有效期;对于货源较为稳定的产品,则建议选择相对较长的有效期。

卖家需要注意的是,一旦某产品过了有效期,若没有及时更新,则该产品会自动被系统下架。若有下架产品想要继续销售,只需在产品管理页面"已下架"板块勾选出产品,然后点击"上架"按钮即可。为了保障产品的正常销售,建议卖家及时查看并更新自己产品有效期。

2.7.2 售后服务模板

售后服务承诺模板是一种新的管理售后服务的方式,创建一个售后服务模板并在产品中引用,可以大大提升买家下单的几率。总共可创建20个服务模板。不少新手卖家都会直接选择系统设置好的"默认模板",该模板规定:不接受无理由退货,一旦出现货物与描述不符或质量问题,可在双方达成一致后部分/全额退款,由买家保留货物。

如果卖家需要修改售后服务承诺,只需要修改相应的模板即可,需要填写的内容如图4-20所示:

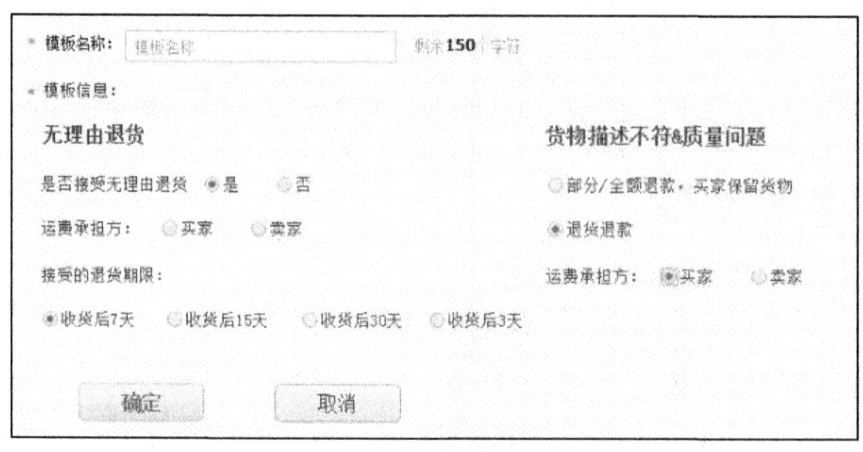

图4-20　敦煌网卖家后台服务模板添加填写页

设置好的售后服务模板会以列表的形式出现,如图4-21所示,点击列表上方的"添加"按钮可以新增一个服务模板;点击"删除"可以将已设置好的模板删除掉。需要注意的是:如果某服务模板已经绑定了产品就不能直接删除,需要把模板下面的产品全部移除后再操作。

点击"管理模板产品"可以进入到产品列表查看该模板下方有哪些产品。如图4-22所示,点击"添加产品"可以将想绑定的产品放到该模板下,若不打算对某一产品使用该模板内的服务时,选中相应产品,点击"移除"即可。

图 4-21　敦煌网卖家后台服务模板管理页

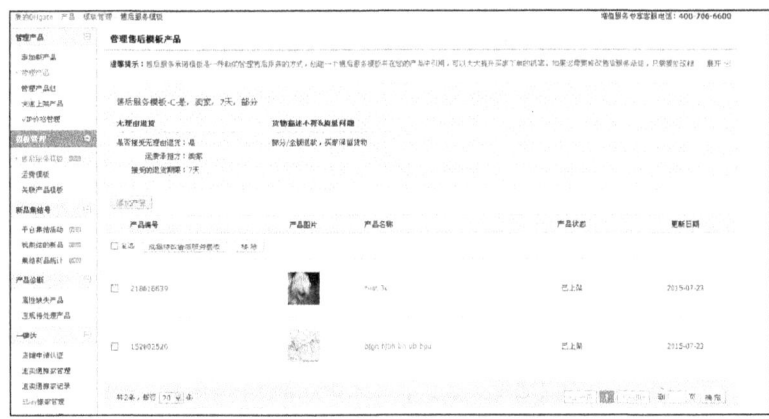

图 4-22　敦煌网卖家后台服务模板设置添加产品页

平台还提供了"批量修改售后服务模板"的功能，为卖家对本部分内容进行修改设置提供了便利。

2.8　提交发布产品

进行完前面的步骤后，产品上传已基本完毕。可在页面右下端找到系统对产品上传给出的总评分。

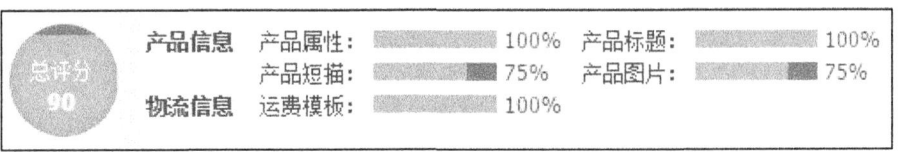

图 4-23　敦煌网卖家后台某产品上传总评分及详细得分

在图 4-23 中可以发现，该商品总评分为 90 分。一般的跨境电商平台普遍默认的都是产品上传综合得分越高的产品在搜索排序时会越靠前,那么卖家可以从详细得分中了解到该产品在产品属性、产品标题和运费模板设置方面已经得了满分,而在产品的简短描述和图片方面的填写和设置还可以改进,从而能得到更高的总评分。当然,总体而言,这一得分已属于高分,卖家对该产品亦可不做出信息修改。

待得到满意的产品上传总评分后,即可点击"提交"按钮,完成该产品的上传。需要注意的是:优化后的商品评分系统,产品短描述和产品标题之间的单词重复度小于50%才可以计分,重复度大于50%的该项仅计25分;这个设定也是为了让卖家能够认真地填写商品短描述,真正提高产品的质量;同时,由于敦煌网的商品类目是根据海外市场的需求产生变动的,因此商品的评分也有可能会随着类目的变动产生变化,卖家需要关注并及时维护商品的得分,以保障在线商品的质量。

敦煌网上上传的产品需要经过平台的审核,审核合格的产品上架达到10个即可开通店铺,开始运营。但是每个店铺上传产品的数量是有一定限制的,具体如表4-1所示:

表4-1　　　　　　敦煌网不同类型、不同级别卖家上架商品数列表

商户类型	商户认证类型	商户级别	商品数量上限
新卖家 1. 2016年5月30日之后注册,店铺经营未满1年。 2. 店铺注册满1年,年销售额≤\$2500且年订单数≤10。	个人	标准商户	300
		优秀商户	500
		顶级商户	800
		低于标准商户	50
	企业 (中国内地企业/ 中国香港企业/ 个体工商户)	标准商户	500
		优秀商户	800
		顶级商户	1000
		低于标准商户	50
老卖家 1. 2016年5月30日后注册满1年店铺,销售额>\$2500且年订单数>10。 2. 2016年5月30日之前注册的卖家于2017年1月9日开始执行。	个人	标准商户	600
		优秀商户	1000
		顶级商户	1600
		低于标准商户	50
	企业 (中国内地企业/ 中国香港企业/ 个体工商户)	标准商户	1000
		优秀商户	1600
		顶级商户	2000
		低于标准商户	50

3. 添加类似产品

待某一产品成功上传后,再上传类似的新产品时,可直接点击"添加类似产品"来

进行。

敦煌网上添加类似产品的方式有两种，一种是从"管理产品"页进入，见图4-24（a），另一种是在某一产品新近上传完毕或修改成功时，见图4-24（b）。

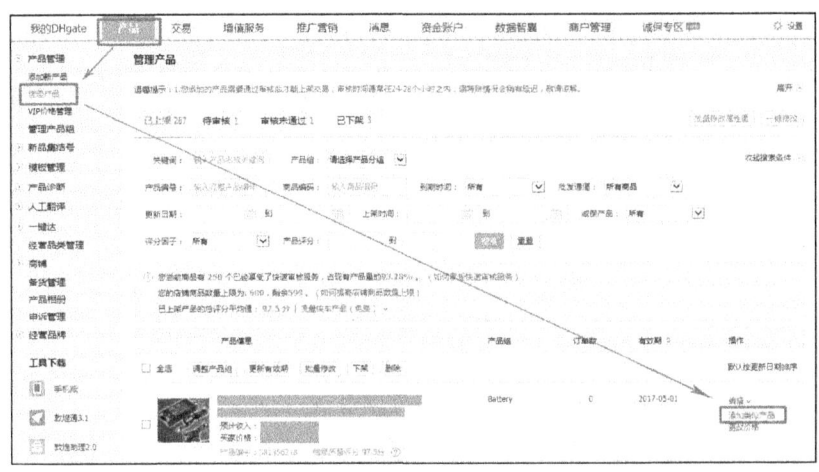

(a)

(b)

图4-24　敦煌网添加类似产品入口

点击"添加类似产品"后又会进入之前发布产品的信息填写页，但是这时所有选项都已自动填好，如图4-25所示，卖家只需改动一下有差别的属性，微调一下标题，改动一下图片和详情页即可。这样可以实现快速上传产品的目的。

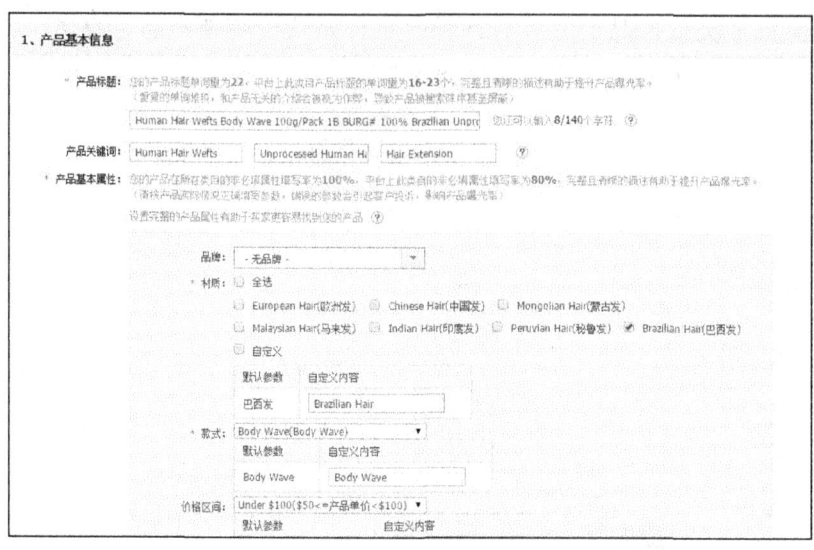

图 4-25 敦煌网添加类似产品信息填写页

4. 一键达

在敦煌网茫茫的产品海洋中，聪慧的买家为什么会购买某个卖家的产品呢？卖家专业度是最关键的一点，这也就是指的店铺内商品数量和展示给买家的商品质量。

那么想要快速出单，对于很多新手卖家而言，需要解决的头等大事就是提高卖家专业度。而根据敦煌网最新统计数据显示，80%的产品曝光是通过类目列表页来获得的。因此，一个店铺上传的产品越多，获得的曝光机会就越多，产品数量与曝光数量是成正的。而要想快速添加高质量的产品到店铺中，最好的方法就是使用搬家工具。

敦煌网为卖家提供了高效便捷的搬家神器"一键达"。通过它，可以将卖家已有的速卖通和 eBay 两个平台的商品进行批量搬家，其能够实现的效果如图 4-26 所示：

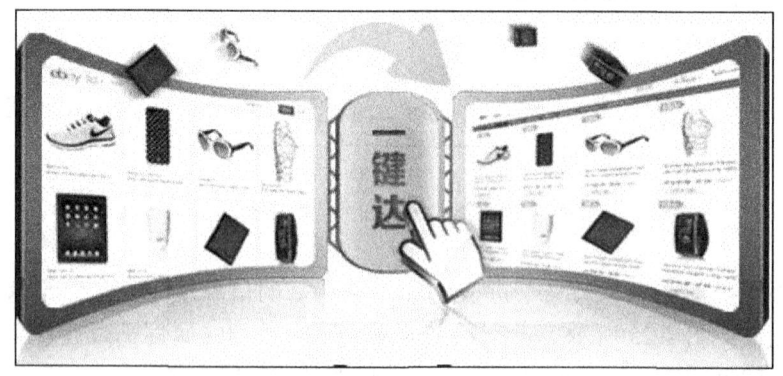

图 4-26 敦煌网一键达效果展示图

敦煌网"一键达"功能现已实现了全面升级,强力提升了产品搬家过程中类目、属性、描述等匹配的精准度,让卖家上传的产品质量更高、数量更多,从而带来更好的曝光,使得卖家比同行有了先行一步的资本。具体操作如下:

第一步:点击"产品→一键达"进入店铺申请认证页面(见图4-27)。

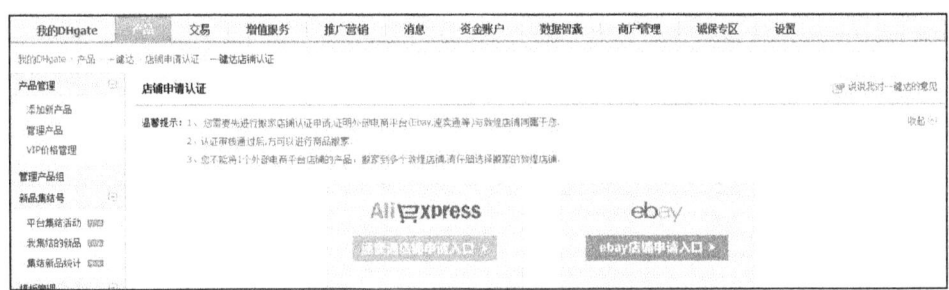

图4-27 敦煌网一键达店铺申请认证页面

第二步:点击"速卖通/eBay店铺申请入口"后(此处以某eBay店铺为例),会进入店铺申请认证页面(见图4-28)。此步骤是为了证明外部电商平台(eBay或速卖通)与本敦煌店铺同属于一位卖家。认证审核通过后,方可以进行商品搬家。需要注意的是,卖家不能将某一个外部电商平台店铺的产品同时搬家到多个敦煌店铺,所以,对于经营多家敦煌店铺的大卖家而言,需要仔细选择搬家的敦煌店铺。

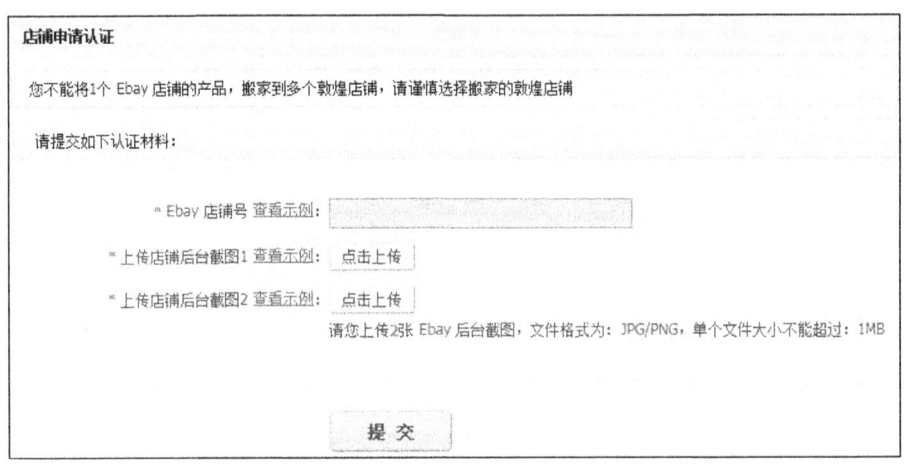

图4-28 敦煌网一键达店铺申请认证材料提交页面

第三步:输入已有的eBay店铺号并提交两张eBay店铺的后台截图。例如,seller A在图4-28中填入店铺号"seller A",上传如下两张后台截图,点击"提交"即可。两张后台截图举例如图4-29。

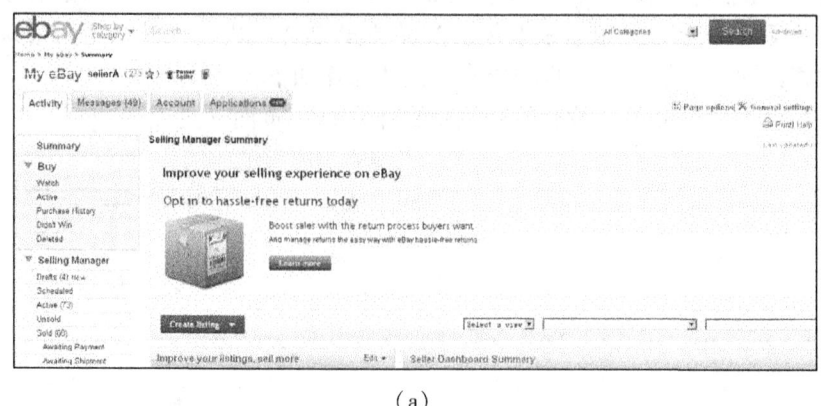

（a）

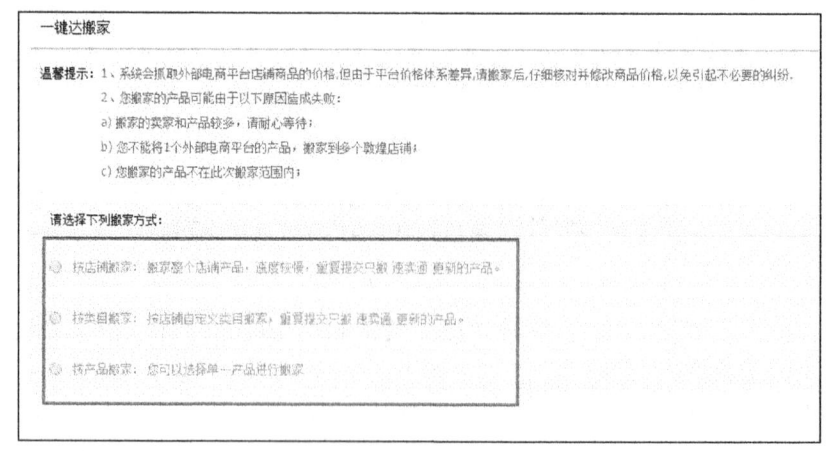

（b）

图 4-29　敦煌网一键达店铺申请认证 eBay 后台截图

第四步：通过了店铺认证后，即可使用"一键达"搬家工具。敦煌网"一键达"功能还提供了 3 种不同的店铺搬家方式供卖家选择，如图 4-30 所示：

图 4-30　敦煌网一键达搬家方式选择页面

第五步：搬家任务完成后，卖家即可看到搬家的产品。此时需要注意的是，"一键达"产品数量高于 700 个时，需要卖家将产品修改并发布后才可以继续操作搬家任务。通过"一键达"搬家的产品需要通过批量修改并保存才能进行发布，如图 4-31 所示：

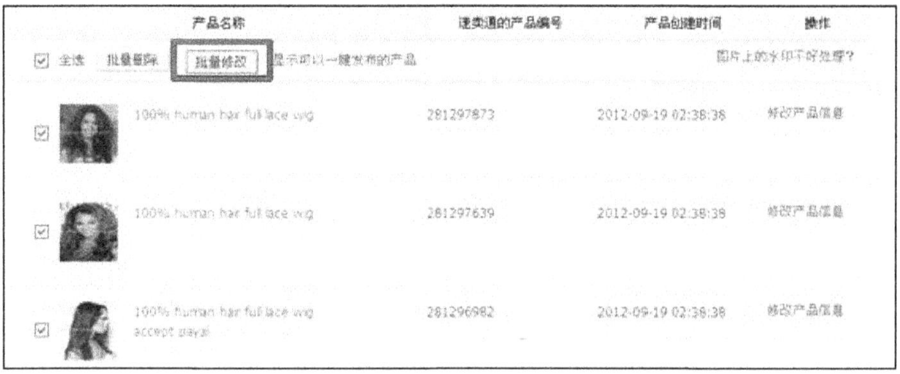

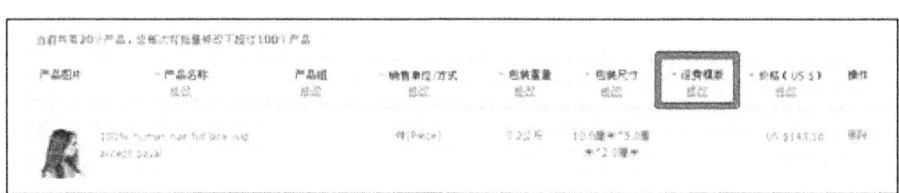

图 4-31　敦煌网一键达产品批量修改列表页面

在批量修改产品时请注意，红色 * 号的为必填选项，每次最多只能对 100 个产品进行批量修改。同时，运费模板需要卖家根据自己的实际情况进行选择，如果没有设置运费模板，则需要到卖家后台先设置运费模板后再进行产品修改。如图 4-32 所示：

图 4-32　敦煌网一键达产品批量修改操作页面

对批量修改的产品进行保存后，卖家就可以进行一键发布操作。一键发布成功的产品将不会再出现在一键达产品列表中；发布失败的产品，系统会提示发布失败的原因，这时需手动进行修改，若不想发布这个产品，也可以选择马上移除；修改完成后，请再次进行保存，并点击"一键发布"进行再次发布。发布完成后，卖家即可在待审核产品里查看已经发布的"一键达"产品，待通过审核后，即可正常进行销售。

课后练习：

一、单选题

1. 跨境电商产品发布的流程不包括(　　　　　)。
　　A. 填写基本信息　　　　　　　　B. 填写发布者联系方式
　　C. 填写包装信息　　　　　　　　D. 设置运费模板

2. 一款产品的名称定为"S Brand Bluetooth 4.0 Waterproof Fashion Casual Outdoor Sports Watches Sleep Monitor Fitness Sport Smart Watch",则其关键词宜填写为(　　　　)。
   A. Bluetooth   B. Casual Outdoor
   C. Sleep Monitor   D. Sport Smart Watch
3. 下列商品中最适合按件出售的是(　　　　)。
   A. 袜子   B. 婴儿汗巾
   C. 手机   D. 签字笔
4. 敦煌网目前支持每个产品最多上传(　　　　)张图片。
   A. 8   B. 6
   C. 4   D. 7
5. 某产品单个产品包装后的重量是1kg,2件产品包装后的实际重量是1.5kg,3件产品包装后的实际重量是2kg。若使用自定义计重,则买家购买5件产品应按照(　　　　)kg的产品重量来计算买家需要支付的运费。
   A. 4   B. 5
   C. 3   D. 3.5

二、判断题

(　　)1. 在发布产品时,敦煌网只提供一种商品类目选择方式。
(　　)2. 设置产品标题和关键词时,标题越短越好,而关键词越多越好。
(　　)3. 敦煌网上上传产品时并不一定需要填写产品的关键词,但建议填写。
(　　)4. 产品基本属性填写得好,虽有助于提高该产品的浏览量和出售率,但无法有效减少买家和卖家之间的沟通。
(　　)5. 由于产品过了有效期,若没有及时更新的话,则该产品会自动被系统下架,所以在发布产品信息时,应总是选择最长的有效期。
(　　)6. 运用平台的"添加类似产品"功能,可实现同类新品的快速上传。
(　　)7. 发布产品完成提交后,系统给出的商品总评分越高,则产品在搜索排序时会越靠前。
(　　)8. 敦煌网"一键达"搬家工具为卖家提供了3种不同的店铺搬家方式,分别是按店铺、按类目、按时间搬家。

三、简答题

1. 请简述在敦煌网上发布产品的流程。
2. 在敦煌网上填写产品销售信息时,备货状态有哪两种?分别应该如何理解?

四、实操题

1. 按照本章介绍的产品上传流程,在敦煌店铺中上传10个产品。
2. 运用"添加类似产品"功能,为每个产品添加至少1个类似产品并进行产品的分组管理。

第 5 章 跨境电商背后的数据

由于跨境平台的竞争越来越激烈,掌握平台的各种数据,并懂得对其进行分析,就显得尤为重要。

1. 搜索排序规则

在跨境电商平台,买家通过搜索功能查找产品,而这些产品的搜索结果会按照某种顺序展现出来,这种提供产品搜索结果、产品展示顺序的规则叫作产品搜索排序规则,即产品排序规则。

1.1 产品排序不得不知的两大公式

商业盈利需要注重的影响因素很多,如品类、货源、质量、价格、活动、服务等,但对于跨境电商而言,最重要的莫过于流量。没有流量就意味着没有买家光顾,这时候无论商品再好、价格再低、服务再好也无济于事。

根据调查显示,买家在网上购物时,一般都是对既定关键词进行搜索从而找寻心仪的商品。一个关键词输入后,往往会同时匹配到成百上千件商品,形成不计其数的搜索页,但一般而言,90%以上的买家都只看搜索页的前 3 页,尤其会集中看第 1 页。换句话说,如果卖家店铺或单品的搜索排序到第 2 页之后,浏览量就会大幅下降,如果排到第 4 页之后,基本上就鲜被问津了。

因此,卖家要想较好盈利,就必须在引流上下工夫,即需要想方设法地使自己的商品在搜索排序时挤到靠前的页面。常见的引流方式有打造爆款和提高流量质量两种。

爆款指的是在商品销售过程中人气很高、销量很大,甚至供不应求的商品,也称热卖品、牛品或人气宝贝等。打造爆款是引流最常用、最重要的方法,其目的除了引流还可以带来很大的直接经济收益,就跟俗话说的"薄利多销"的道理相类似。

引流是为了能推动订单量、销量的增加,所以引流只是手段,并非最终目标。于是乎,引流是有质量的。要想提高引流质量,需要理解下面两个公式。

$$曝光量 \times 点击率 = 流量$$
$$曝光量 \times 点击率 \times 转化率 = 订单数$$

从这两个公式可以看出,要想提高流量,卖家需要从各方面努力去增加自己商品的点击率;而要提高流量的质量,也就需要更高的转化率,这样才会有更多的订单。

而高的转化率和点击率又从何而来呢？方法有很多种，主要会在后面第6章"跨境电子商务营销"相关内容中介绍，但其中最重要的方法就在于"精准"二字，而精准则最突出的体现于关键词和标题。

1.2 搜索排序的影响因素

搜索排序规则的制订和搜索排序目的是一致的，都是为了帮助买家更快更方便地找到目标商品，同时能拥有良好的购物过程体验。所以总体而言，若某一商品能将最好的商品和最佳的服务以平台认可的方式呈现给买家，那么该商品的搜索排序就会靠前。影响商品搜索排序的几大因素主要包括：

①商品信息描述的质量。这一因素涉及商品信息描述的真实性；商品信息描述的标题、类目、图片等图文与本商品的匹配程度，是否能在各项目上做到准确、详细；商品属性填写的完整性和精准度。

②商品与买家搜索需求的相关性。这也就是买家的实际需求能否通过商品信息描述得到满足，若能满足则自然点击率会更高。

③商品的转化率。这是指商品最终交易次数与商品曝光量之间的比例，这一比率主要取决于商品是否符合买家的需求、价格与运费设置是否合理、售后服务是否有保障等。高转化率反映的是买家的高需求，说明商品的市场竞争力强，这会推动该商品的排序向前靠；反之，排序则会向后靠。

④卖家的服务能力。即除了商品本身的质量以外，直接影响买家购物体验的其他因素，主要包括好评率、订单执行情况、客服响应速度等。服务能力越强的卖家搜索排序越靠前，服务能力差的卖家不仅排序会靠后，而且可能遭到平台的处罚。

1.3 平台产品排序规则

以敦煌网为例，依据敦煌网平台的搜索数据统计，在产品水平同等的条件下，产品排序每提高一名就能提升3%～5%的曝光量，排序每提高一页，相应的曝光量将会增加300%以上。影响产品搜索排序的因素有几个：产品相关性、产品质量、卖家服务水平、投放曝光系统和违规惩罚。

1.3.1 产品相关性

产品相关性指产品与关键词或类目相匹配的程度。当用户搜索关键词或者类目时，会与产品的多项信息进行匹配，如：标题、类目、长描、短描、属性等。所有可以被匹配到的结果都会出现在搜索列表页。匹配度越高的产品，得分也就越高，排序就会越靠前。这几个的相关度是相互关联的，即如果标题匹配，但短描不匹配，或者短描详描匹配，而类目不匹配，得分就会受到影响。因此，建议广大卖家：

- 产品一定要上传至准确的类目。
- 产品名称尽可能准确全面地描述产品。
- 产品属性尽量完善。

1.3.2 产品质量

产品质量从根本上决定了买家是否会最终下单并成功支付。此项分数影响因素较多，主要有四方面：产品销售额、转化率产品、价格、图片数量。
- 产品销售额，即产品的售出情况和金额。售出越多，分数越高。
- 产品转化率，产品被曝光后获得的点击和购买情况。转化率对新品尤其重要。
- 产品价格，产品定价要合理，平台会从销售数据、同类商品市场价格等多方面来判断产品的价格是否合理。对于恶意压价和抬价的产品会予以减分。
- 产品图片，对于产品图片，我们从数量和质量都会做一个判断，如果数量多，质量高，图片也并非越多越好，在保证数量的同时，一定要兼顾质量。

1.3.3 服务质量

一个用户下单，主要依赖两方面：一是产品的质量，二是卖家的服务质量，二者缺一不可。两者都很好，买家的重复购买也会很高，缺少其中之一，都可能会导致订单的流失，因此，搜索排序非常关注卖家的服务质量。我们从以下几个角度来评判卖家的服务：
- 重复购买率，包括回平台重复购买和回到自己店铺重复购买。重复购买率越高，该项得分越高。
- 好评率，指在 seller 店铺或者 seller 产品页面的 feedback。好评率越高，该项得分越高。
- 纠纷率，指买家与卖家发生纠纷的次数。平台纠纷、协议纠纷、售后纠纷都在考量范围内，纠纷率越低，该项得分越高。
- 退款率，它与纠纷率基本相同。每一次的退款都会被考察，因卖家而导致的退款影响很大。
- 卖家等级，优秀商户和顶级商户级卖家在搜索排序中有一定优势。

1.3.4 投放曝光系统

投放产品曝光系统，可以获得一定的加分。

1.3.5 降权惩罚

搜索中，确立了明确的惩罚制度，最直接的表现就是搜索降权、扣分。扣分会应用到所有违反敦煌网规定的地方，主要包括：
- 乱放类目。
- 堆砌关键词。
- 发布重复产品。
- 恶意调高或调低价格。
- 新品连续退款退货。

2. 数据挖掘与分析

下面以全球速卖通平台为例，介绍如何利用平台上的信息和数据来指导运营操作。

2.1 利用数据了解商品需求行情

2.1.1 查看买家页面目录

打开全球速卖通买家页面 http://www.aliexpress.com，首页产品目录如图 5-1 所示。

图 5-1 全球速卖通首页产品类目

从"See All >"点击进入后可以看到，全球速卖通平台当前共计 24 个一级产品类目，每个一级类目下又有数量不等的二级类目和三级类目。下面以 Jewelry & Accessories 一类为例，介绍此类目下的情况（见图 5-2）。

图 5-2 产品类目 Jewelry & Accessories

在此页点击 Necklace & Pendants，可以看到项链及坠饰的具体分类，包括：Material

（材料）、Gender（性别）、Style（风格）、Metals Type（金属种类）、Shape\pattern（款型）、Chain Type（链子类型）等（见图5-3左侧）。

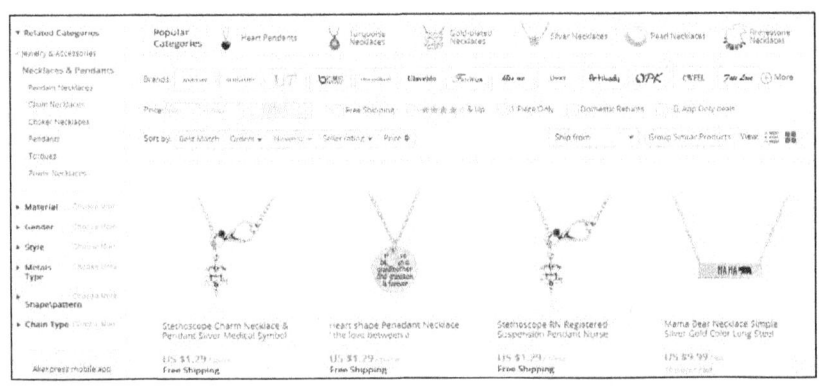

图5-3 项链及坠饰的具体类目

2.1.2 从首页及官方数据了解热卖行情

从全球速卖通买家首页依次可以看到十大热卖行业，分别是女装、男装、手机及配件、电脑办公、消费电子、珠宝手表、家居园艺、箱包鞋子、婴幼产品、运动户外。

据中国电子商务中心（100EC.CN）监测数据显示，2015年，中国出口跨境电商卖家品类主要分布及占比分别是：3C电子产品（37.7%）、服装服饰（10.2%）、户外用品（7.5%）、健康与美容（7.4%）、珠宝首饰（6%）、家居园艺（4.7%）、鞋帽箱包（4.5%）、母婴玩具（3.6%）、汽车配件（3.1%）、灯光照明（2.8%）、安全监控（2.2%）、其他（10.3%）。

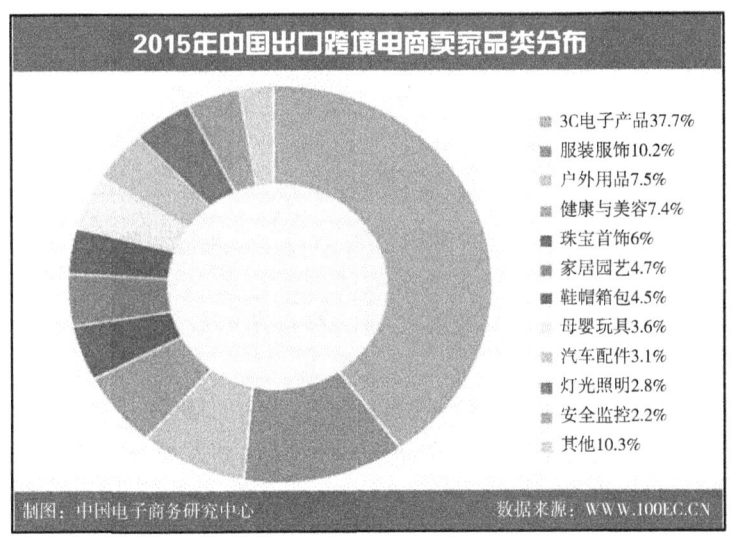

图5-4 2015年中国出口跨境电商卖家品类分布图

2.1.3 通过 Bestselling 了解热销产品

点击首页上的"Bestselling"进入热销产品页面,可以查看到热销商品(见图 5-5(a))和每周销量最高的商品(见图 5-5(b))排行。

图 5-5 全球速卖通 Bestselling 热销产品截图

2.2 运用数据纵横寻找蓝海行业

蓝海指的是未知的、有待开拓的市场空间。蓝海行业指那些竞争尚不激烈,但又充满买家需求的行业。蓝海是相对于竞争激烈的红海市场而言的,蓝海行业往往充满更多的商机。通过数据的对比,客观地寻找到适合自己的蓝海行业,是每一个卖家心中的期盼。

进入全球速卖通卖家后台,打开"数据纵横",在"商机发现"模块中点击"行业情报"页面(见图 5-6(a))。该页面分为"行业概况"和"蓝海行业"两个维度,点击"蓝海行业"页面(见图 5-6(b))可以查到"一级行业蓝海程度"和"蓝海行业细分"(见图 5-6(c))。

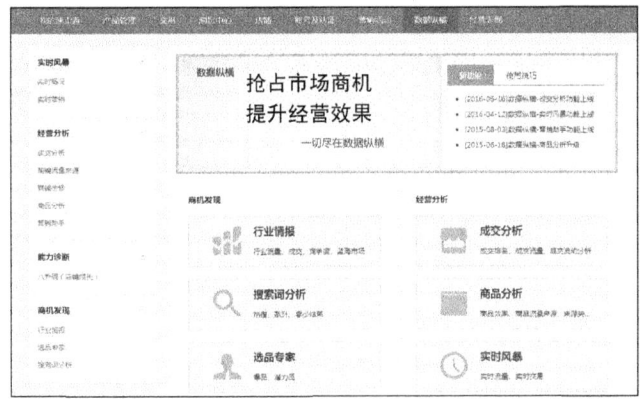

(a)

(b)

(c)

图 5-6 调研蓝海行业信息图

在"一级行业蓝海程度"页面中圆圈所圈定的都是蓝海行业,圆圈的颜色越深代表行业内竞争越不激烈,卖家会有更大的竞争优势,点击圆圈还可以查看到该行业的详情。

同时,还可以运用数据纵横之行业概况分析某具体行业。例如,可在"数据纵横→行业情报"中点击"蓝海行业",在页面里选择"婚纱"行业,时间选择"最近30天",进行查看(见图5-7)。

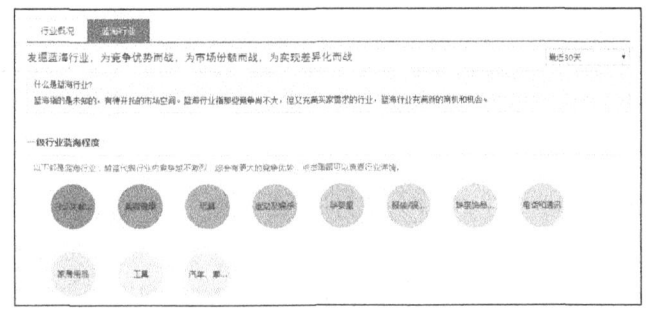

图 5-7 调研某行业的销售数据分析图

从图 5-7 可以看出，该行业访客数占比、浏览量占比、支付金额占比、支付订单占比和上一时间段相比均有所上涨，而供需指数却有所下降，这说明需求人数增加，而卖家相对减少，于是可以得出结论：该行业竞争度降低，有较大发展空间和潜力，适合入驻。

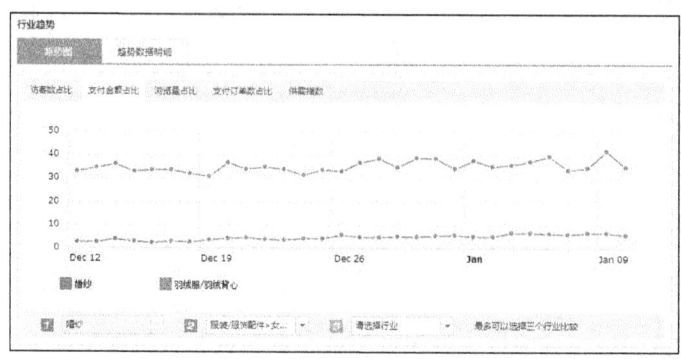

图 5-8　调研某两行业趋势对比图

行业销售趋势图中还可以对比两件或三件产品的行业趋势差异，图 5-8 是婚纱与女装羽绒服/羽绒背心的行业趋势——支付金额占比的对比图，从图中我们可以很快对比出婚纱行业比女装羽绒服/羽绒背心行业具有更大的市场开拓空间。

同时，速卖通平台还提供行业趋势数据明细以及数据明细的下载（见图 5-9），还有调研某行业国家分布图。速卖通平台提供按支付金额和按访客数两种方式查看的行业国家分布（见图 5-10）。

行业趋势
趋势图　趋势数据明细　下载最近30天原始数据

	流量分析		成交转化分析		市场规模分析
	访客数占比	浏览量占比	支付金额占比	支付订单占比	供需指数
2016-12-12	34.41%	31.96%	32.89%	19.21%	119.79%
2016-12-13	34.76%	31.47%	34.47%	18.82%	120.29%
2016-12-14	35.56%	32.04%	35.93%	17.25%	119.2%
2016-12-15	36.32%	32.74%	32.9%	17.22%	117.84%
2016-12-16	35.48%	30.67%	33.61%	18.99%	119.8%

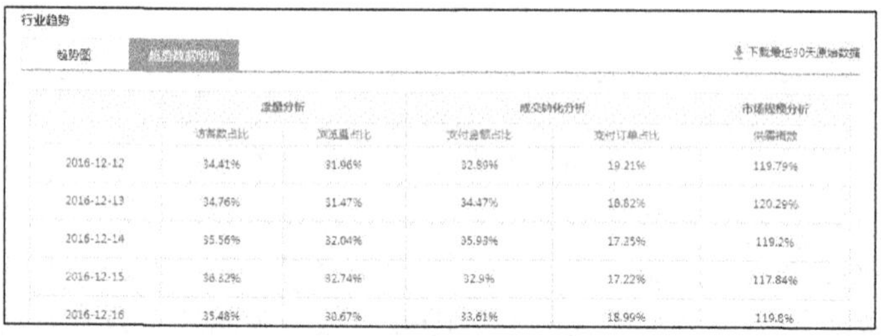

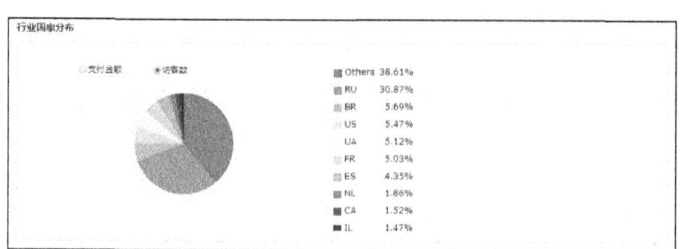

图 5-9　调研某行业趋势数据明细图

图 5-10　调研某行业国家分布图（按访客数）

2.3 店铺数据分析

2.3.1 店铺实时概况

通过后台数据分析自己店铺的运营情况，是每一位卖家必修的一课。只有更懂得解读数据的卖家，才能更及时地应对市场变化，更好地在跨境电商行业稳步前进。

在全球速卖通卖家后台点击"数据纵横→实时风暴→实时概况"，可查看到店铺每日的实时数据。如图5-11所示，该店铺在实时交易额上打败了97%的同行业卖家，搜索曝光量、浏览量和访客量等数据都一目了然，同时下方柱状图还提供了当日和周同比的具体参数。

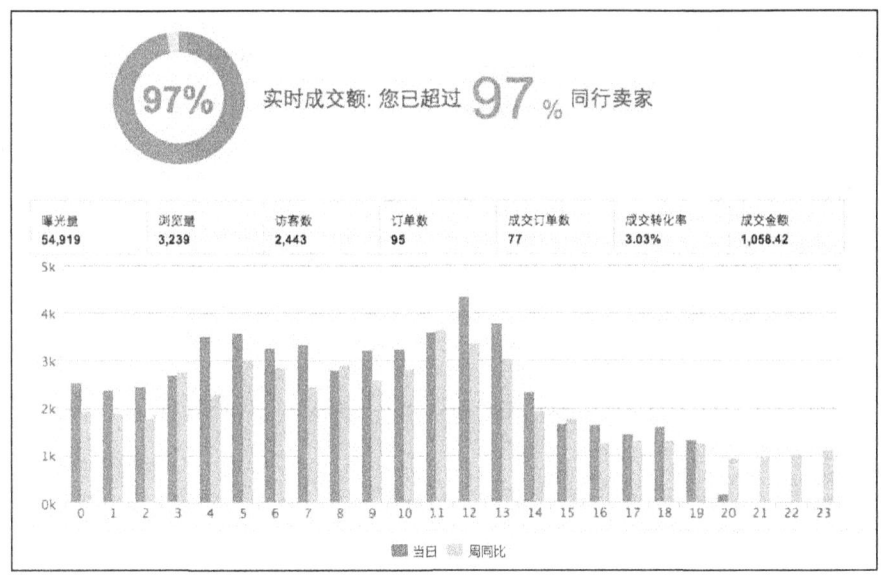

图 5-11 速卖通某店铺实时排名数据图

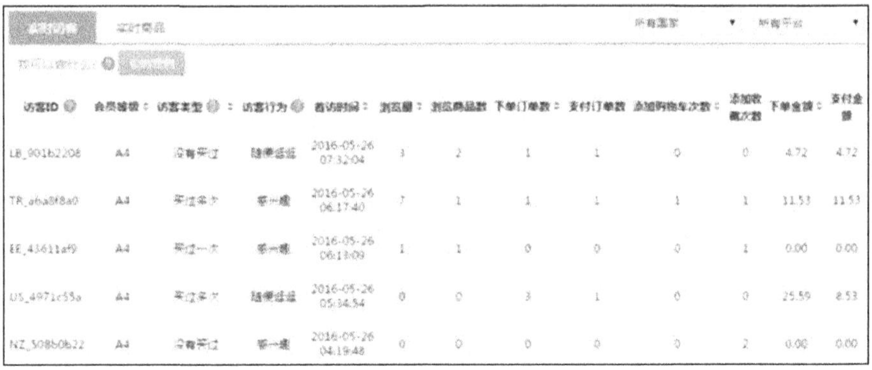

图 5-12 速卖通某店铺实时访客信息截图

在店铺实时排名和数据图的下方,可以看到店铺的实时访客和实时商品信息(见图5-12 和图 5-13)。图 5-12 中显示的基本信息备注如下:

- 访客 ID:国家代码缩写+系统编码(并非访客的真实 ID,系统不会公布买家信息)。
- 会员等级:包含 5 个等级,从 A0 到 A4 依次升高。
- 访客类型:是按当天以前该访客/买家在本店铺成功支付的次数进行的分类(没有买过、买过一次、买过两次、买过多次)。
- 访客行为:是系统结合访客/买家浏览该类型商品、加入购物车/收藏夹等操作行为而评出的,分为随便逛逛和感兴趣两种。

在这里,卖家可以根据不同国家、全站/APP 等不同平台的访客信息进行检索,同时图 5-12 中很多子信息栏都是可以进行升序和降序排列的。例如,卖家可以在图 5-12 右上方"所有国家"下拉菜单中选择"俄罗斯",在"所有平台"下拉菜单中选择 APP,同时对"访客类型"进行降序排列,这样即可非常有针对性地对部分客户进行"实时营销"中的各种操作,如发放定向优惠券等,从而更好地提升自己的转化率。

对于店铺的实时商品信息(见图 5-13)也可以进行上述操作,从而检索出已有商品中哪些更值得进行营销推广,从而更快地提高其转化率。

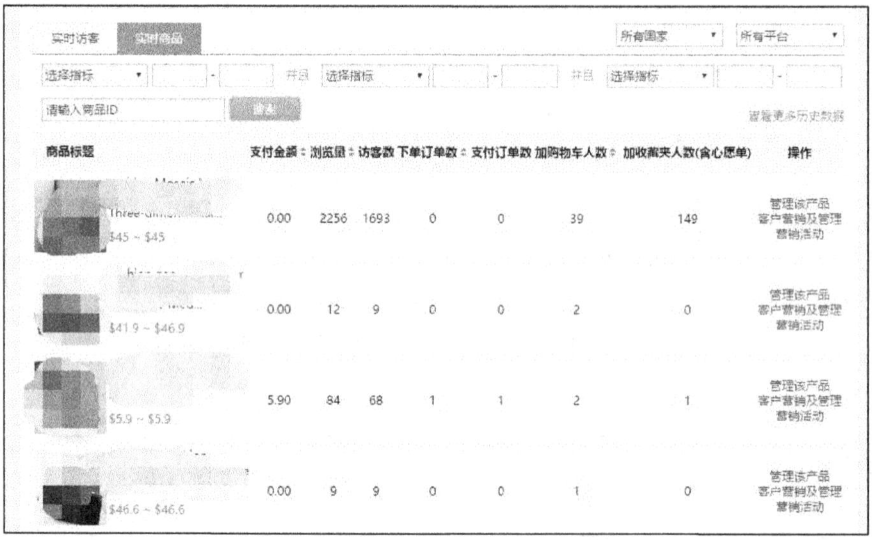

图 5-13 速卖通某店铺实时商品信息截图

同时,这部分数据还可以有利于卖家对比某些数据较好和数据不好的商品,分析其原因,借鉴好的经验,对存在的问题进行及时的调整。

2.3.2 店铺成交分析

在全球速卖通卖家后台打开"数据纵横",在"经营分析"模块中点击"成交分析"页面,可以看到"成交概况"和"成交波动分析"。

2016年全球速卖通平台将上图中的商铺排名的行业由一级行业调整为了二级行业，帮助各行业卖家与同行进行更为精确的排名对比。图 5-14 显示该店铺的已实现的成交金额为 1000~5000 美元，处于速卖通卖家的第二层级；该店铺在最近 30 天内的订单支付金额超过同行同层级卖家平均水平的 17%，较前日超过 3% 的同层级卖家，较上周同日超过 15% 的同层级卖家，业绩正稳步上升。

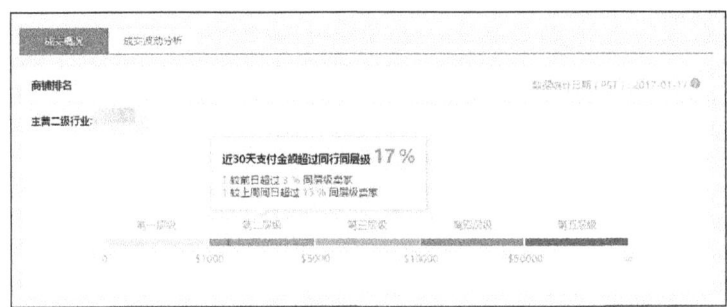

图 5-14 速卖通某店铺商铺排名图

图 5-15 中的"成交概况"部分展示出一个公式：
$$支付金额=访客数×转化率×客单价$$

图 5-15 速卖通某店铺成交概况数据图

数据纵横系统给出了对"成交概况"这部分数据的解读，如图 5-15 所示。同时系统还给出了不同时间段（可选最近 1 天，7 天，30 天，自然日，自然周，自然月）店铺的支付金额（$）和周同比（%）的折线图。图 5-15 所示的店铺在客单价明显提升的情况下，还能保持访客数和转化率的大幅提升，是非常难得的好成绩，可见其售卖的商品的市场受欢迎程度正处于上升期。

一般而言，客单价较高的店铺其商品平均单价也较高，而价格升高往往会导致浏览-支付转化率的下降，访客数和总的支付金额也可能受到一定的影响。于是，成交概况数据图能很好地帮助卖家分析其店铺中存在的问题，从而做出相应的调整。

从成交分析数据中可以看出某店铺按访客的国家分布比例和支付金额以及周同比的数据，同时此处在时间上还可以进行选择设定。图5-16显示的访客绝大多数来自于俄罗斯；该店铺近几日的支付金额没有明显变化，但周同比数据却有一定波动，总体来看是一个运营得较为平稳的店铺。

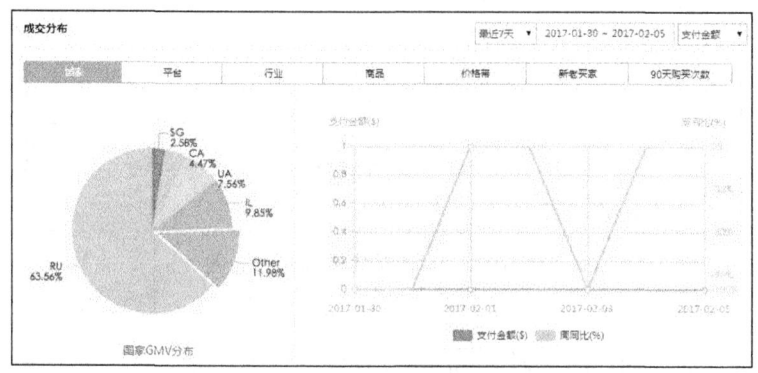

图5-16　速卖通某店铺成交分布数据图

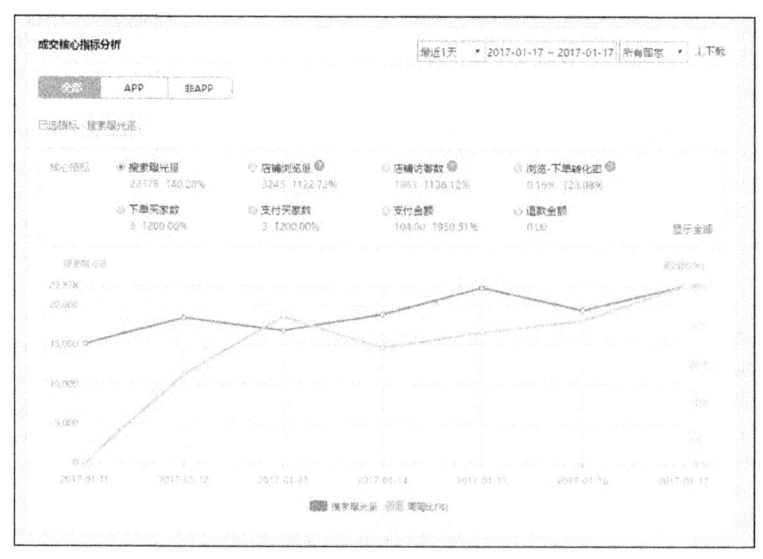

图5-17　速卖通某店铺成交核心指标分析图

此外，系统还提供店铺的成交核心指标分析，图5-17中显示出该店铺当天内全站的搜索曝光量、浏览量、访客数、下单转化率、下单买家和支付买家数、支付金额与退款金额等核心指标的数据和相应变化比例，数据和下方折线图均很直观地说明了该店铺当日运营情况良好，尤其是买家支付金额增加了950.51%，可谓增幅十分显著。同时，系统还提供 APP 和非 APP 端的相关指标数据的分析。

2.3.3 商铺流量来源

卖家可以在速卖通后台查看最长时间段为最近 30 天的流量来源分布，即店铺浏览量来源排行榜。商铺流量来源渠道及其定义参见表 5-1 所示：

表 5-1　　　　　　　速卖通商铺流量来源渠道及其定义列表

来源大类	来源小类	渠道	说　　明
总计	站内总计	站内搜索	通过网站关键词搜索带到店铺的流量
		类目浏览	通过网站的类目浏览页面，点击进入店铺的流量，例如：http://www.aliexpress.com/category/200003482/dresses.html。
		活动	目前此部分的流量包含：1.报名参加的平台活动；2.非报名的活动；3. fashion 频道。 superdeals：http://activities.aliexpress.com/superdeals.php bestselling：http://activities.aliexpress.com/bestselling.php brandshowcase：http://brand.aliexpress.com/ Novelty Items：http://activities.aliexpress.com/novelty-items.php weekend deals：http://www.aliexpress.com/activities/weekenddeals/index.html All Promotion：http://www.aliexpress.com/activities/promotions/index.html 行首（类目首页） fashion 频道，例如：http://activities.aliexpress.com/fashion_women_clothing.php 五折专区：http://activities.aliexpress.com/50off_deals.php gaga：http://gaga.aliexpress.com/ 团购：http://group.aliexpress.com/
		直通车	通过 P4P 带来的浏览量
		购物车	通过购物车带来的浏览量
		收藏夹	通过点击收藏的店铺或商品带来的流量
		直接访问	直接输入链接或是通过收藏的链接带来的流量
		站内其他	所有站内流量除了上面进行归类的其他的流量。主要包含商铺内首页、分组页、买家后台订单历史页等
	站外总计	站外总计	上一步为非速卖通网站的链接带来的流量

可以通过后台查看店铺浏览量来源排行榜（见图 5-18），卖家可以自定义时间，可选择最近 30 天或 30 天内任意一天查看流量来源数据，这就使得卖家可以在某一天做了引流操作后看效果。（例如参加活动、投 P4P、优化标题关键词等）。

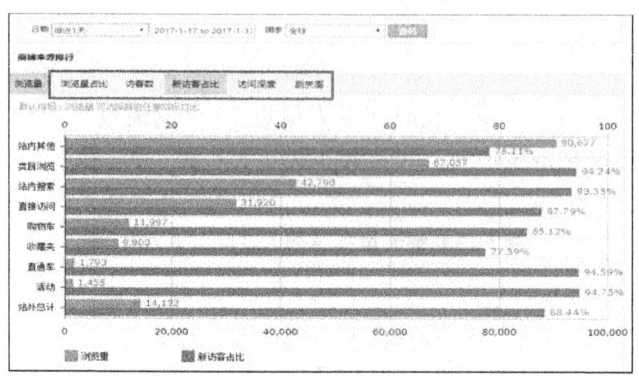

图 5-18 速卖通某店铺商铺流量来源排行截图

在图 5-19 中点击方框内的指标可以进行对比分析。可以发现，该店铺通过站内其他、类目浏览、站内搜索、直接访问等方面带来的浏览量最大，而活动、直通车、类目浏览、站内搜索为该店铺带来的新客户最多，对店铺流量拓展帮助显著。

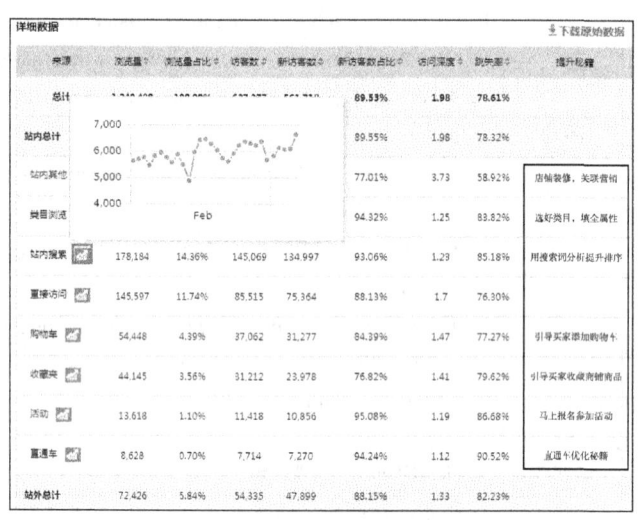

图 5-19 速卖通某店铺商铺流量来源详细数据截图

商铺流量来源排行的下方是详细数据，系统除了提供数据（目前速卖通后台只提供最近 30 天内原始数据）的下载外，卖家可以将鼠标移到趋势小图标上来查看每个渠道的变化趋势，点击可以链接到该渠道的详情页面。同时，卖家还可以点击最右侧的"提升秘籍"，了解流量渠道优化提升技巧。

2.3.4 商品分析

商品分析功能优化已于 2015 年 6 月 18 日正式上线，入口是"ME 后台→数据纵横→商品分析"，此次商品分析功能升级主要为了帮助卖家更好地进行商品数据分析，涉及以下 4 点升级变化：

①商品分析新增国家维度查看数据（图 5-20（a）中标注 1 处）。

②商品分析新增无线数据模块（图（a）中标注 3 处展开数据，如图 5-20（b）所示）。

③商品指标扩展，增加指标对比功能（图 5-20（b）所示）。

④高级搜索功能开放，可更灵活进行商品数据筛选与分析（图 5-20（a）中标注 2 处，高级搜索展开如图 5-20（c）所示）。

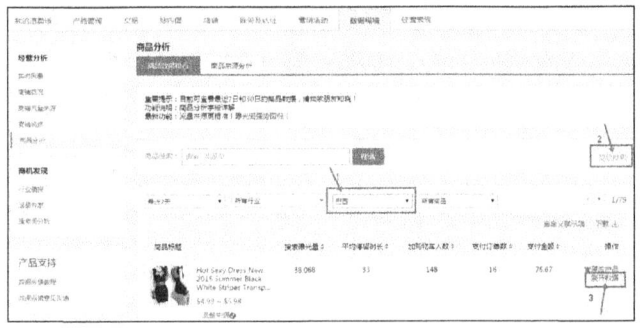

(a)

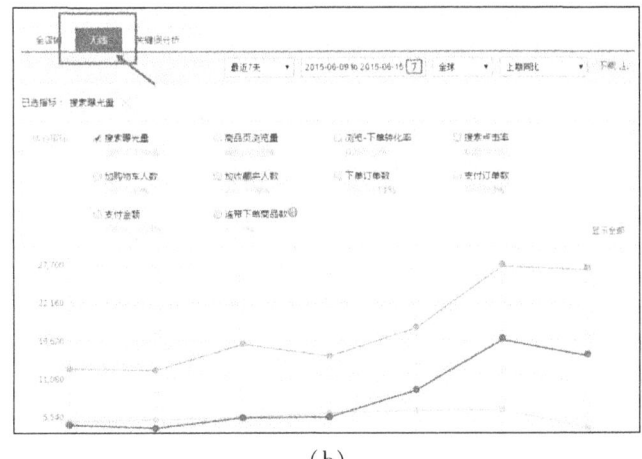

(b)

(c)

图 5-20　速卖通某店铺商品分析页截图

2.3.5 八卦镜

八卦镜主要分为两个部分：整体能力和细分能力，下面分这两部分做简要介绍。

①整体能力

整体能力主要包括四部分内容，如图 5-21 所示：第（1）部分是行业选择，默认选中卖家的主营二级行业，其下的相关数据和所选行业直接相关；第（2）部分是店铺在行业下整体能力概况，八卦图中显示过去三个 30 天各个能力项在本行业下的排名变化，右侧是当前整体能力得分，可以通过点击"数据解读"下方的"转化能力"、"引流能力"等链接进入细分能力页面查看相应的能力细项；第（3）部分是各能力项在过去一段时间的变化趋势；第（4）部分是所选行业的下级行业的各能力项得分信息，可点击行业的对应链接跳转到相应的行业，进行进一步的分析。

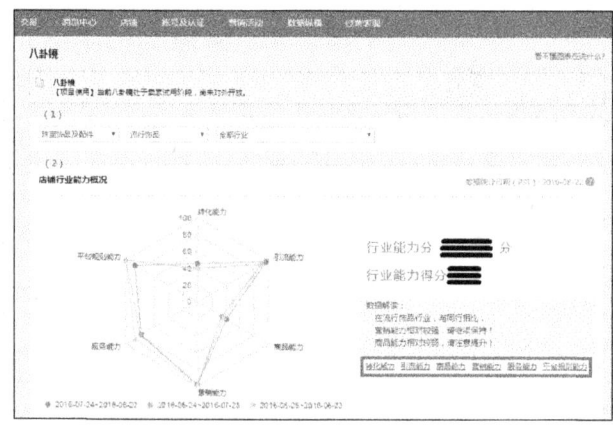

(a)

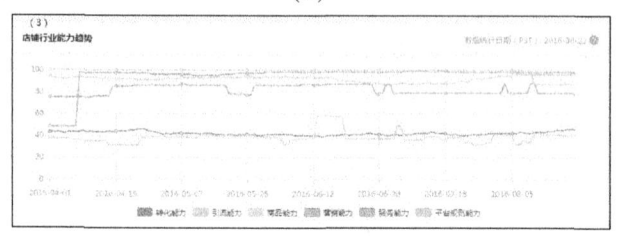

(b)

(c)

图 5-21 速卖通某店铺八卦镜整体能力数据截图

② 细分能力

细分能力分六个部分:"转化能力"、"引流能力"、"商品能力"、"营销能力"、"服务能力"、"平台规则能力"。以"转化能力"为例(如图5-22所示),主要包括四个部分,其中第(1)、(2)、(3)部分和整体能力类似,第(4)部分是更加细化的能力判定项相关信息,例如在转化能力里面我们选定了四项:L-D转化率、D-O转化率、支付意愿率和搜索客单价。

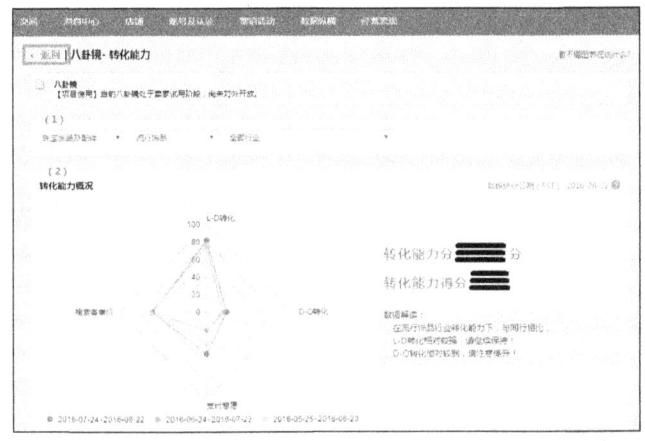

(a)

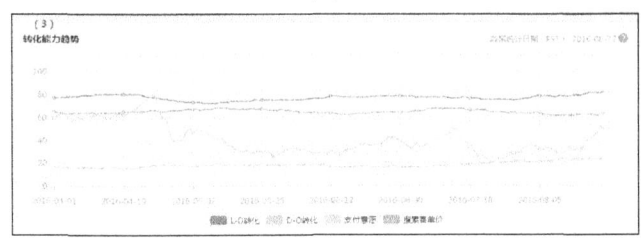

(b)

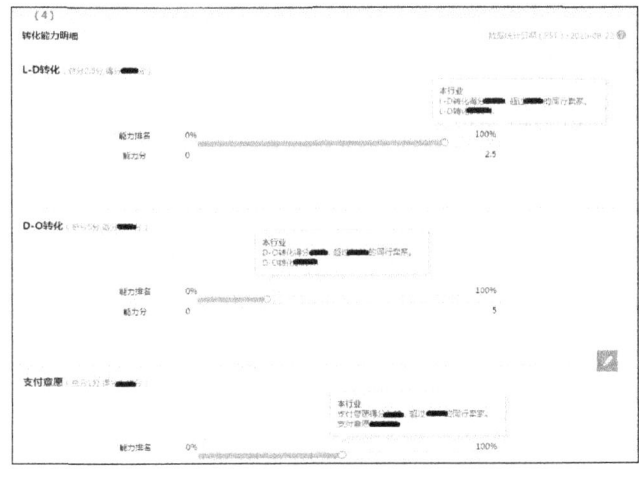

(c)

图 5-22 速卖通某店铺八卦镜细分能力数据截图

3. 基于 ERP 系统的信息化管理

每个店铺上架的商品数量不断增多，为了便于管理，还需要制作并填写产品信息表格，以便于卖家随时查询到每个产品的编号、成本、重量、规格、材质、颜色、包装、定价，还有与之对应的订单、支付、买家、物流、仓储等具体信息。从出口和进口两种不同的方式来看，跨境商业模式在各个环节（见图5-23）都需要专业的信息处理。于是，普通的表格记载已无法满足跨境电商信息化管理的需求，于是，跨境电商 ERP 系统便应运而生并不断发展完善。

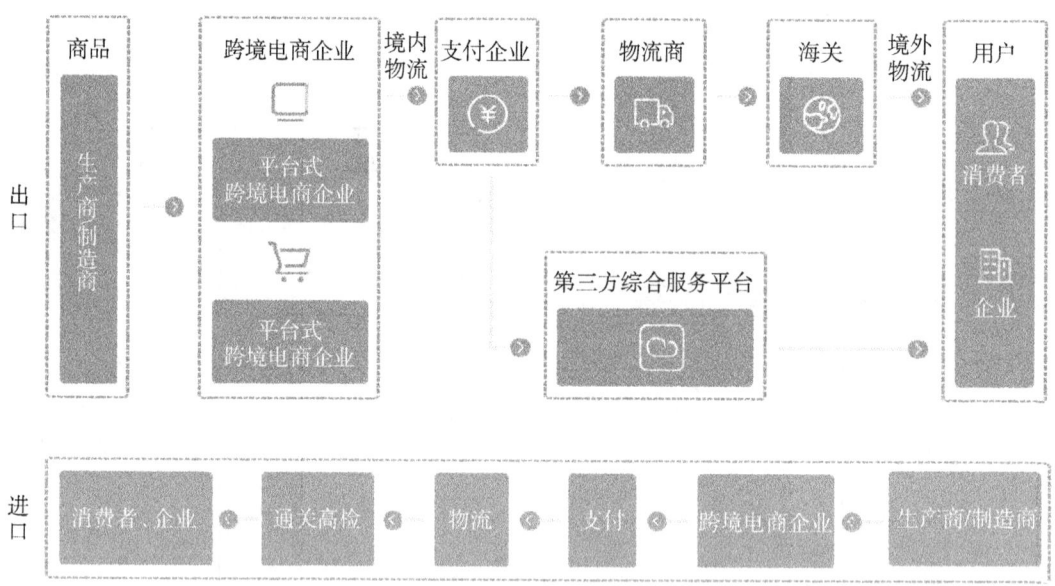

图 5-23　跨境电商商业模式进出口流程图

ECSHOP 模板堂创始于 1999 年，是一家连续十几年为中国互联网用户提供服务的运营商，是国内比较领先的网站建设机构。① 主营业务以网站建设、网站制作、网店建设、网店制作、服务器托管、服务器租用、虚拟主机、域名注册等，凭借着出色的技术及优质的服务获得良好的声望及口碑，为广大用户提供一站式网站建设服务，下面主要以该公司开发的系统跨境通为例来介绍跨境电商 ERP 信息化管理所包含的主要内容。

3.1　基础信息

跨境通 ERP 系统的基础信息部分包括：后台成员账号管理、店铺授权、物流管理、会员管理、供应商管理、模板管理、基础设置等内容。应用该系统的卖家只需在后台完成相应操作即可。

---

① ECSHOP 模板堂网址：http://www.ecmoban.com/

3.2 商品管理

跨境通 ERP 系统的商品管理内容包括：商品资料、宝贝管理、对应异常表、库存上传、组合商品、铺货统计表、回收站、订单打印、扫描验货、称重、人工发货、异常订单、代销订单、开票订单、手工开单、订单查询、平台订单等。其操作界面和操作模式与前面介绍的基础信息版块大体相同。

3.3 销售管理

跨境通 ERP 系统的商品管理版块主要提供订单审核与打印、订单查询与各种处理（称重、发货、开票）等功能服务。

此外，系统还设置了与销售版块相对应的售后管理版块，包括包裹签收、售后单创建与处理等内容，供卖家及时处理顾客的售后需求，从而给顾客提供更优质的购买体验。

3.4 采购管理

跨境通 ERP 系统采购管理包括采购订单和采购付款两大部分。系统还提供了对采购订单的数据图解分析。

3.5 库存管理与账单管理

跨境通 ERP 系统的商品管理内容包括：仓库管理、库位管理、库存调拨、库存盘点、杂项入库、杂项出库、采购收货、采购退货等；账单管理部分则包含对异常账单、支付宝账单、快递费账单等不同账单的处理。

3.6 报表分析

跨境通 ERP 系统可根据后台数据自动生成商品资料统计报表、销售订单统计报表、采购订单统计报表、售后订单统计报表、售后金额统计报表、售后明细统计报表、进销存统计报表、出入库统计报表、出入库明细报表等十几种不同的数据报表，并自动生成相关图表，以提供更直观的分析。

除了上述内容外，ECSHOP 跨境通 ERP 系统还包括一些扩展功能，如自定义查询、二次开发功能等。

跨境电商 ERP 系统的这些模块内容一起能全面帮助卖家用户实现数据的同步更新与各种操作的实时把控，从而打理好自己的跨境业务。

课后练习：

一、不定项选择题

1. 搜索排序的影响因素有（　　　　　）。
   A. 商品信息描述的质量
   B. 商品与买家搜索需求的相关性
   C. 商品的转化率

D. 卖家的销售能力

2. 依据敦煌网平台的搜索数据统计，在产品水平同等的条件下，产品排序每提高一名就能提升(　　　)的曝光量，排序每提高一页，相应的曝光量将会增加(　　　)以上。
   A. 2%~3%；200%　　　　　　　　　B. 3%~5%；300%
   C. 3%~5%；200%　　　　　　　　　D. 2%~3%；300%

3. 会遭到敦煌网的降权惩罚的有(　　　)。
   A. 发布重复产品　　　　　　　　　B. 乱放类目
   C. 堆砌关键词　　　　　　　　　　D. 恶意调高调低价格

4. 通过后台数据分析发现，某行业访客数占比、浏览量占比、支付金额占比、支付订单占比和上一时间段相比均有所上涨，而供需指数却有所下降，这说明(　　　)。
   A. 该行业竞争度降低，适合入驻
   B. 该行业竞争度升高，适合入驻
   C. 该行业竞争度升高，不适合入驻
   D. 该行业竞争度降低，不适合入驻

5. 速卖通访客行为分为(　　　)和(　　　)两种。
   A. 浏览；支付
   B. 加入购物车；加入收藏夹
   C. 浏览；加入购物车
   D. 随便逛逛；感兴趣

6. 速卖通八卦镜中的整体能力包括(　　　)。
   A. 行业选择，其下的相关数据和所选行业直接相关
   B. 店铺在行业下整体能力概况
   C. 各能力项在过去一段时间的变化趋势
   D. 所选行业的下级行业的各能力项得分信息

二、判断题

(　　)1. 根据敦煌平台产品排序规则，一般产品的定价越低，系统给出的评分会越高。
(　　)2. 速卖通后台的访客ID是访客国家代码缩写和系统编码的组合。
(　　)3. 速卖通后台店铺实时概况中显示店铺排名为30%的意思是店铺实时访客数已超过30%的同行卖家。
(　　)4. 卖家可以在速卖通后台查看最长时间段为最近30天的流量来源分布。
(　　)5. 速卖通商铺流量来源渠道均只来自站内。
(　　)6. 随着跨境店铺上架的商品数量不断增多，为了便于对每个产品的编号、成本、重量、规格、材质等具体信息进行信息化的管理，跨境电商ERP系统应运而生并不断发展着。

三、简答题

1. 请对下图中店铺的实时排名数据进行解读。

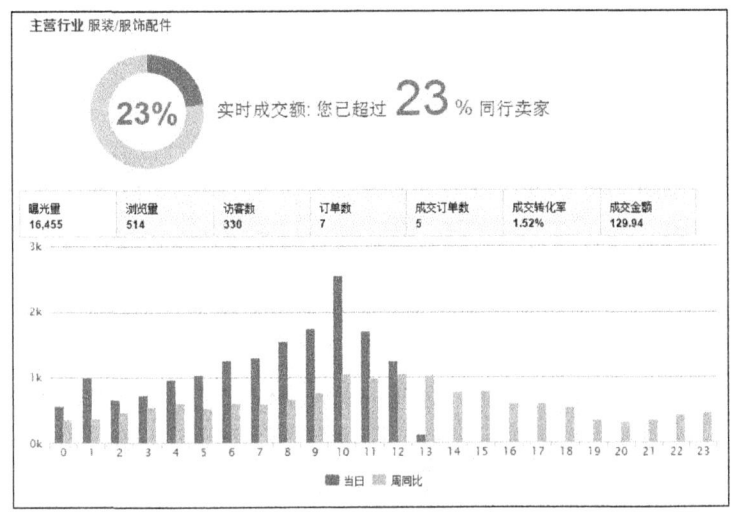

2. 请用流程图的形式展示跨境电商商业模式进出口的流程。

四、实操题

在速卖通后台利用数据纵横版块进行女靴、女士凉鞋、女士拖鞋三种产品的最近30天的行业趋势对比。

第6章 跨境电子商务营销

跨境电子商务营销属于网络营销的范畴，是以现代营销理念为基础，借助网络、通信和数字媒体技术实现营销目标的商务活动；跨境电子商务营销不单单是一种营销手段，更是一种文化，信息化社会的新文化，引导媒体进入一个新的模式。

1. 店铺自主营销

店铺自主营销是店主不通过任何代理自己建立营销网络的营销模式。这种营销模式由于是店主根据自己的商品选择最适合自己商品的营销方式来向顾客推送产品，有相当高的针对性与转化率，所以是目前跨境电商最优选的营销模式。

在建立自己的营销网络过程中，根据店铺所开设的平台和背景不同，建立自己的营销网络方法也各不相同。在速卖通中，可以通过限时限量折扣、全店铺打折、店铺满立减、优惠券来引流转化。

1.1 限时限量折扣

限时限量折扣就是在规定的时间内，拿出一定数量的商品来开展促销活动。限时限量折扣是由卖家自主选择活动商品和活动时间，设置促销折扣及库存量的店铺营销工具。该工具可以利用不同的折扣力度推新品、造爆品、清库存。

1.1.1 限时限量折扣的设置方法

第一步：登录用户后台，进入"营销中心"，点击"店铺活动"后，便可以开始创建活动（见图6-1）。

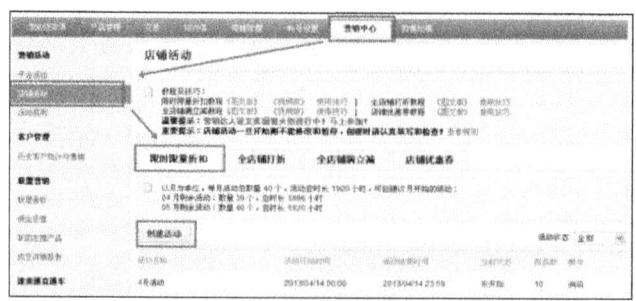

图6-1 限时限量折扣活动创建活动页面

第二步：点击"创建活动"按钮进入到创建店铺活动页面。活动开始时间为美国太平洋时间。打折商品 12 小时后展示给买家，商家需提前 12 小时创建好活动。填写的活动名称要简单明了，三五个字就行，时间长短可以根据活动目的来确定，一般以一星期居多，如果属于库存清理，时间则可稍长一些。根据要求填写完成后，点击"确定"按钮（见图 6-2）。

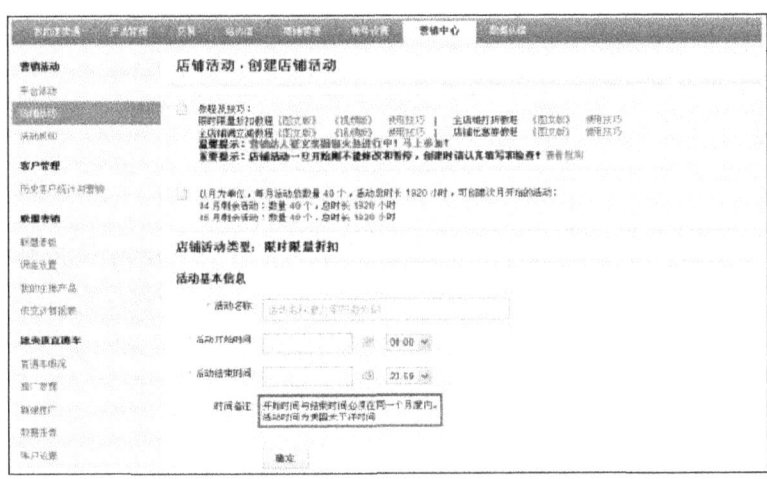

图 6-2　限时限量折扣活动基本信息填写示例图

第三步：创建好店铺活动后，选择参与活动的商品，每月活动数量和时间限制（目前的规定是每月活动总数量为 40 个，总时长为 1920 小时）（见图 6-3）。

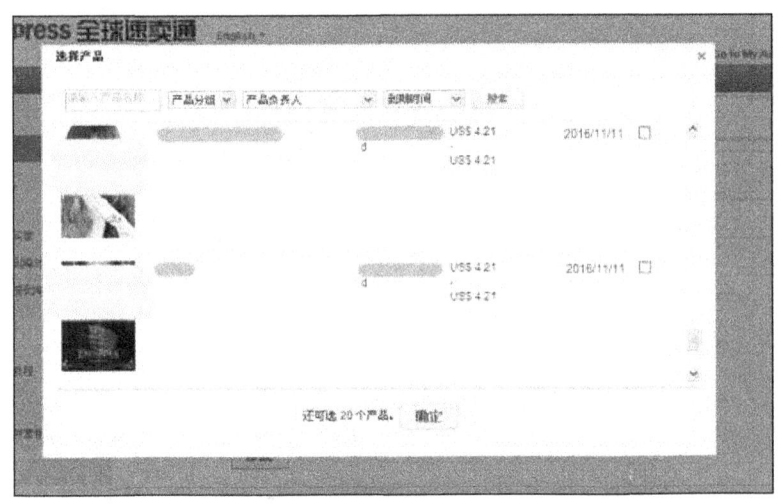

图 6-3　限时限量折扣活动具体信息填写示例图

第四步：设置商品折扣率和促销数量。可单独设置也可批量设置折扣库存（见图 6-4）。

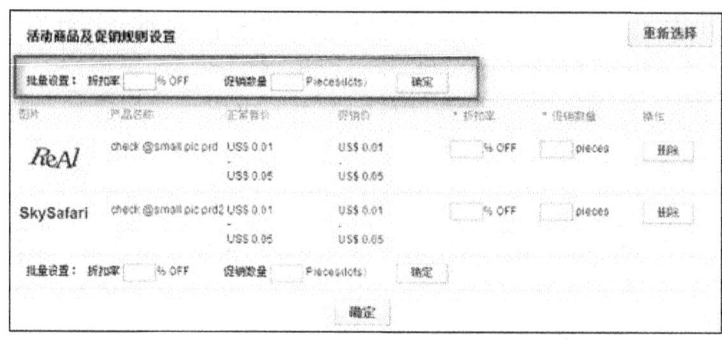

图 6-4　设置商品折扣率和促销数量页面

第五步：点击确定后即完成设置，活动将处于"未开始"状态，此时可以修改活动时间，增加和减少活动商品等操作。活动开始前 6 小时将进入审核状态，活动状态将变成"等待展示"，活动开始后将处于"展示中"状态。"等待展示"和"展示中"就不能编辑，也不能停止，如图 6-5 所示。

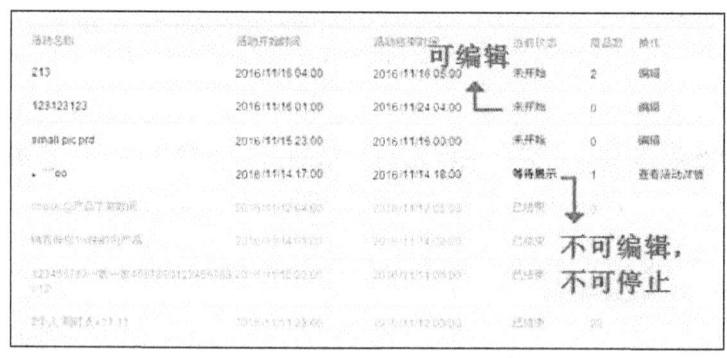

图 6-5　限时限量折扣活动设置页面

特别提示：限时限量折扣活动一旦创建，商品即被锁定，无法编辑，只能下架。也可以选择退出该活动，退出活动后可编辑。注意在创建活动前编辑好活动商品信息。

1.1.2　商品设置和展示规则

①打折商品 12 小时后展示给买家：限时限量打折促销适合卖家平台上的所有商品，但该活动必须提前 12 小时创建（这是因为平台审核需要时间），并且可以跨月。

②活动中的商品不可编辑也不可停止。创建活动完成后，工具初始状态呈现为"未开始"，这个阶段你可以对活动进行编辑、删除、添加商品等操作。6 个小时后，商品将会进入审核，状态将会显示为"等待展示"，活动开始后显示为"展示中"，一旦状态进入"等待展示"或"展示中"，活动结束前就不可修改，所以请卖家创建活动后务必认真检查。每次活动设置的时间尽可能短，最好不要超过 7 天，以便灵活调整随时修改。例

如，12月28日开始的限时限量打折促销，27日就要创建方案，活动结束期可以在1月1日之后。

③价格制订方案：根据限时限量"折扣"的标准，我们针对开展活动的不同类型制订了三种不同方案：一是过去90天的平均价格；二是过去90天中的最低价格×价格系数；三是专门针对大促销活动所设置的门槛价格。促销价必须要低于90天的均价，90天的均售价是指根据当天往前推的90天内按照现售价规则计算的商品价格平均值，所以，平时的促销价格不要过低，否则该商品的90天均价会越来越低，不利于以后的促销活动和利润控制。

另外，限时限量折扣并不是一个孤立的营销工具，它与速卖通后台的每一个营销工具都是紧密关联的，只有把所有的营销工具联合起来，才能把限时限量折扣的效果发挥得最好。为了取得更好的效果，限时限量打折销售可以和全店铺打折销售结合起来进行联合营销，这时全店铺打折销售所起的作用很大，尤其是对于新店铺，效果立竿见影。如果卖家限时限量打折销售很有力度，这时可与全店铺打折销售结合起来，将会起到"以点带面"、"事半功倍"的效果。当然，并不是每一次限时限量折扣都必须要有全店铺打折，当限时限量折扣不是很有竞争优势时，可以把全店铺打折留给下一次有竞争优势的限时限量折扣产品。

1.1.3 限时限量折扣注意事项

①时间设置有限制，库存设置有限额：限时限量活动，在活动时间上建议不要太长（一个活动一般设置48小时），可以分时间段、不同产品进行不同活动，为打造爆款的产品可以设置相对比较长的时间；在库存设置时，建议做到限量，让买家感觉到如果不买，商品很快就会没有，库存产品清仓除外。

②折扣力度设置有门道：限时限量折扣活动，目的是帮助店铺吸引最大的流量，以速卖通平台为例，如在10月圣诞节的黄金采购季到来之时，速卖通各行业经理也针对限时限量折扣活动给出了自己的折扣建议，表6-1为速卖通平台部分行业目录及建议折扣表。

表6-1　　　　　　　　速卖通平台部分行业目录及建议折扣表

行业类目	详细类目	建议折扣
Apparel	Weddings & Events	75折（25% Off）
	Women's Clothing	8折（20% Off）
	Men's Clothing	8折（20% Off）
	Apparel Accessories	8折（20% Off）
	Children's Clothing	8折（20% Off）
	Baby Clothing	8折（20% Off）
Automobiles	全部类目	75折（25% Off）
Cell Phone	整机	9折（10% Off）
	配件	8折（20% Off）

续表

行业类目	详细类目	建议折扣
Computer & Networking	整机	85 折（15% Off）
	配件	8 折（20% Off）
Electronics	全部类目	85 折（15% Off）
Health & Beauty	全部类目	8 折（20% Off）
Lights	全部类目	8 折（20% Off）
Toys & Hobbies	全部类目	8 折（20% Off）
Watches & Jewelry	Jewelry	8 折（20% Off）
	Watches	85 折（15% Off）
Shoes	全部类目	8 折（20% Off）
Luggage & Bags	全部类目	75 折（25% Off）
Security & Protection	CCTV products；Key；Alarm	8 折（20% Off）
Sports & Entertainment	Outdoor Sports；Fishing	8 折（20% Off）

③让买家不仅仅购买活动产品：在限时限量折扣活动时间内，建议店铺内设置好全店铺满立减或者全店铺打折，让买家购买店铺其他产品，提升店铺利润。

1.1.4 限时限量活动特别提醒

①设置活动之前，针对活动产品做好产品关联推荐，并且配合满立减或者全店铺打折工具，刺激买家更大消费。

②在每个月底设置好下月月初的活动，抓住每月活动空档期，收获最大营销效果。比如，10月份有一个国庆节的长假，会涉及快递公司放假等情况，建议在设置活动之前，做好店铺公告和发货期的调整。

1.2 全店铺打折

全店铺打折就是对本店铺内所有的商品进行打折促销。这既是一种全面优惠促销措施，又能给人以一种"全面清仓"处理、价格特别优惠的感觉。全店铺打折是店铺自主营销的"四大利器"之首，尤其对新店铺来说，作用尤为明显，能快速提高店铺的销量和信用，提高店铺的曝光率。

1.2.1 全店铺打折活动设置方法

第一步：登录"我的速卖通"打开"营销中心→店铺活动→全店铺打折"页面，点击"创建活动"按钮。

从图6-6中我们了解到全店铺打折活动每月限制总数量20个，总时长720小时。因为是全店铺打折，所以不会设置独立活动库存；如果卖家的服务等级不合格，平台还会限制该卖家活动数量和时长。

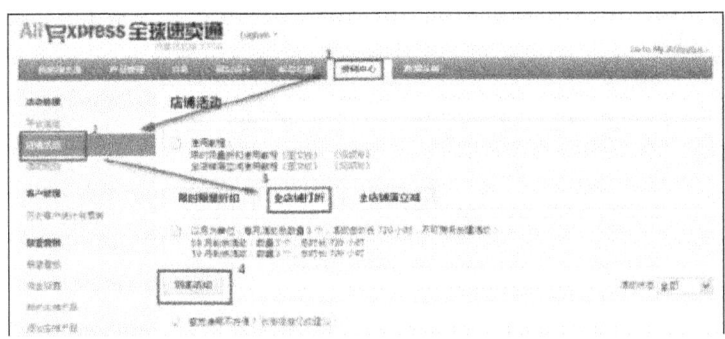

图 6-6 全店铺打折活动创建活动页面

第二步：填写活动基本信息。请提前 48 小时创建活动，活动开始和结束时间必须在同一个月内，但是可以提前创建下一个月的活动，如图 6-7 所示。

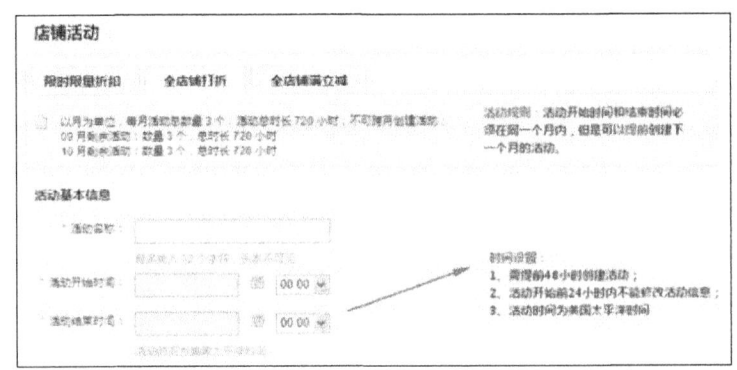

图 6-7 全店铺打折活动基本信息填写示例图

1.2.2 全店铺打折活动特别提示

月初是活动数量最少的时候，卖家们应该抓住机会，提前设置好月初开始的活动，争取更多曝光和订单。

如果选择了月末的最后一天，需要再选择时间是 23：00，否则该活动会在最后一天的 00：00 点就结束了。

图 6-7 中的活动名称设置需简要明了，以三至五个字为佳，如"月底大促销"；活动时间为美国太平洋时间，不是北京时间；在确定具体折扣率时一定要预先测算好，从整体上对所有商品的利润水平控制好；活动必须提前 24 小时创建，可以支持跨月设置；由于全店铺打折促销力度大，打折时间最好控制在三天以内，打折促销时间过长给买家"打折店"的感觉，以后不打折反而就不下单了。同时，要注意设置时间，因为一旦活动开始前 12 小时处于"等待展示"阶段，活动商品不能被编辑，折扣信息也不能被修改。

另外，如果全店铺打折活动与限时限量折扣活动时间重叠，以限时限量折扣为主；如果全店铺打折时间还在继续,只有当限时限量打折活动结束后,才会继续展示全店铺打折的折扣。例如:商品 A 在全店铺打折中的折扣是 10%OFF(即 9 折),在限时折扣中是 15%OFF(即 85 折),则买家页面上展示的是限时限量折扣的 15%OFF。

由此可知,一种商品在同一时间内最多可以报名参加四种类型的活动,分别是全店铺打折、限时限量或平台活动、团购活动、秒杀活动。

第三步:填写促销规则见图 6-8,填写范例如图 6-9 所示。

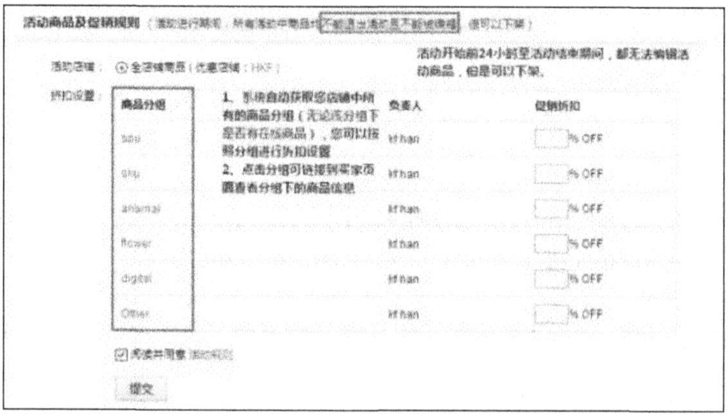

图 6-8　活动商品及促销规则设置页面

图 6-9　全店铺打折活动信息填写示例图

全店铺打折活动针对以下 22 个一级类目商品(详见表 6-2)所设置的折扣区间为 5%~50%,其他行业的折扣门槛另有规定,详见平台告示。

表 6-2　　　　　　　　　　一级类目商品设置的折扣上限

一级类目	折扣上限	一级类目	折扣上限
Apparel & Accessories	50%	Home Appliances	50%
Beauty & Health	50%	Industry & Business	50%
Construction & Real Estate	50%	Jewelry & Watch	50%
Customized Products	50%	Luggage & Bags	50%
Electrical Equipment & Supplies	50%	Mother & Kids	50%
Electronic Components & Supplies	50%	Shoes	50%
Food	50%	Special Category	50%
Furniture	50%	Tools	50%
Hair & Accessories	50%	Toys & Hobbies	50%
Hardware	50%	Travel and Vacations	50%
Home & Garden	50%	Unknow（null）	50%

1.3　店铺满立减

设置"店铺满立减"的目的是提高客单价。所谓客单价，是指一定时期内平均每一位顾客购买的金额，即每一位顾客的平均交易额。

卖家的利润是由销售额决定的，销售创造利润。而销售额是由客单价和顾客数（客流量）决定的。在客流量既定的情况下，提高客单价就能多盈利。例如，如果一件商品的价格是 10 美元，买一件商品的价格是 10 美元，买 2 件可以优惠 5 美元，即 2 件的价格是 15 美元，许多买家就会选择同时买 2 件，本来准备只花 10 美元的，结果花了 15 美元。而卖家也一定会从这种促销中得到好处。假如该商品的成本是 4 美元，卖 1 件能获利 6 美元，而卖 2 件就能获利 7 美元。

在推出满立减活动前，卖家有必要先了解一下自己的客单价是多少，卖家可登录"数据纵横→商铺概况→最近 30 天→客单价"页面，查看最近 30 天内的客单价是多少，以供参考。如图 6-10 和图 6-11 所示。

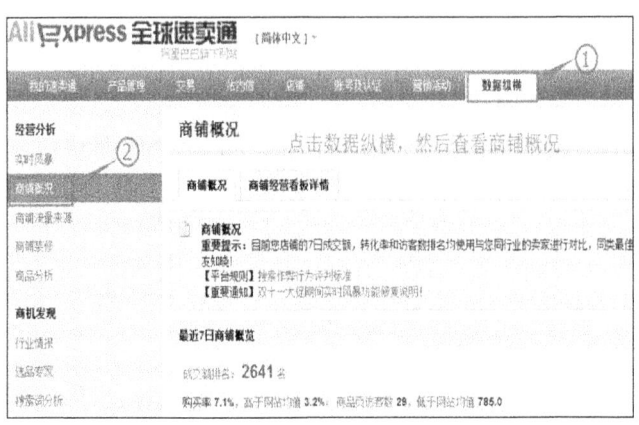

图 6-10　店铺满立减活动商铺概况页面

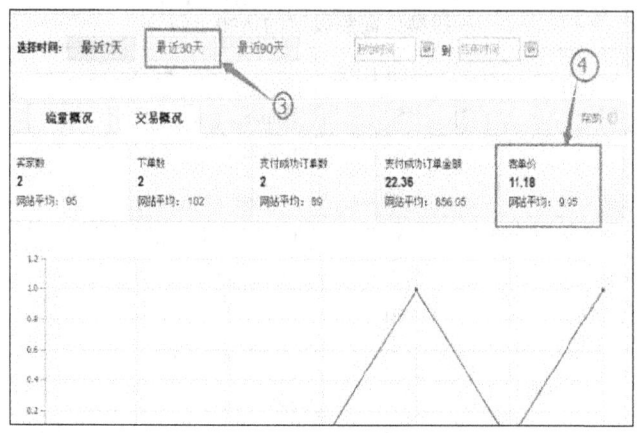

图 6-11 店铺满立减活动客单价页面

如对客单价的准确性有疑虑，可找出一个月时间内，我们经常出单的产品中销售额最大的产品价格，进行参考，这个方法只适用于店铺的整体客单价相差不大的情况。

满立减都有一个数量和时间的限制。满立减每月有三个，持续时长为720小时。

1.3.1 全店铺满立减活动设置方法

第一步：打开"营销中心→店铺活动→全店铺满立减"页面，点击"新建活动"按钮就可以进行全店铺满立减的设置了（见图6-12）。

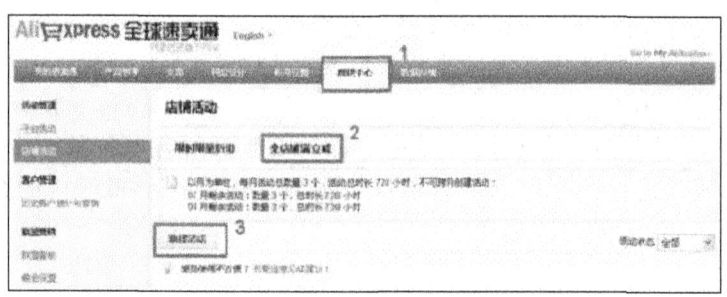

图 6-12 全店铺满立减活动的设置页面

第二步：填写"活动基本信息"和填写"促销规则"，如图6-13所示。

首先，活动名称和限时限量折扣一样，简要明了。对于活动开始和结束时间的设置，有三点我们需要注意：第一，满立减活动的开始和结束时间必须在同一个月，不能跨月；第二，活动必须提前24小时创建；既支持全店满立减，也可以是部分商品满立减。第三，满立减活动最好分布在整个月内，为此，月初就要规划好这项活动该怎么开展，但要注意要结合优惠券进行营销，不要重叠了。

优惠条件和优惠内容的设置。为了提高客单价，在设置"活动商品及促销规则"下面的"优惠是否可以叠加"选项，是否勾选这个选项，需根据自己店铺的利润度，如利

图 6-13 活动基本信息、活动商品及促销规则

润度可以承受，建议大家勾选一下，这样可以刺激客户下更多的订单。但是要注意，满立减包含产品的价格和运费，限时限量折扣是按折后价参与的，如图 6-14 所示。

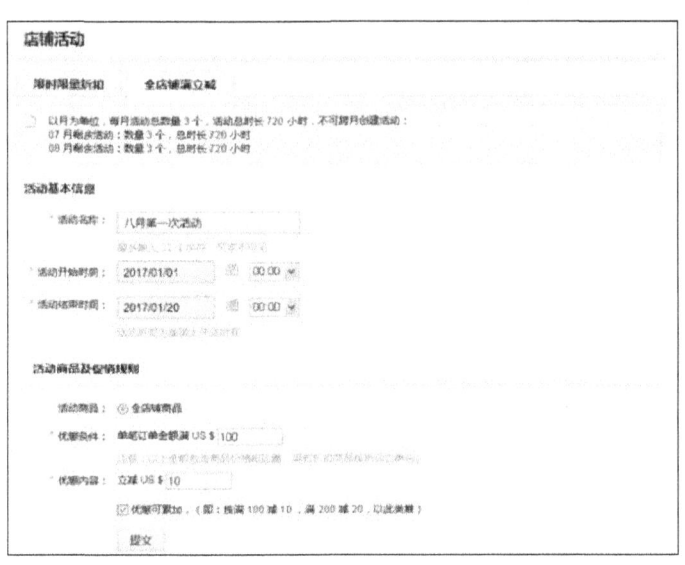

图 6-14 活动基本信息、活动商品及促销规则填写示例图

1.3.2 全店铺满立减活动特别提示

①当活动处于"等待展示"和"展示中"状态时，活动不能被修改。活动开始前的 24 小时将处于"等待展示"阶段。

②与折扣商品不同，满立减活动中的商品仍然可以编辑修改。在确定"单笔订单金额满多少，立减多少"时，有一个小技巧，例如，某商品单价是 14 美元，那么卖家可以设置成"单笔订单金额满 30 美元，立减 5 美元"。而实际上，这时只有买到 3 件以上才能

享受这一优惠；当买家下单购买 2 件时，卖家可以"友情提醒"他买 3 件可以享受到"立减 5 美元"的优惠。这样，一方面可以提高客单价，另一方面又会给买家留下好印象。

1.4 店铺优惠券

卖家设置优惠券的目的，与满立减一样，都是为了提高客单价，与满立减不同的是，它还有两大优点：一是吸引买家二次下单；二是优惠金额设置随意，不必像满立减那样，满立减 50 美元以上的，最少要优惠 5 美元，而优惠券不一样，它可以随意设置一些 1 美元、2 美元、3 美元这样的"小优惠"来吸引买家，对于卖家来说，是比较灵活的。

1.4.1 店铺优惠券活动设置方法

第一步：登录"我的速卖通"，打开"营销中心→店铺活动→店铺优惠券"页面，点击"添加优惠券"按钮，如图 6-15 所示。每月总共有 5 个活动，活动开始和结束时间必须在同一个月内，但是可以提前创建下一个月的活动。

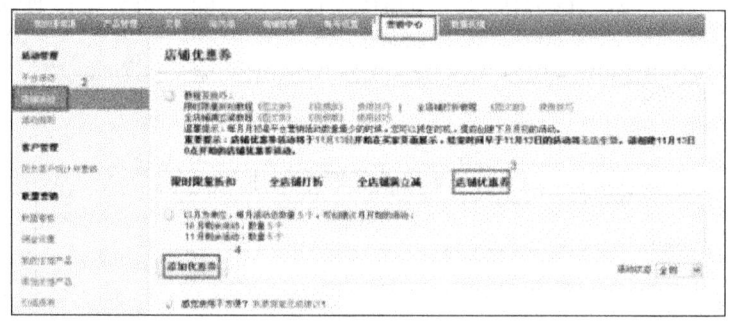

图 6-15 店铺优惠券活动设置页面

第二步：填写活动基本信息。活动开始和结束时间表示买家可领取优惠券的时间，买家可使用该优惠券的时间在"优惠券使用规则设置"中的"有效期"设置。例如：活动时间为 11 月 13 日至 11 月 30 日，有效期为 7 天，买家在 11 月 20 日领取的优惠券，领用后可立即使用，最晚使用日期为 11 月 27 日，如图 6-16 所示。

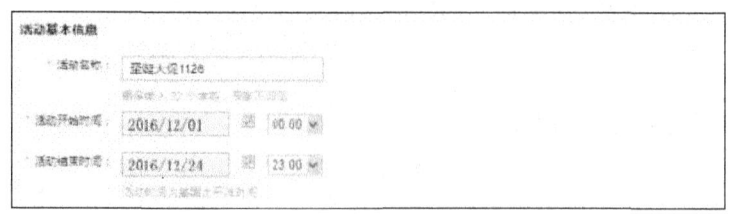

图 6-16 活动基本信息填写示例图

第三步：填写优惠券领取和使用规则，如图 6-17 所示。

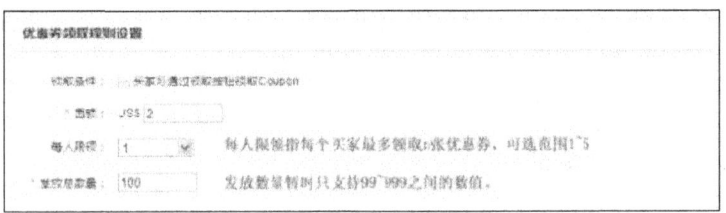

图 6-17 优惠券领取规则设置页面

1.4.2 优惠券类型及其使用规则

①不限制使用条件的优惠券。不限制使用条件的优惠券可以大大提升买家的购买率，但需要考虑自身可承受范围，面值和数量上可以做一些控制。

②订单需满足一定条件后才能使用的优惠券。限制使用条件的优惠券，限制条件需要结合自身客单价来设置，条件设置比客单价略高即可。例如客单价为 $20，设置条件为 $30 是合理的，但设置成 $100 就会没效果了，如图 6-18 所示。

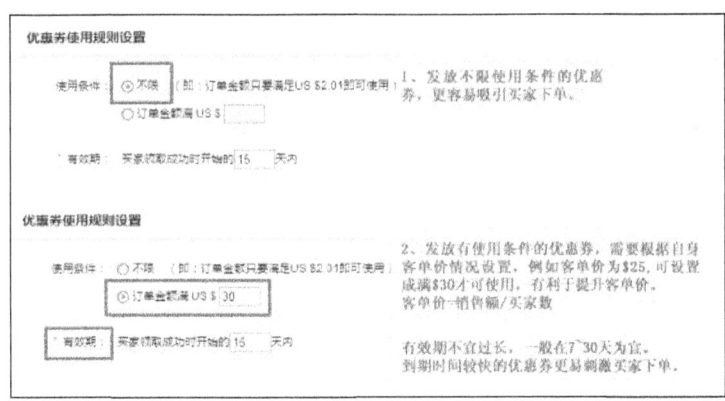

图 6-18 优惠券使用规则设置页面

1.4.3 店铺优惠券营销优势

①促进本次消费。让买家先领券再下单，这是非常直接的一种刺激消费的方式。对于新买家来说，优惠券就是一剂强心针，帮助其下决心购买。

②巩固老买家黏度。众所周知，老买家的维护是非常重要的，将店铺优惠券信息发送给老买家，作为奖励和回馈，提高回头购买率。

③为店铺引流。拿到优惠券的买家，为了使用这一"财产"，一定会在店铺中寻找合适的商品，大大增加了店铺中商品的曝光度，提升出单概率。

2. 平台活动

平台活动是全球速卖通向卖家推出的各种免费推广服务，平台活动通常是在特定的行业、特定主题下实行的，它能快速增加店铺曝光率、点击率和转换率，因而是一种行之有效的促销方式，并且适用于店铺发展的不同阶段。但是平台活动一般设置的门槛较高，获得参与平台活动的机会相对较少。

2.1 平台活动常见类型

目前平台常见活动类型有 SuperDeal、国家站团购、行业 Hot & New、行业 Sales 主题频道等，每个活动都有不一样的要求和效果。广义的平台活动还包含了平台大促，我们会在第 3 小节中详细展开，下面介绍各个频道的平台活动。

SuperDeal，平台的"秒杀"活动，打造爆款的利器，有着 1 天千单的记录。根据其内容又细分为 Today's Deal、Daily Deals、Weekend Deals、Featured Deals，每周五开始招商，每周四审品，一周 7 天展示，每天更换。对产品的要求有：满足近 30 天的销量大于 1，包邮，运动鞋折扣 35%OFF 起，运动娱乐 50%OFF 起就可以报名参加。

俄罗斯团购：一周更新 3 次，每期展示 4 天，提前 15 天招商，提前 5 天审品。以运动行业为例，需满足这些要求：好评率达 92%以上运动全行业 40%OFF 起；近 30 天的俄语系销量大于 1；最小促销数为 150；必须是单 SKU 商品；俄语系国家包邮。

巴西团购：一周更新 3 次，北京时间每周一、三、五 7 点更新，提前 15 天招商，提前 5 天审品。对运动品牌要求是：好评率 92%以上；运动全行业 40%OFF 起；近 30 天的销量大于 3；最小促销数 200；巴西包邮。

Weekend Deal：每周五预览，周六周日售卖，每周四招商，周四审品。要求只是全行业 25%OFF 起。

除了上述的几个活动，下面要介绍的几个也是不容小觑的。

行业 Hot & New 主题：适用于各个行业的热销品和新品，速卖通会定期在首页相关类目的推广模块投放资源。

行业 Sales 主题：对于周年庆、圣诞节等各类大型节日和活动庆典，速卖通也会及时推出针对相关主题的促销活动，并且，买家首页推广位置十分明显。对于大多数电商网站来说，首页会不断更新和改版，但是作为网站大广告横幅的位置，一般不会有太大变动。

2.2 平台活动报名

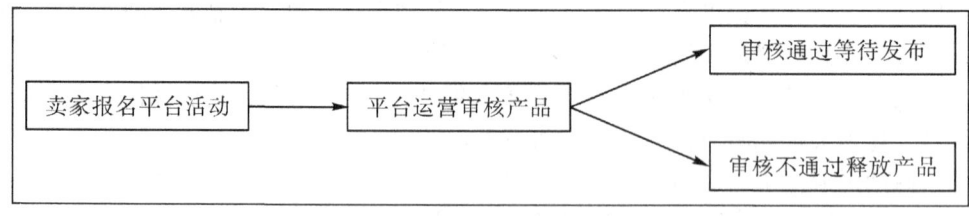

图 6-19 卖家与平台活动的流程图

在这四个步骤中，卖家最需要了解的是如何报名参加活动。卖家可登录"我的速卖通→营销活动→店铺活动"页面（见图 6-20）。

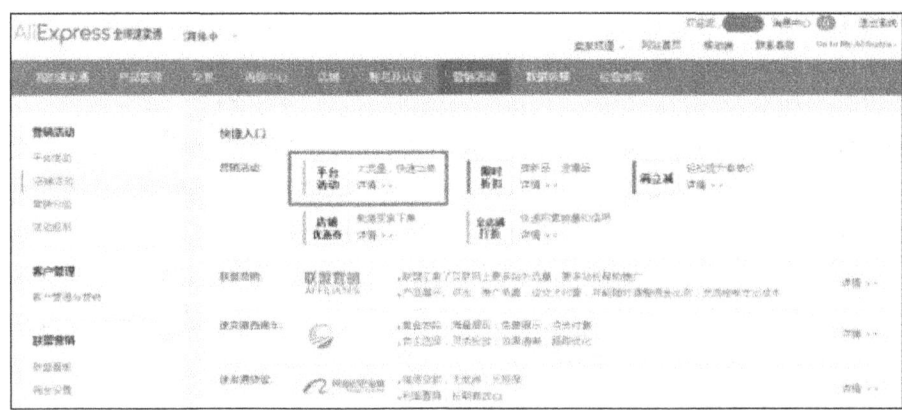

图 6-20 速卖通卖家后台营销活动页

点击"平台活动"按钮,可以看到哪些活动可以参加,哪些活动暂时还不能参加,具体如图 6-21 所示。

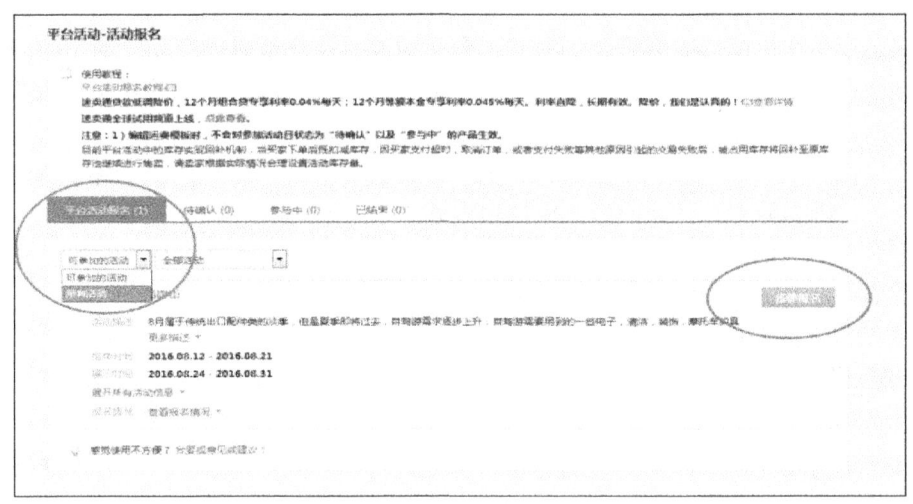

图 6-21 速卖通后台平台活动页面截图

卖家点击"所有活动"按钮,便能看到目前允许参加的项目。继续点击"可参加的活动"按钮,可进入编辑状态。

卖家如果想参加某项活动,但不符合报名条件,这时可参考以下两点进行设置:一是可以通过不符合资质原因进行确认;二是可以尽快进行相应设置。因为平台统计的数据是两天之前的,对店铺满立减和店铺优惠券等即时性数据无法同步更新。卖家选择了符合要求的商品后,可设置对应的活动折扣和库存要求,然后便能报名参加活动。

卖家若点击"全部活动"按钮,可看到速卖通平台上正在举行的各种促销活动。选择自己想参加的活动,进入"编辑"状态。凡是可以参加的活动,右边都有"我要参加"

的按钮亮起，否则就是灰色的。点击"不符合资质原因"按钮，卖家就能看到具体原因。值得注意的是，由于报名参加平台活动后不能更改，所以卖家在选择活动项目时要谨慎对待。

卖家报名参加平台活动成功后，当该平台活动招商期结束之后，接下来就是等待全球速卖通的审核了。审核的过程总共有三道关卡：第一道关卡是程序过滤。程序自动过滤卖家参加活动的基本条件，只要有一个条件不符合就不会通过；第二道关卡是人工筛选。程序放行的产品才能进入人工挑选，最终入围的产品顺利被锁定等待上线。第三道关卡是锁定商品。等待上线，然后给卖家邮箱发邮件，告知通过审核或未通过审核的具体原因。

需要注意的是：当商品从"当前状态"变成"已锁定"时，并不表明一定会顺利通过，因为其中有部分商品是作为备选方案的；只有当某些商品库存不足或表现不佳被迫下线时，这些备选方案才能得到选用，有机会出现在推广页面里。无论如何，能被锁定是进入平台的先决条件。

2.3　参与平台活动注意事项

①时间问题。一般情况下，平台活动都会有较严格的时间先后顺序。例如，招商时间为5月4日到5月6日，展示时间则为5月9日到5月12日。先到先得。注：建议每天查看活动更新，平台一般会在下午5点~6点更新活动。

②报名产品和招商目的不符合。参与平台活动时要注意报名的产品要与招商的目的一致，否则会造成错误甚至浪费。例如，参加巴西团购平台活动，参加后才发现运费模板无法到达巴西。

③价格优势不明显。参加平台活动时价格一般影响不太，但是，如果可以适当体现一些价格优势，则会使平台活动的效果发挥得更好。

④报名产品信息不完整。参与平台活动时，一定要将报名的产品信息填写完整，尤其是参加活动要求的信息，比如商品的好评率、产品销量等。

3. 速卖通大促销

全国速卖通大促的全称是"速卖通平台大促销"。全球速卖通是整个平台规模最大的促销会，从2014年开始，速卖通大促一年共开展三次，分别安排在3月、8月、11月。每次活动都会发放上百万优惠券、上千万优惠商品，所以促销效果较好，平台数据显示，每次平台大促，平均交易额是平时的四倍以上，参加大促活动的卖家比平时多五倍以上，最高的可达上百倍。以2015年11月11日全球速卖通举行的"双十一大促"活动为例。如果说淘宝每年的"11.11购物狂欢节"是国内具有影响力的一大消费节日，那么全球速卖通的"11.11"活动便具有全球化使命。全球速卖通参与这项活动的商品让利政策以单品让利为主，全平台实行满立减。该活动一共由三部分组成：一是大促会场七五折起全年最低价特色商品销售；二是店铺限时限量全年最低价优质商品销售；三是全店铺所有商品八五折起。

换句话说，卖家凡是商品报名并入选大促活动，或者设置了30个以上店铺限时限量的七五折全年最低价商品，或者设置了大促当天的八五折起的全店铺打折，就算是参加了该活动。凡是报名参加主会场的商品，折后价必须为全年最低价。也是说，从报名之日起"11.11"当天（美国时间），该商品的售价不得高于报名时设置的价格。设置七五折全年最低价的商品，将会被打上"速卖通双11官方商品"标志，折扣越高，搜索排序越靠前。

从活动时间安排看，主要分为三个阶段：一是9月22日至10月13日为商品报名阶段；二是10月8日至10月28日为店铺工具设置阶段；三是11月11日当天0点至24点为正式活动阶段。

如果进一步具体化，还可以精确到某月某日某时，具体如图6-22所示。

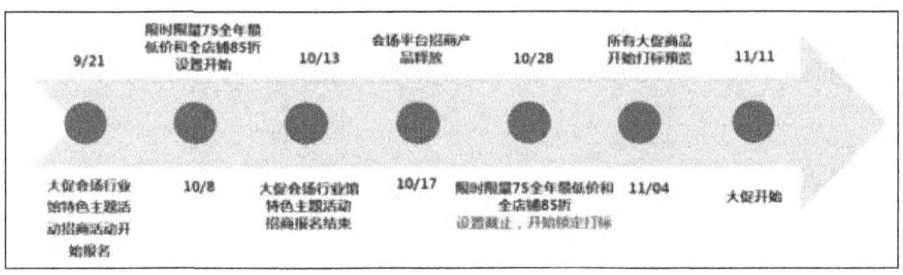

图6-22 速卖通"双十一"大促时间轴

从图6-22中，可以了解到从9月21日0点起开始，大促会场行业馆特色主题活动正式开始招商报名，直到10月13日23:59结束；10月8日0点起，开始设置限时限量七五折全年最低价和全店铺八五折商品，直到10月28日23:59结束；10月17日23:59会场平台招商商品释放；11月4日0点，所有大促商品开始打标预览；11月11日0点，大促活动开始，23:59大促活动结束。

卖家参加大促活动的方式和平时一样，只是入口处多了"参加11.11大促"字样。卖家参加活动有两种方式可供选择：一是登录"我的速卖通→营销活动→店铺活动→限时限量折扣"页面，然后点击"确定"按钮，完成设置；二是以直接在后台中找到相应链接报名，然后点击"立即设置"按钮。

如何通过一年三次的大促日让速卖通卖家完成店铺的跨越式增长，下面分享三点卖家大促经验：

①卖家对自己的店铺商品要有比较清晰的分层。在大促中，店铺引流款商品和主推款商品的选择十分重要。引流款多为店铺内有竞争力的爆款，以此吸引买家进店。主推款是店铺主推的应季商品，折扣在30%左右，利用有竞争力的价格吸引人，能够将引流款引入的大量流量更好地在店内转化。另外还有一个同等重要的部分是全店铺商品的促销感。引流款和主推款商品的数量有限，仍会存在一部分无法转化的买家在店铺内逛。通过店铺内其他商品的促销感来刺激他们的购买欲，比如可以通过全店铺打折来实现。

②商品优化至关重要。需要将促销信息、商品卖点等信息加入到商品标题中，并且，商品的关键属性也要填写完整。商品优化还需要关注单个商品的页面的产能，店铺内的商品必须做好关联销售和交叉推荐，尽可能将访问商品页面的流量转化成订单。

③挖掘老客户的购买力。唤回老客户的最好时机是一年三次的大促，将店铺的优惠信

息，结合网站的各种优惠政策提前发送给老客户，将老客户的购买行为尽可能锁定在自己的店铺。

④店铺的装修需要营造浓烈的购物氛围。比较简单有效的方法是，将大促的设计元素、店铺的优惠政策和商品信息结合起来。

4. 关联营销

关联营销就是商家在一个产品页面同时放了其他同类、同牌、可搭配等有关联的产品。我们做关联营销的主要的目的就是让买家能看到我们更多的产品，从而提高店铺人客单价。同时，关联营销也是一种新的、低成本的、企业在网站上用来提高收入的营销方法。关联营销有时候也叫绑缚营销，目前关联销售在很多店铺里面已经开始使用了（见图6-23）。

图6-23 关联营销展示图

4.1 关联营销注意事项

4.1.1 位置

在一个产品详情页面，我们应该把关联营销放在宝贝描述的前面还是后面？其实不管是放在前面还是后面，都不会有太大影响，重要的是关联做得好。如果放在前面，就要控制展示商品的数量，否则直接影响用户体验，如果放在后面，就要加上相关产品、热卖产品或者配套产品。

4.1.2 产品

在选择相关联的产品时，可按照产品的价格选择，也可以选择同类型的产品，或者选择功能互补性的产品。对于潜在关联的产品一般不推荐关联。

4.1.3 价格

低价格的产品描述中，关联产品的价格应该差不多或更低，向上浮动的幅度小一些；中等价格的产品描述中，关联产品的价格偏高和偏低的数量应该不多为好；高价格产品描述中，关联产品的价格应该以偏高的为主。

总之，在做关联营销模板时，一定要站在客户的角度去考虑，不要直接插入广告；产品的位置、产品的选择和产品的价格都非常重要。关联营销需要不断积累经验，多学习其他卖家做得好的店铺关联，从而从中总结出适合自己的店铺关联营销经验。

5. 电子邮件营销

电子邮件营销（E-mail Direct Marketing，EDM）即 E-mail 营销，是在用户事先许可的前提下，通过电子邮件的方式向目标用户传递有价值的信息的一种最古老的网络营销手段。EDM 有多种用途，可以用于发送电子广告、产品信息、销售信息、市场调查、市场推广活动信息等。

5.1 EDM 营销技巧

5.1.1 客户信息和邮件地址的验证

目前对于跨境电商来说，客户数据采集难度较大。由于目标客户在海外，获取客户的邮件地址、个人信息这些数据比较困难，很多跨境电商企业都是采取购买的方式来获得客户邮件地址和个人信息，在没有验证邮件地址的情况下，直接对营销市场发送邮件，这种方式虽然快，但是往往获得的资料信息中只有极少一部分是符合商家要求的，对未知的人发送营销内容，投诉率和被拉进黑名单的概率就会大大上升，同时会使企业品牌受损，严重影响到 EDM 营销的效应；并且，欧美用户一般都具有强烈的许可意识，对于未经许可发送到邮箱的电子邮件，只会带来负面效果，在此，强烈建议商家开展"许可式邮件营销"，即会员营销，指的是在用户事先许可的前提下，通过电子邮件的方式向目标用户传递有价值信息的一种网络营销手段。

5.1.2 及时更新现有数据

跨境电商商家应把邮件营销数据进行系统地管理，针对客户数据按年龄、身份等自然属性或高活跃度、高频率购买等维度进行细分综合管理，如果不及时更新数据，会导致总体的客户数据质量不高，发送到海外的邮件高硬弹、高软弹和低打开率。此外，因为大量无效邮件地址的发送，发送成本增加，并且不能达到好的效果。

5.1.3 重视海外通道与规则

海外邮箱服务商，如 Hotmail、Gmail 等都有相应的邮件接收规则，比如没有固定 IP 服务器发送的邮件会出现高拦截率。而且，海外 ISP 在垃圾邮件、黑名单、投诉举报规则，以及发送数据要求上更为严格要求。如果商家的邮件经常被海外 ISP 拦截，邮件达到率不理想，尚未具备资源和技术能力，建议更换一家具有固定海外 IP 地址的邮件营销服务商，从而降低邮件被屏蔽的可能性，可大幅度提升投递效果。

5.1.4 针对海外消费习惯量身定制营销策略

由于风俗文化、消费习惯、经济发展水平等方面的不同，不同国家客户对营销信息的偏好也存在区别。如欧洲很多地方不过感恩节、学生群体对价格更敏感；日本用户以信用卡付款和手机付款为主；印度、印尼部分消费者更换家中电视机的速度比欧美发达国家更快；法国人喜欢圣诞节采购；德国网购以男性消费者为主；北欧斯堪的纳维亚国家人均消费额全欧洲最高，等等，跨境电商企业需要对目标市场的文化、风俗和节日、特殊喜好、消费习性等了解清楚后，再参照用户的历史消费行为和习惯，去制订邮件内容及营销策略。

5.1.5 精心设计邮件内容

相关研究数据显示，一封邮件从收件箱众多邮件中脱颖而出，获取用户注意的时间仅为 2 秒，因此，精心设计邮件内容可以更多地吸引消费者的关注，在正式发送邮件之前，试着先发一部分进行测试，如果你的邮件不能获得高的打开率、关注度，那么需要及时在邮件内容及设计上重新定位。

5.1.6 检验发送结果

检验发送结果对于检验邮件有效性尤为重要。面对大量的数据、频繁的发送，商家定期检查发送结果目的在于：

①保证用户数据的有效性，并且，甄别出用户主动订阅量，不断优化后续邮件的发送质量和发送频率。

②做好海外 ISP 的备案以及各种处理，减少无效邮件的发送。

③邮件内容及设计符合垃圾邮件规避规则。

5.2 电子邮件推广的优势及特点

5.2.1 范围广

随着国际互联网（Internet）的迅猛发展，网民数量不断增加。面对如此巨大的用户群，只要拥有足够多的 E-mail 地址，就可以在很短的时间内向数千万目标用户发布营销推广信息，营销范畴可以是中国全境及至全球。

5.2.2 操作简单、效率高

电子邮件推广操作不需要懂得高深的计算机知识，不需要烦琐的制作及发送过程，发送上亿封的广告邮件一般几个工作日便可完成。

5.2.3 有效提高企业知名度

只要能够把相关目标用户群的邮件地址收集全，并经常发送邮件，就能够让目标用户对邮件内容产生一定的印象。

5.2.4 精准度高、针对性强

电子邮件本身具有定向性,是点对点的营销,企业可以精确筛选发送对象,将特定的推广信息投递到特定的目标社群中去,实现具有针对性的传播,使营销一步到位,这样可使营销目标明确,效果非常好。

5.2.5 便于测试、追踪和评价

电子邮件推广可以及时根据用户的行为、统计打开邮件、点击数量加以分析,便于个性化定制,根据社群的差异,制订个性化内容,让客户根据用户的需要提供最有价值的信息。

6. 社会化媒体营销(SNS 营销:以 Facebook 为例)

SNS(Social Networking Services),即社会性网络服务,专指旨在帮助人们建立社会性网络的互联网应用服务。SNS 的另一种常用解释:全称 Social Network Site,即"社交网站"或"社交网"。SNS 营销是指在帮助人们建立社会性网络的同时推广商品和服务。

SNS 营销、SNS 社区在中国的发展时间并不长,但是 SNS 现在已经成为备受广大用户欢迎的一种网络交际模式。SNS 营销就是利用 SNS 网站的分享和共享功能,在六维理论的基础上实现的一种营销。通常选用的平台有 Facebook、Twitter、LinkedIn 等。SNS 营销资源丰富,SNS 中的人员分布广泛,全国各地,各行各业都有,这就使得 SNS 网站拥有了无限的资源,由广大用户在使用中慢慢帮助 SNS 网站积累资源。SNS 营销的互动性极强,虽然 SNS 并不是即时通信工具,但是也可以达到即时通信的效果。

当今的商业模式已经形成新的生态系统,社交化时代已经来临,类似 Facebook、Twitter、LinkedIn 这样的以社交为主的模式为越来越多的消费者所接受,创造价值的方式已经发生了改变。下面以 Facebook 为例进行说明。

6.1 社交网站三大核心营销策略

社交网络营销的核心是关系营销。社交的重点在于建立新关系,巩固老关系。任何创业者都需要建立新的强大关系网络,以支持其业务的发展。其特点是:第一,直接面对消费人群,目标人群集中,宣传比较直接,可信度高,更有利于口碑宣传。第二,氛围制造销售,投入少,见效快,利于资金迅速回笼。第三,可以作为普通宣传手段使用,也可以针对特定目标,组织特殊人群进行重点宣传。第四,直接掌握消费者反馈信息,针对消费者需求及时对宣传战术和宣传方向进行调查与调整。因为社交网络是真实的社交圈子,如果过于商业化,反而容易被客户屏蔽。因此,针对社交网络进行营销,需要掌握相应的营销策略。

社交网站三大核心营销策略总结为营销 4H 法则、三大营销技巧、社交五大误区。

6.1.1 营销4H法则

Humor（幽默）：只要你在你的社交站个人资料里写点幽默文字，或是仅仅是一段你的简介，你就可以吸引很多朋友和拓宽你的网络。

Honesty（诚实）：自始至终你也必须坚持诚实原则，上传吹牛老爹（P Diddy）或者帕米拉·安得森（Pamela Anderson）的照片，假扮成他们是没有意义的。人们想了解诚实的你。

Have fun（有趣）：社交站点重要的一点就是你能做许多有趣的事情，认识新朋友，学习新知识，与此同时你从中得到流量赚钱。

Help people（助人）：也要记住助人如助己。因此在你的个人资料里加些有用的链接和建议，给别人指出正确的方向，给留言给你或者和你联络的人解答任何问题。

6.1.2 社交网站三大营销技巧

事件营销：例如在速卖通中利用Facebook，主要指店铺自主营销后，通过分享和活动营销发送到Facebook页面。

红人营销：主要通过模特的试用和试穿效果来进行展示，比如在YouTube上利用红人模特展示假发的方式进行营销。

信息流与瀑布流营销：主要是指可以把速卖通上的产品直接发布到Printerest上面进行分享。

6.1.3 社交五大误区

社交五大误区分别指：错失品牌推广机会、回复不及时、没有清晰的社交营销战略、媒介信息不连贯、文章错漏百出。

误区一：错失品牌推广机会

大多数社交媒体网站有很多地方可以供企业主个性化自己的页面。但许多人白白地把那些地方留成空白。特别是举办论坛活动，要求写明公司简介和发展历程，或者以企业身份参与活动的。类似这样免费的品牌推广机会，一定要把握好机遇。

误区二：回复不及时

在出现公关危机时，让人等待很长时间会让事情变得更糟。定期维护社区账号，查看消息和文章列表。特别是对一些网友的回帖和评论要积极地响应、互动。用户才是上帝，服务好用户才能够不断积累人气。

误区三：没有清晰的社交营销战略

作家Pamela Springer在文章中常常写道："即使许多社会化媒体应用是免费的，但他们仍然需要时间的投入，而时间就是金钱。"因此，我们建议企业要有正式的线上营销计划，在这个过程中每一步都要有一个清晰的目标。

误区四：媒介信息不连贯

有了一个市场营销计划，每一篇在Twitter和Facebook上的帖子都应当事先策划，以避免不连贯现象出现。很多企业三天打鱼两天晒网，没有连贯系统的推广社区，用户需要一个阶段的积累和关注才能够认知到某一企业或品牌，并不是一两篇文章或帖子就能够大功告成的。

误区五：文章错漏百出

语法和拼写错误会让一个网页的内容看上去很糟。所有的博客、微博上发的帖子都应当做到看上去专业，即使社交媒体网站本质上是非正式的。作者们在写作的时候，应当随时查看自己写的东西，多次重复检查文章流畅性和可读性。即便是三言两语，也不要让文章毁了公司形象。

6.2 Facebook 引流策略

正确高效地开展 Facebook 平台营销，有效地为网站引来流量，通常会采取以下几种方式。

6.2.1 充分利用个人信息资料

Facebook 是交流式社区，人们都喜欢找寻自己感兴趣的人或者事，那么写出有创意的个性化资料可以大大提高关注度。

6.2.2 不要直接在 Facebook 上发放广告

人们认为 Facebook 是一个有趣的社会空间，是一个与朋友聊天和放松的地方。你需要加入对话，成为社区的一部分，而不是作为一个商业"局外人"仅仅积极试图出售商品，采用硬行推销的策略，例如使用广告标语，张贴反复对一个特定的产品或服务，或提供独立于任何相关产品和价格列表对话，将导致其他用户"取消关注"你。他们甚至会对你的生意发布一些负面评论。

6.2.3 建立起你自己的网络

Facebook 是一个交友式的互动平台，你要学会建立起自己的朋友圈，结合 Facebook 所提供的网站内部广告联盟，挖掘对网站感兴趣的顾客群体。

6.2.4 时常更新各类信息来增加流量

建议发布信息至少一天一次，但核心原则是你要有相对有趣的内容，来吸引用户的关注。必须定期更新你的 Facebook 各类信息，包括博客的文章更新，这样才能持续引流。

6.2.5 建立良好的社交关系

一定要花时间与其他 Facebook 用户建立良好的关系。需要有耐心，真诚地参与对话，积极参与别人的博客分享，有针对性和目的性地主动参加各类圈子的活动，这样你的 Facebook 主页才能受到更多人的关注，给人留下深刻印象。

6.2.6 安排好你的个人主页

Facebook 的应用很灵活，安排好自己需要的应用，充分利用 rss 的提交功能。确定商家所需要的应用，选择较具优势的内容放在首页，例如链接的发布和博客。

6.2.7 使用 Facebook 的广告联盟

Facebook 提供它网站的内部广告联盟，也可以说是 ppc，此项功能属于付费的功能。

6.3 如何在 Facebook 上做企业推广

对于一个企业来说，Facebook 针对企业的专页（以下简称 FB）既是属于在线社区，也是企业文化的宣传栏，理想状态是，访客经过这里逐渐了解你，并信任你。通过 FB 做企业推广，可以直接精准地覆盖到理想的目标用户进行营销，需要注意的是：

①增加粉丝。增加 Facebook 上的粉丝没有捷径可走，只有在一切需要填写资料的地方，留下链接，同时附加上一个让别人关注你的一个理由（新品，折扣，活动）。切记，粉丝的质量比数量更加重要。例如，100 个购买意愿强的粉丝，效果好于 1 万个购买意愿不强的关注。

②多用图片和视频。大家都喜欢图片和视频，图片和视频的打开率永远高于纯文本。

③展示的重要性大于叙述，不要在 Facebook 上直接发布产品信息、服务内容这些硬性销售内容，而是尝试着讲一下品牌和企业的人或故事，使大家产生共鸣。

④掌握相关软件的使用。比如 Snag It，PicMonkey，Instagram。

⑤发布更新时，注意多样性。页面内容多样化，比如可使用优质文章、煽情的图片、短小精悍的视频、平白的纯文字、甚至于名人名言等。

⑥纯文字信息。每周发布一条原创的纯文字信息，一些新东西。发布时间放在上午10 点以后。并时常关注同行的各种信息，参与话题和讨论。

⑦好文章转载。每周至少转载 2 篇文章，发布时间控制在当地中午 12 点半到 2 点之间，效果最好。在当地时间下午 3 点~6 点这段时间，适合发布一些很有趣的、话题感强的内容，这个时间段里面，外国女性在线较多，写评论参与的比率较大。

⑧定期删除和更新。删除一切没有什么价值的，如果网站链接分享的都是毫无意义的内容，那么这可能会让你辛辛苦苦攒来的活跃粉丝"取消关注"。

⑨文章尽量用短句写，因为人人都很忙，时间有限。

⑩Facebook 专页运营人员，需要了解企业，把企业的在线风格定位好，并保持一致。

课后练习：

一、多选题

1. 店铺自主营销有哪几种活动形式？（   ）
   - A. 全店铺打折
   - B. 店铺优惠券
   - C. 限时限量折扣
   - D. 全店铺满立减

2. 关于满立减的设置时间下面说法正确的是(   )。
   - A. 没有时间限制
   - B. 每个月有 3 个活动
   - C. 可以跨月设置
   - D. 总时长 720 个小时

3. 限时限量活动可以实现哪些促销目的？（   ）
   - A. 清库存
   - B. 推新款

C. 打造爆款　　　　　　　　　　　D. 打造活动款
4. 店铺优惠券营销优势是(　　　　)。
  A. 提升客户满意度　　　　　　　　B. 促进本次消费
  C. 巩固老买家黏度　　　　　　　　D. 为店铺引流
5. 目前跨境电商平台常见活动类型有(　　　　)。
  A. SuperDeal　　　　　　　　　　　B. 国家站团购
  C. 行业 Hot & New　　　　　　　　D. 行业 Sales 主题频道

二、判断题

(　　)1. 在速卖通大促中，凡是报名参加主会场的商品，折后价必须为全年最低价。
(　　)2. 在开展 Facebook 平台营销时，可直接放上广告标语。
(　　)3. 跨境电商营销中，一种商品在同一时间内最多可以报名参加四种类型的活动，分别是全店铺打折、限时限量或平台活动、团购活动、秒杀活动。
(　　)4. 社交网站三大核心营销策略总结为营销 4H 法则、三大营销技巧、社交五大误区。
(　　)5. 跨境电商限时限量活动中，活动开始时间为中国时间。
(　　)6. 跨境电商全店铺打折中，活动开始和结束时间不需要在同一个月内，但是可以提前创建下一个月的活动。

三、简答题

1. 简述在 FB 上做企业推广的注意事项。
2. 简述电子邮件营销的营销技巧。

第7章 跨境电商的视觉美工

美是人类永恒的追求，看起来赏心悦目的东西能够激发消费者的购买欲。因此，如果网店的视觉美工效果好，店铺的点击率、转化率、收藏量、客户黏度都会更高，而这些数据是电商卖家最为看重的，会给他们带来直接的收益。

对于跨境电商而言，视觉美工的关键在于商品图片的拍摄与处理、店铺装修与优化、产品详情页的打造等方面，需要充分利用视觉冲击、色彩搭配、页面布局等来吸引消费者，从而促进交易。

1. 商品图片拍摄及处理

由于网购的特殊性，消费者无法直接接触到商品实物，于是在这个"有图有真相"的时代，商品图片是商品最直观的展现方式，其品质直接影响着买家对商品及其品牌的印象。卖家结合文字说明，采用多角度、全细节拍摄一系列的图片来充分展示产品，可以达到图文并茂、双剑合璧的效果。

要拍出好的图片先要做好策划，这是个系统的过程，可以分为拍摄前的准备、图片拍摄和后期处理三步，如表7-1所示。

表7-1　　　　　　　　　　　拍照策划准备事项表

阶段	准 备 事 项
拍摄前的准备	产品拍摄要点分析
	选择合适的相机、拍摄环境、灯光和道具
	照片的风格定位
图片拍摄	根据材质布光
	背景陈设
	调整相机的解像度
	拍出清晰的照片
拍摄后期处理	挑选照片与管理
	图片处理

1.1 拍摄前的准备

1.1.1 产品拍摄要点分析

任何产品都有其自身的商业价值，而产品的卖点必须经由照片呈现出来才能让买家了解到它的价值。于是，在拍摄产品图片时需要懂得换位思考，拍出买家想了解的产品角度和细节，思量如何在有限的几张主图中将买家所关注的东西展现出来，同时还需要注意不同产品首图的统一性。

1.1.2 拍摄工具与场地

当确定好产品的拍摄要点后，就需要选择相机、拍摄环境、灯光和道具。

相机的选择要根据拍摄要求、经济条件和对摄影知识的了解程度来选择，如果追求高品质的拍摄效果，条件许可的情况下建议选用单反相机，因为单反相机的可操作性、成像效果比普通的卡片相机有明显的优势。

拍摄环境可以分为室外自然环境、室内自然环境、室内摄影棚。不同的拍摄环境各有其优势，拍摄环境的选择取决于拍摄时的光线条件，以及根据产品的大小、材质、想要拍出的预期效果等。目前跨境电商的商品图较多采用的是白底图，拍摄环境和灯光设置如图7-1所示。

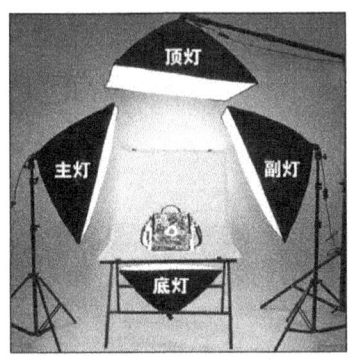

图 7-1 室内摄影棚及灯光设置

此外，有时还需要用到一些背景布、衬托物和辅助拍摄的道具，也需要在图片拍摄前提前准备好。

1.1.3 照片的风格定位

当拍摄要点明确、设备到位后，还需要确定一下商品图片的拍摄风格。这首先要从产品本身出发，考虑这件产品最终的消费者是谁，从消费者的民族文化、年龄特点、消费能力、价值观、审美观等方面分析，综合确定拍摄的背景、整体色调和模特的选择。

同时还需要考虑照片与其他同类产品照片的差异性，因为几乎所有产品都有很多同类产品，如果能从视觉上体现出与众不同的效果，则更容易使得商品在竞争大潮中脱颖而出。

目前各大跨境电商平台产品总体的拍摄风格有：

①简洁风格：纯色背景，整体效果干净明快，能突出产品本身。

②时尚风格：在服饰、箱包、饰品等类目中最为常见，一般以时尚性感的模特加上恰当的背景来体现产品的时尚感。

③情景创意风格：主要是将产品摆放于特定的环境中，或对产品进行创意摆放，添加陪衬物来营造氛围，从而达到烘托产品商业价值的效果。

如果对产品风格定位难以把握，则建议去查看同类目或同行业中，销量或人气排名较为靠前的产品图片拍摄风格，有选择性地作为参考。

1.2 图片拍摄

如何能拍摄出吸引买家的商品图片呢？需要注意以下几点：

①只要有可能，请尽量使用自然光；一定要保证光线充足，并确认整件物品都能均匀采光。

②背景应该选用纯净的素色，尽量简单，不混杂其他陈设，从而突出物品，大多数情况下以纯白色为佳。这样不但有助于将买家的注意力集中于产品本身，也不容易造成买家对实际出售物品的混淆。当然，如果商品本身颜色较浅时，可以用深色背景衬托物品。

③将相机的解像度设为中等（例如1024×768像素），不但可以确保图片质素，也可加快图片档案在网站的上载时间，更方便进行图片编辑。

④拍摄物品时，图片中的物品尺寸必须够大，以便清楚显示物品的细节。可以的话，就让物品占满整个图片画面。同时，需从多角度拍摄多张图片，以便让买家对商品有更全面的了解。例如，卖家可以拍摄物品标签、原先的包装和配件，以及商品正面、背面、侧面、顶部的特写。

1.3 图片后期处理

图片上传到电脑硬盘后，通常需要挑选出满意的图片来，再用图片编辑软件来改善效果。可以使用 Photoshop 或者其他图片编辑软件来对图片进行处理。一般需要进行如下几种基本操作：

①裁剪图片，删除所有不必要的背景。

②平衡对比度和亮度。

③锐化处理时千万不要锐化过头。

④调整大小可以将图片文件调整至大约200（高）×200（宽）像素或100（高）×100（宽）像素。

⑤打上吸引买家眼球的标，切记标不要太大，可以放到照片的一角，用比较醒目的颜色，比如"Sale"或"50% OFF"等字样。

⑥产品图片不宜进行拼图处理；同款但不同颜色的产品图不宜全部上传。

⑦图片设计需要基于对产品和消费人群的定位，在处理图片时可适当加入产品定位人群所喜好的元素与设计。图片后期处理通常所用的一些网站包括：

• 设计方案网站：

花瓣网 http://huaban.com/

站酷网 http://www.zcool.com.cn/
- 图片素材网站：
我图网 http://www.ooopic.com/
全景网 http://www.quanjing.com/
- 图表素材网站：
素材中国 http://www.sccnn.com/
千图网 http://www.58pic.com/
- 字体下载网站：
素材网 http://www.16sucai.com/

2. 店铺装修与优化

与实体店一样，网店也需要装修，跨境网店也不例外。但跨境网店的装修不同于实体店的装修，无法进行大刀阔斧地改造，只能在符合平台规则的条件下，根据计算机的语言和一些软件命令来完成；而且，跨境网店的装修还不同于普通网店的装修，需要考虑到外籍消费者的审美和语言、文化差异，对店家的视觉美工能力实则提出了更高的要求。

2.1 店铺装修原则

在店铺装修时，卖家需要掌握以下三个原则：

①重点突出。即在视觉热点集中的页头位置布局主款、新品、热销品等重点营销产品，力求以较强的视觉效果吸睛。

②陈列有序。网页面空间有限，陈设产品时既要追求视觉的价值塑造，又需致力于最高效的空间利用，这将直接影响买家的视觉体验。

③流畅贯通。这是指的如何引导买家在短时间内找到所需商品，并留住买家。针对这一点，卖家需要力争做到产品分类导航流畅、产品的展示风格贯通一致，从而给买家留下更为专业的印象，且提升客户体验。

2.2 主色调选择

卖家需要根据产品的材质、特点来选择一个店铺装修的主色调。

2.2.1 两色搭配是用色的基础

技巧一：一种颜色纯度比较高的时候，另一种颜色选择纯度低或明度低的。当调节了颜色相互作用的搭配，色彩之间有主次关系搭配效果自然就和谐了。

技巧二：选定的同一色相，仅仅调整它的明度或纯度值，得到另一色彩后，将两者搭配。店铺装修常用的基础色有红、橙、黄、绿、蓝、紫和品红。

2.2.2 激烈又稳定的对比色搭配

技巧一：配比面积要有区别，可适当调整其中一种颜色的明度或饱和度。

技巧二：对比色搭配中可以从黄色搭配紫色开始，它们是普通人容易接受的一对色彩，红色搭配绿色难度较大，人们对这种搭配的好恶感受比较极端。

2.2.3 三色搭配成规律

三色搭配，只要控制在不超出三种色相的范围即可，设计用色是越少越好，少而精。
①个性明朗的三色组合：彼此等距的一种颜色通常会形成让人愉悦的三色组。
②细腻的互补取色组合：从色环选择一种颜色，找到它的对比色，但并不选择对比色而是选择对比色的相邻两色，也被称为分裂互补三色组。

色彩搭配三色构成＝主色/主色调（75%）+辅助色/辅助图（20%）+点睛色/点睛图（5%）

主色是决定画面的风格趋向的色彩，或色彩群。主色并不一定只能有一个颜色，它还可以是一种色调，最好选择同色系或邻近色中的1~3种颜色，只要能够保持协调就可以。

辅助色用于辅助主色，使画面更完美、更丰富、更显优势。辅助色也不一定只能有一种颜色，也可以多色相辅助。辅助图则是一些起辅助或装饰作用的画面，最好控制在1~2种，太多容易显得过于花哨，或是分散主题。

点睛色/点睛图能引导浏览者阅读，起到点缀画面、营造独特画面风格的作用。点睛色/点睛图也可以有1~3种，但要以一种为主，其他为辅，整体协调为妙。

2.3 设置布局

店铺的布局设计应本着给用户提供最佳体验的原则，既要将网站中的所有信息都在有限的首页导航栏中呈现，又要为用户反馈出重要的帮助信息。一般的跨境平台都为卖家提供了一些店铺装修的模板，卖家可以根据自己产品的定位和特性来选择适当的模板即可。下面以敦煌网为例，介绍店铺布局模板应如何设置。

2.3.1 选择店铺布局模板

点击"我的DHgate→产品→商铺→商铺装修"进入，开始选择布局模板，然后点击进入"设置布局内容"（见图7-2）。

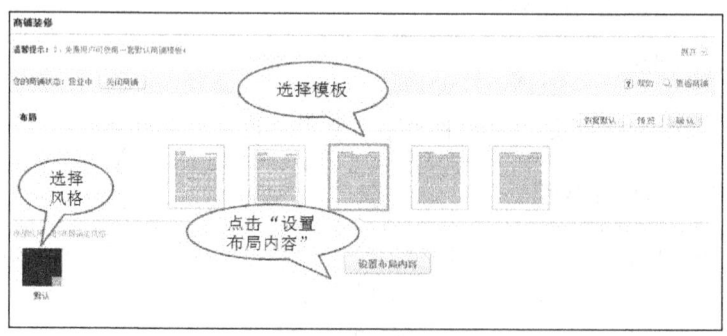

图7-2 敦煌店铺装修页面布局选择页

2.3.2 设置布局内容

务必按照页面提示上传相应尺寸的图片，并且保证图片清晰、美观；多图片区域建议全部上传图片，保证页面效果（见图 7-3）。

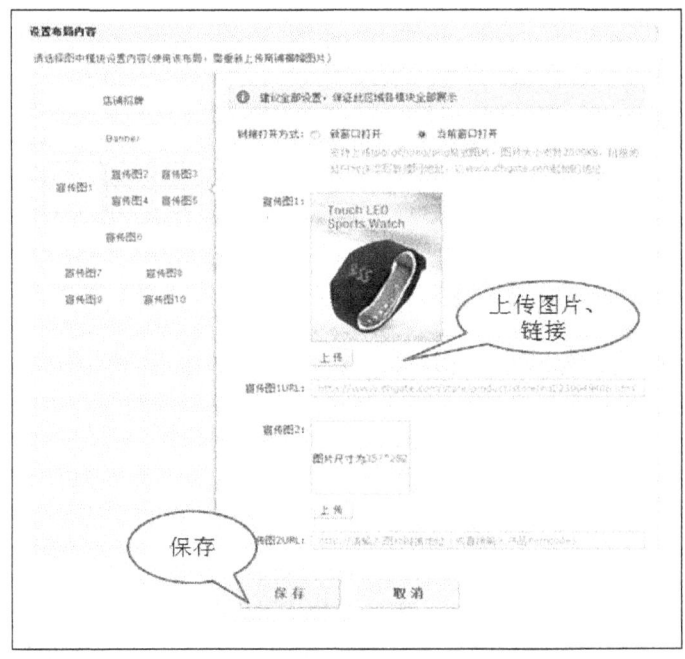

图 7-3　敦煌设置布局内容页

2.3.3　保存设置

设置布局内容完成后，选择对应的模板、风格，点击"确认"（见图 7-4）。

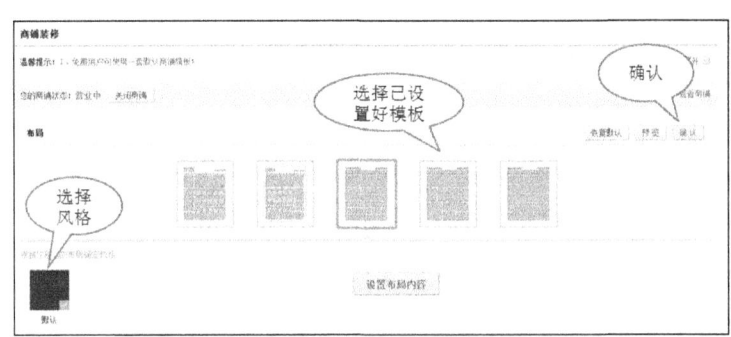

图 7-4　敦煌店铺装修页面布局确认页

2.3.4　设置店铺橱窗产品

卖家购买的店铺模板包含橱窗智能控的功能，可在"我的 DHgate→产品→商铺→橱窗管理"中进行店铺橱窗名、橱窗产品、补位规则等设置（见图 7-5）。

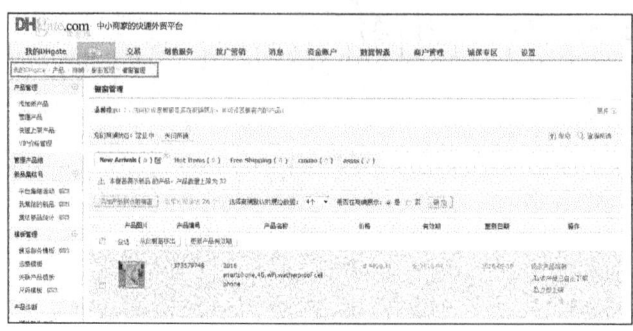

图 7-5　敦煌橱窗管理设置页

若是在未付费购买的情况下，只有 New Arrivals，Hot Items 和 Free Shipping 三个橱窗，每个橱窗下 8 个免费的展位，共 24 个。卖家可以自行设置橱窗是否在商铺展示，并可设置橱窗内的产品。

2.4　Banner 设计

一个店铺的 Banner 横幅图是一个店铺文化的精缩，会出现在店铺首页最显眼的位置。因为其关键的位置，一定要精心布置，既要让新买家印象深刻，又要让经常来的买家有新鲜感。好的 Banner 能展示店铺形象，加深顾客印象，其设计一般需要包含店铺名称、产品信息等内容，图文搭配需要讲究规范。主要要求包括：

2.4.1　图片要求

- 图片选取产品图以及产品相关事物。
- 必须画质清晰，不能过于模糊或变形失真。
- 图片为 jpg 格式。
- 图片中不能有水印。
- 图片大小不能超过 1M。

2.4.2　颜色规范

- 尽量以淡色系为主，色彩搭配干净、明亮，图案简洁，避免使用花哨背景。
- 颜色风格统一，不要为吸引眼球，大面积使用较为浓重的颜色。
- 主色调与全店铺装修的主色调保持一致。

2.4.3　图片内文字

- 尽量用系统自带字体，避免出现版权问题，推荐使用 Arial，Verdana 等。
- 字体要大于 16 号，建议采用图片方式独立设计展现。
- 相同类型的文字内容，最好采用相同的字体样式。

2.4.4　图文布局

Banner 横幅图的常规布局有如下几种，见图 7-6：

- 左字右图

(a)

- 左图右字

(b)

- 文字居中

(c)

- 文字在右上角

(d)

图 7-6　Banner 图文布局对比举例

2.4.5　图片尺寸和容量限制

　　每个 Banner 广告位都有严格的图片和尺寸限制，各限制条件可以在上传图片的位置看到，敦煌网的具体限制如表 7-1 所示：

表 7-1　　　　　　　　敦煌网 Banner 广告位图片尺寸和容量限制

页面	广告位	宽度（像素）	高度（像素）	容量（K）
首页	焦点图 2/3	550	180	35
	焦点图 3/3	550	180	35
类目页	Banner 1~3	232	90	15
列表页	通栏 Banner	674	47	35
	左侧 Banner 1~2	181	250	15
My DHgate	Banner 1	365	40	15
	Banner 2~3	192	80	15

2.5　宣传图设置

部分模板包含多个宣传图片，建议全部上传，达到最佳页面效果。例如，将下图两个店铺不同的布局内容进行对比，孰优孰劣一目了然（见图 7-7）。

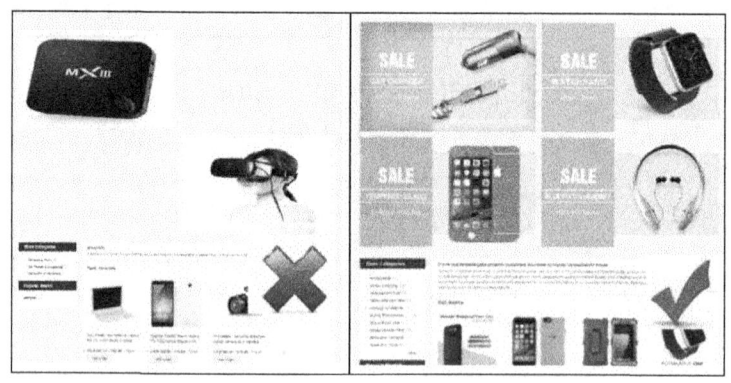

图 7-7　敦煌不同卖家宣传图设置效果对比图

此外，产品宣传图需要采用高像素图片，同一模块选用相似风格的图片，可将图片设计成图文并茂的形式以达到最佳页面效果。

2.6　轮播图

轮播图是以实际出现的状态而产生的词组，轮：轮换、轮流、流动；播：播放、放映、展示，轮播图就是在网站或现在生活中醒目的位置，在一个区域做几张不同的广告图，以轮换播放的方式进行展示的图片。一般轮播图出现于店铺的首页上方，图 7-8 为一例。

下面以速卖通平台为例，介绍轮播图应如何添加。

点击速卖通卖家后台的"商铺管理→马上装修→图片轮播→编辑"进入图片轮播编辑页面（见图 7-9）。

图 7-8 某跨境电商店铺首页轮播图效果

图 7-9 速卖通图片轮播设置页 1

注意此处规定了模块高度为 100~600 像素，宽度必须为 960 像素。然后点击"添加新图片"，上传新图片或从 URL 链接拷贝，传好后保存即可。步骤见图 7-10：

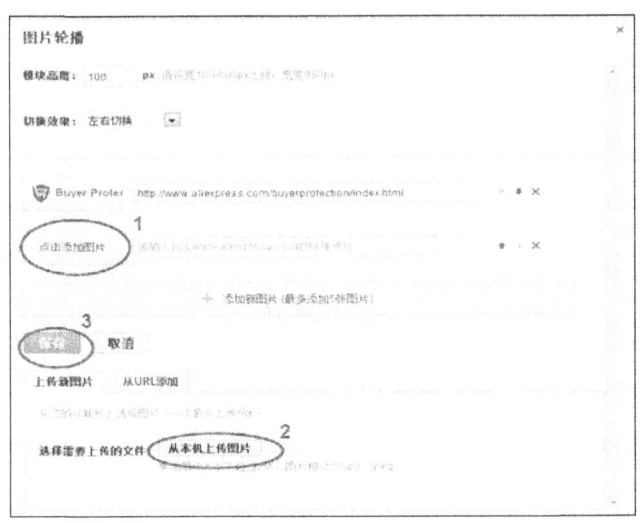

图 7-10 速卖通图片轮播设置页 2

速卖通后台"模块管理→基础模块"中可免费添加 5 个图片轮播，选好的轮播图可在后台进行顺序上的编辑与调整。同时，在后台还可增加更多的模块，并调整模块的先后顺序（见图 7-11）。

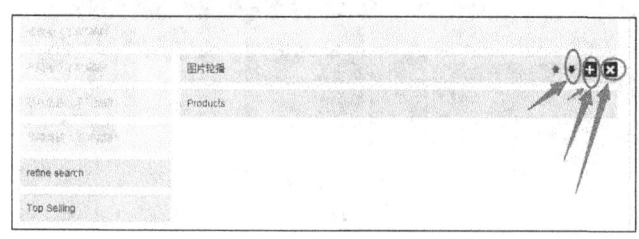

图 7-11　速卖通图片轮播设置页 3

3. 产品详情页打造

如何利用图片设置一张好的商品详情页，对于卖家来说非常重要，而且有时候图片所传递的内容是无法用文字替代的。图片能起到将购买欲望转为购买行动的实际转化作用。有人甚至说，跨境电商卖的不是商品，而是图片。因为跨境电商买家面对的并不是实物商品，而是各种图文详情。需要注意的是，商品详情页应尽量采用实拍图。

好的详情页，会带来高的点击量、转化率、客单价、较长的平均页面停留时间和较深的平均访问深度等，其中最重要的在于带来的转化率高。转化率高指的是顾客浏览卖家店铺页面之后，下单的人数占全部访客数的比例高，而不是只看不买。

从布局上看，产品详情页一般如图 7-12 所示：

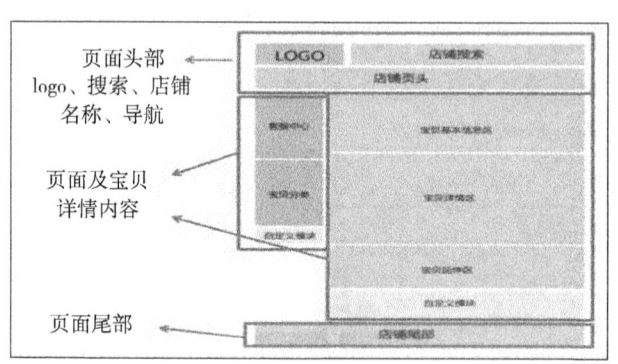

图 7-12　产品详情页一般布局

产品详情页上的内容可以包括：品牌介绍，产品整体展示图，产品细节图，与其他产品的对比图，质检报告，尺码/使用说明，保养方式，支付与运输问题，售后服务说明，生产实力展示图，买家好评秀，FAQ（常见问题与回答）等。

下面以某速卖通店铺假发产品的详情页为例，来介绍跨境电商产品详情页打造时推荐进行优化的几个方面。

3.1 品牌介绍不可少

品牌简介可以让买家觉得品牌质量可靠，使得产品更容易得到认可。此部分可以加入企业简介、主营品类和优势介绍等（见图7-13）。

图7-13 产品详情页优化之品牌介绍举例

3.2 整体展示优化

整体展示可分为摆拍图和场景图两种类型。场景图最普遍的就是模特展示图，适合衣服等物品；摆拍图比较适合家居、数码、鞋、包等小件物品，通常需要突出主体，采用模特拍摄的话反而喧宾夺主（见图7-14）。

图7-14 产品详情页优化之整体展示举例

3.3 细节图优化

细节图需用实拍图加上简短的文字描述,尽可能地展示商品细节、材质、功能、特点等。

在详情页上的细节图要尽量保证图片的清晰度,且同一模块选用相似风格的图片,可将图片设计成图文并茂的形式以达到最佳页面效果(见图7-15)。

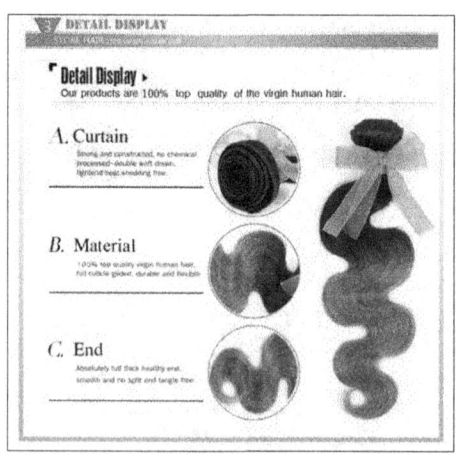

图 7-15 产品详情页优化之细节图举例

3.4 添加对比图

在详情页添加该产品与同类产品的对比图,加上少量的文字说明,有助于突出产品的优势和卖点(见图7-16)。

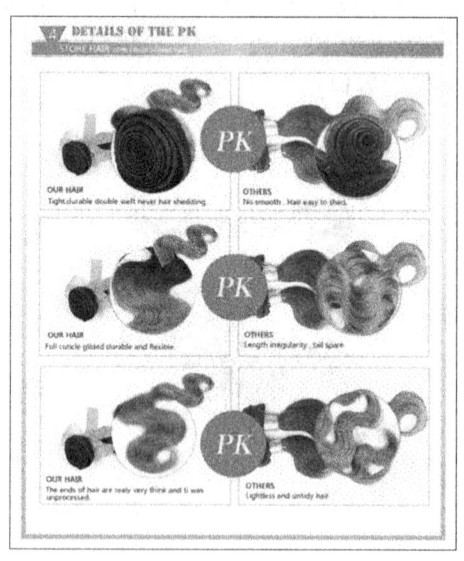

图 7-16 产品详情页优化之对比图举例

3.5 质检报告

对于亲肤型产品、食品或珠宝手表等产品而言,质检报告更大程度地提升产品在消费者心目中的可靠性与安全感,只要有,都应该加入到产品详情描述之中(见图7-17)。

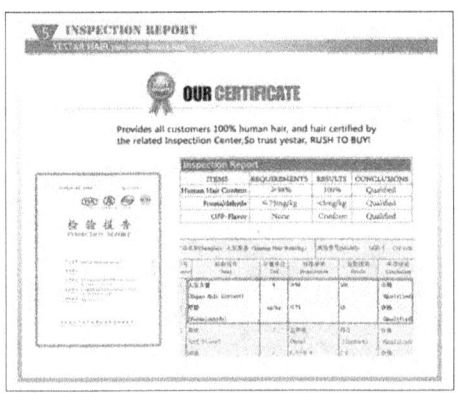

图7-17 产品详情页优化之质检报告举例

3.6 尺码/使用说明

产品详情页上,应该列出产品的尺码,尤其是衣服。上图的尺码表既有衣服的具体尺码展示,下方又列出一个尺码表,方便买家查看。对于本节列举的假发产品而言,则是对其尺寸和佩戴方式的使用说明(见图7-18)。

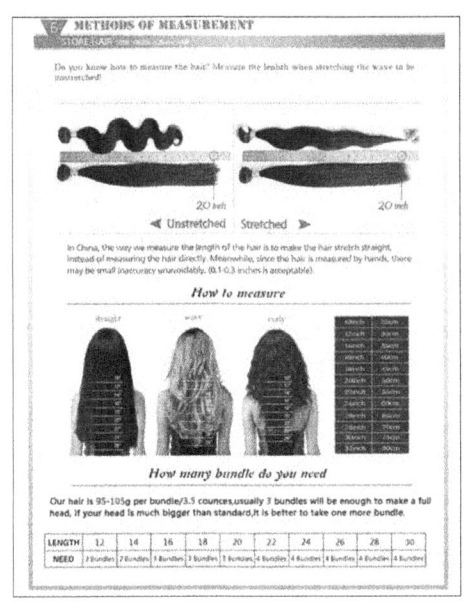

图7-18 产品详情页优化之尺码/佩戴说明举例

3.7 保养方式

产品详情页上加上保养方式的说明和图示,可以给消费者更为专业和贴心的印象,增强消费者对产品的信赖感,有助于转化率的提升。经营衣物服饰类的产品都建议能在详情页加上此方面的内容(见图7-19)。

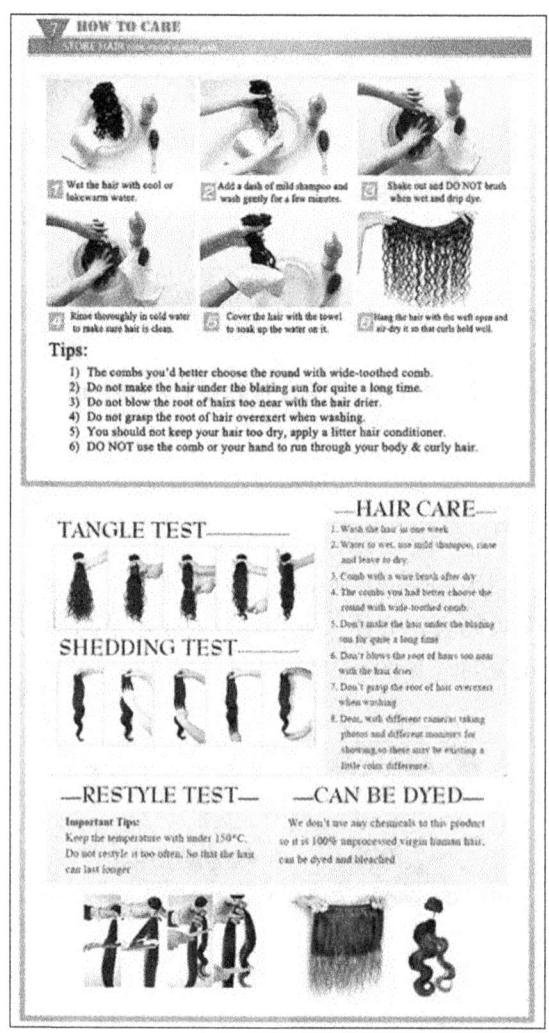

图7-19 产品详情页优化之保养方式举例

3.8 支付与运输问题

买家在选定商品后,一般都很关心产品的电子支付方式和收货时长等问题。那么,卖家最好能在买家提问前就做好说明,这样可以大量节省一些回复此类常见询盘问题的时间。

此类问题可多用缩略图和列表说明,便于买家一目了然地了解情况,如图7-20所示:

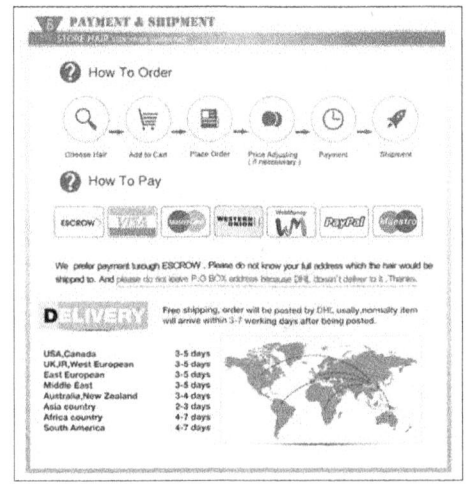

图 7-20　产品详情页优化之支付与运输说明举例

3.9　售后服务说明

预先将售后服务承诺说明清楚，也同样可以打消消费者的很多疑虑，提升买家对产品信赖的同时，也为卖家节省一些回复询盘的时间（见图 7-21）。

图 7-21　产品详情页优化之售后服务说明举例

3.10　生产实力展示

在商品详情页的后面可以把店铺实力展示出来，主要指实体店、工厂和生产线的图片展示等，还可以将产品包装加入其中，这些都有助于增强买家对产品的认可度（见图 7-22）。

图 7-22　产品详情页优化之生产实力展示举例

3.11　买家好评秀

消费者更愿意相信消费者,将买家的好评进行截图展示出来,有助于提高买家对商品的进一步认同感(见图 7-23)。

图 7-23　产品详情页优化之买家好评秀举例

3.12 FAQ

在详情页的末尾需要列出一些 FAQ（Frequently Asked Questions 常见问题）及其回答，这样做的目的除了可以省去一些回复询盘的时间外，还有助于提升卖家的专业性和在买家心中的可靠程度（见图 7-24）。

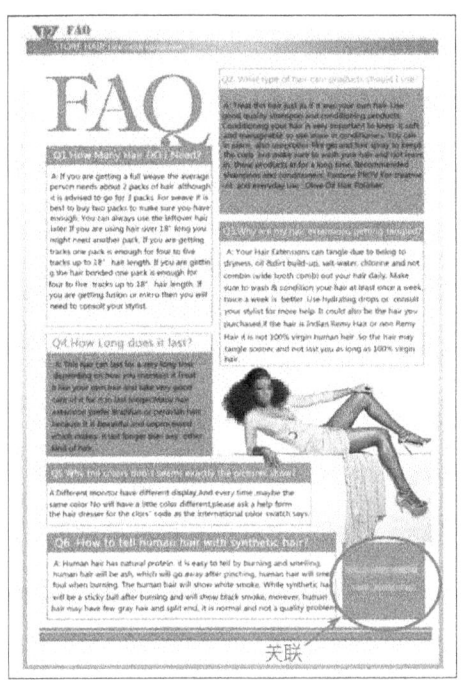

图 7-24　产品详情页优化之常见问题及回答举例

3.13 关联

在商品详情页中，如果不做关联搭配的话，那么就等于白白浪费了展现和销售该店铺其他产品的机会，故建议尽可能把店内其他宝贝合理地展现给买家浏览，这样才能达到更好的营销效果。如果不想挤占太多本商品详情页面的话，可以采用图 7-24 中的形式，在末尾处添加本店铺/品牌的链接进行关联。

课后练习：

一、多选题

1. 商品图片拍摄前的准备工作包括(　　　　)。
   A. 背景陈设　　　　　　　　　　B. 选择合适的拍摄环境、灯光和道具
   C. 拍出清晰的照片　　　　　　　D. 照片的风格定位
2. 目前各大跨境电商平台产品总体的拍摄风格有(　　　　)。

A. 简洁风格 B. 小清新风格
C. 时尚风格 D. 情景创意风格

3. 下列产品图片中，适合上传到跨境电商平台的有(　　　　)。

A.  B.

C.  D.

4. 在对跨境网店进行装修时，需要考虑到的因素包括(　　　　)。
   A. 外籍消费者的审美和语言　　B. 计算机的语言
   C. 文化差异　　　　　　　　　D. 软件命令
5. 卖家在店铺装修时选择主色调的方法有(　　　　)。
   A. 配色越丰富越好　　　　　　B. 两色搭配是用色的基础
   C. 激烈又稳定的对比色搭配　　D. 三色搭配成规律

二、判断题

(　)1. 在产品拍摄的过程中，只要多角度地拍出产品的卖点就好，不用考虑不同产品首图的一致性。

(　)2. 为了追求高品质的拍摄效果，在条件许可的情况下，宜选用单反相机。

(　)3. 在挑选出满意的产品图片后，往往用 PowerPoint 等 Office 办公软件来对图片进行编辑处理。

(　)4. 为了上传更多的图片信息，应将产品图片进行拼图处理。

(　)5. 在店铺装修时可同时选用红、橙、黄、绿、蓝、紫、品红这 7 种颜色中的若干种来进行主色调的配色。

三、简答题

1. 请简述在产品图片拍摄过程中需要注意的问题。
2. 在店铺装修时，卖家需要掌握哪几点原则？
3. 产品详情页上通常包含哪些内容？

四、实操题

1. 请为你的选品，用 Photoshop 软件设计并制作一张主色调为蓝色和红色两色搭配的 Banner 横幅图。
2. 请在你的敦煌店铺中进行店铺的布局设计。

第8章 跨境电商的物流选择

跨境物流是跨境电商的重要内容，该如何选择物流方案和物流服务商也成为不可回避的重点问题。本章将介绍目前国际上比较常用的几种物流方式并进行对比，然后讲解如何设置跨境电商平台的运费模板。

1. 邮政物流

邮政物流包括了各国和地区的邮政航空大小包、EMS、国际e邮宝等。

1.1 EMS

EMS（Express Mail Service，国际及港澳台特快专递）是中国邮政速递物流与各国（地区）邮政合作开办的中国内地与其他国家、港澳台间寄递特快专递邮件的一项服务。该业务在各国（地区）邮政、海关、航空等部门均享有优先处理权，这是EMS区别于许多商业快递的最根本的地方。

EMS的优势总结起来有以下几点：
①投递范围广，全世界通邮，可到达全球210个目的地。
②网络强大，全国2000多个自营网点，任何地区都能到达。
③免收燃油及偏远附加费，不计体积，适合发轻抛货。
④清关能力强，具有优先通关的权利。
⑤货物丢失损坏率一直维持在1%以下，安全性较高。

尽管有着突出的优点，但是EMS仍存在以下劣势：
①定价灵活性不足，在民营快递价格战面前竞争力不足。
②查询网站信息滞后，还有待完善。一旦出现问题，查询时间较长。

1.2 国际e邮宝

国际e邮宝是中国邮政为适应国际电子商务寄递市场的需要，为中国跨境电商卖家量身定制的一款全新经济型国际邮递产品。国际e邮宝是针对轻小件物品的空邮产品。目前，该业务仅限于为中国电商卖家寄件人提供发向美国、加拿大、英国、法国和澳大利亚的包裹邮递服务。

1.2.1 国际e邮宝具有的优势

①经济实惠,支持按总重计费,50g首重,续重按照每克计算,免收挂号费。
②时效快,7~10天即可妥投,帮助卖家提高物流得分。
③专业。为中国eBay卖家量身定制。
④服务优良,提供包裹跟踪号,系统与eBay完美对接,一站式操作。

1.2.2 资费标准

表8-1为邮政官方网站公布的国际e邮宝业务资费标准。

表8-1　　　　　　　　　　国际e邮宝

路向	资费	最大收寄重量	备注
美国	国内一区:7元/件 + 0.08元/g	2kg	起重60g,不足60g按60g收取。单次交寄5件及以上免收揽收服务费,5件以下每件收取5元。客户自送免收
英国	25元/件+0.07元/g	2kg	单次交寄5件及以上免收揽收服务费,5件以下每次收取5元。客户自送免收
澳大利亚	<500g:25元/件+0.08元/g >500g:30元/件+0.08元/g	2kg	单次交寄5件及以上免收揽收服务费,5件以下每次收取5元。客户自送免收
加拿大	25元/件+0.07元/g	2kg	单次交寄5件及以上免收揽收服务费,5件以下每次收取5元。客户自送免收

1.2.3 递送时效

国际e邮宝正常情况下7~10个工作日即可完成妥投。在国内段使用EMS网络进行发运;出口至美国后,美国邮政将通过其国内一类函件网投递邮件。通关采用国际领先的EMI电子报关系统,保障卖家投递的包裹迅速准确地运抵目的地。

1.3 中国邮政航空大包

中国邮政航空大包(China Post Air Parcel)又叫中国邮政大包、中国邮政国际大包裹、中邮大包,适合邮寄重量较重(超过2kg)且体积较大的包裹,可寄达全球200多个国家。此渠道全程航空运输,可以到达世界各地,只要有邮局的地方都可以到达。因此,对于时效性要求不高而重量稍重的货物,可选择用此方式发货。

中国邮政航空大包拥有中国邮政的大部分优点,主要包括以下四个方面:
①成本低。价格比EMS稍低,且和EMS一样不计算体积、重量,没有偏远附加费。

相对于其他运输方式（如 EMS、DHL、UPS、FedEx、TNT 等）来说。中国邮政航空大包有较好的价格优势，采用此种发货方式可最大限度地降低成本，提升价格竞争力。

②交寄相对方便，可以到达全球各地，只要有邮局的地方都可以到达。

③方便、快捷、运单单一，并由公司统一打印，减少了客户的麻烦。

④提供包裹的追踪查询服务。包裹离开当天即可在中国邮政网站上查询到信息，并有全程跟踪。

相应地，中国邮政航空大包也有以下三个缺点：

①部分国家限重 10kg，能投递的最重包裹也只有 30kg。

②投递速度慢。

③查询速度更慢，未妥投的查询时间达到 2~6 个月。

1.4　中国邮政航空小包

中国邮政航空小包（China Post Air Mail）又称中国邮政小包、邮政小包、航空小包，是指包裹重量在 2kg 以内，外包装长、宽、高合计不超过 90cm，且最长边小于 60cm，通过邮政空邮服务寄往国外的小邮包，它包含挂号、平邮两种服务，可寄达全球各个邮政网点。挂号服务费率稍高，可提供网上追踪查询服务。中国邮政航空小包出关不会产生关税或清关费用。但在目的地国家进口时有可能产生进口关税，具体根据每个国家海关税法的规定而各有不同，但相对其他商业快递来说，航空小包能最大限度地避免关税。

1.4.1　资费标准

①挂号资费：标注资费×实际重量×折扣+挂号费 8 元

②平邮资费：标准资费×实际重量×折扣

例如，运送 200g 的货物到韩国，当前折扣为 7 折，标准资费为 71.5 元/kg。

平邮：71.5 元/kg×0.2kg×70% = 10.01 元

挂号：71.5 元/kg×0.2kg×70%+8 元挂号费 = 18.01 元

1.4.2　优势

①价格较低：资费低，直接按首重 50g、续重 1g 计费，首重最低 5 元即可以发到国外。

②全球化：中国邮政航空小包可以将产品送达全球几乎任何一个国家或地区的客户手中，只要有邮局的地方都可以到达，大大扩展了外贸卖家的市场空间。

③适用范围广：eBay、敦煌网等平台都可以使用，一般无特别的邮寄限制，除了国际违禁品和危险品以外。

④操作便捷：客户可以直接在互联易系统打印面单发货即可，无须其他操作。

1.4.3　注意事项

①平邮如丢失将不能获得赔偿：有些国家和地区邮包丢包率极高，最好选用挂号或快递方式。

②挂号如丢失，具体根据申报价值来赔偿，并退还邮费，但挂号费不予退还。
③中国邮政航空小包可提供保险服务，具体费用可以咨询中国邮政或者保险公司。

2. 国际商业快递

目前中国国际快递是快递业务中最重要的组成部分，它是DHL、UPS、FedEx、TNT等快递业"巨头"的主营业务，每年的业务量以30%的速度增长，在跨境电商贸易中发挥了举足轻重的作用。

2.1 国家商业快递特点

国际运输快递是国家与国家、国家与地区之间的运输，与国内货物运输相比，它具有以下几个主要特点：

①国际快递运输涉及国际关系问题，是一项政策性很强的涉外活动。国际快递运输是国际贸易的一个组成部分，在组织货物运输的过程中，需要经常同国外发生直接或间接的广泛业务联系，这种联系不仅是经济上的，也常常会涉及国际间政治问题，是一项政策性很强的涉外活动。因此，国际快递运输既是一项经济活动，也是一项重要的外事活动。

②国际快递运输是中间环节很多的长途运输。国际快递运输是国家与国家、国家和地区之间的运输，一般来说，运输的距离都比较长，往往需要使用多种运输工具，通过多次装卸搬运，经过许多中间环节，如转船、交换运输方式等，经由不同的国家和地区，适应各国不同的法规和规定。如果其中任何一个环节发生问题，就会影响整个运输过程。

③国际快递运输涉及面广，情况复杂多变。国际快递运输涉及国内外许多部门，需要与不同国家和地区的货主、交通运输、商检机构、保险公司、银行或其他金融机构、海关、港口以及各种中间代理商打交道。同时，各个国家和地区的法律、政策规定不一，贸易、运输习惯和经营做法不同，金融货币制度存在差异，以及政治、经济和自然条件的变化，这些都会对国际快递运输产生较大的影响。

④国际快递运输的实践性强。按时装运进出口货物，及时将货物运至目的地，对履行进出口合同、满足商品竞争市场的需要、提高市场竞争能力、及时结汇都有着重大意义。特别是一些鲜活商品，季节性商品和敏感性强的商品，更要求迅速运输，不失时机地组织供应，才有利于提高出口商品的竞争力，有利于巩固和扩大销售市场。因此，国际快递运输必须加强时间观念，争时间、抢速度，以快取胜。

⑤国际快递运输的风险较大，由于国际快递运输环节多，运输距离长，涉及面广，情况复杂多变，加之时间性又很强，在运输沿途国际形势的变化、社会动乱、各种自然灾害和意外事故的发生，以及战乱、封锁禁运或海盗活动等，都可以直接或间接地影响国际快递运输，以至于造成严重后果，因此，国际快递运输的风险较大。为了转嫁运输过程中的风险损失，各种进出口货物和运输工具都需要办理运输保险。

2.2 商业快递优劣势

2.2.1 DHL

①优点
- 去日本、东南亚、澳洲有优势,适宜走小件;可送达国家网点比较多。
- 一般 2~4 个工作日可送达;去欧洲一般 3 个工作日,到东南亚一般 2 个工作日。
- 查询网站货物状态更新也比较及时,遇到问题解决速度快。

②缺点
- 走小货价格稍有优势。
- 对托运物品的限制比较严格,拒收许多特殊商品。

2.2.2 UPS

①优点
- 速度快、服务好。
- 强项在美洲线路和日本线路,特别是美加、加拿大、南美、英国,适宜发快件。
- 一般 2~4 个工作日可送达,去美国的话,差不多 48 个小时能到达。
- 货物可送达全球 200 多个国家和地区;可以在线发货、全国 109 个城市有上门取货服务。
- 查询网站信息更新快,遇到问题解决及时。

②缺点
- 运费较贵,要计算产品包装后的体积重。
- 对托运物品的限制比较严格。

2.2.3 FedEx

①优点
- 适宜走 21kg 以上的大件,到中南美洲和欧洲的价格较有竞争力。
- 一般 2~4 个工作日可送达。
- 网站信息更新快,网络覆盖全,查询响应快。

②缺点
- 价格较贵,需要考虑产品体积重。
- 对托运物品限制也比较严格。

2.2.4 TNT

①优点
- 全球货到付款服务、速度快、通关能力强,报关代理服务。
- 免费及时准确货物追踪查询,无偏远派送附加费。
- 在欧洲和西亚、中东及政治、军事不稳定的国家有绝对优势。
- 时效 2~4 个工作日通至全球,特别是到西欧 3 个工作日,可送达国家比较多。

- 网络比较全，查询网站信息更新快，遇到问题响应及时。
② 缺点
- 要算抛重，对所运货物限制也比较多。

2.3 国际物流常用工具

2.3.1 常用的跟踪查询、时效统计查询工具

① www.17track.net
② http://www.91track.com/

2.3.2 更多工具

① 物流类应用 http://fuwu.aliexpress.com/
② 物流服务 http://seller.aliexpress.com/

3. 专线物流

专线物流，又称货运专线，指物流公司用自己的货车、专车或者航空资源，运送货物至其专线目的地。一般在目的地有自己的分公司或者合作网点，以便货车来回都有货装。专线的组成主体是货运站、专线货车、司机和信息交互系统。

专线的目的是节约成本，但是要建立在货量充足的前提下，不然就很可能会亏本，所以专线公司一般走的时间不确定，货满车走，客户的运输成本也会随之降低。

专线物流的主要优点是运输成本较低，弊端则是陆运货车班次时间不能确定，通过航空运输或者转包业务可以满足较急的货物需求。

3.1 常规业务与专线流程

3.1.1 自营业务

自营业务是指专线物流公司只揽收其实点在线上的货物，以便发挥自己的专线优势，同时支撑自营的网点业务。

3.1.2 转包业务

货运专线公司承接到其他目的地的货物，它们会把这项业务卖给其他的物流公司运输，以便在增加经营利润的同时，发挥熟悉的同行业货运公司的优势，达到强强联合的目的。

相比较而言，专线物流到达的区域的网点少，非专线物流到达的区域的网点多，前者比一般物流要便宜，抗风险能力要小一点，后者价格相对较高，抗风险能力稍强。

3.2 专线流程

专线物流其实就是直达运输，即某个城市到另一个城市的直达运输。与专线运输相对

应的是中转运输。所有的运输企业必然会有专线运输,其业务流程大致如下:

①接单:登记客户和货物信息、公路调度配载、空运订舱。
②提货发运:统筹车辆或者确定飞机舱位。
③在途追踪:司机信息反馈、空运运单查询、到货反馈。
④到达签收:货物配送交接、向客户反馈。
⑤对账结算:根据双方协议或者合同内容,物流公司将运费交付承运方,结账完成后流程结束。

4. 海外仓储集货的物流方式

仓库是现代物流中连接买卖双方的一个关键节点,将这个节点置于海外不仅有利于海外市场的拓展,同时还能降低物流成本。货物从本国出口通过海运、货运、空运的形式存储到该国的仓库,买家通过网上下单购买所需物品,卖家只需在网上操作,及时通知国外仓库进行货物的分拣、包装,并且从该国仓库运送到其他地区或者国家,提升了物流响应时间。同时,结合国外仓库当地的物流特点,可以确保货物安全、准确、及时、低成本地到达终端买家手中。

4.1 海外仓储运作模式

海外仓储集货物流方式的运作模式大致如下:中国卖家通过海运、空运或者快递等方式将商品集中运往海外仓储中心进行存储,并通过物流承运商的库存管理系统下达操作指令:

步骤一:卖家自己将商品运至海外仓储中心,或者委托承运商将货物发至承运商海外的仓库。这段国际货运可采用海运、空运或者快递方式到达仓库。

步骤二:卖家在线远程管理海外仓库。卖家使用物流商的物流信息系统,远程操作海外仓储的货物,并且保持实时更新。

步骤三:根据卖家指令进行货物操作。根据物流商海外仓储中心自动化流程来操作设备,严格按照卖家指令对货物进行存储、分拣、包装、配送等操作。

步骤四:系统信息实时更新。发货完成后系统会及时更新,以显示库存状况,让卖家实时掌握。

4.2 海外仓储成本分析

海外仓储费用=头程费用+仓储及处理费+本地配送费用

头程费用:货物从中国到海外仓储产生的运费。

仓储及处理费用:客户货物存储在海外仓库和处理当地配送时产生的费用。

本地配送费用:在英国、美国、澳大利亚和欧洲对客户商品进行配送产生的本地快递费用。

4.3 海外仓储的优势与劣势分析

对于跨境电商的卖家来说,要想获取更高的利润,物流是一个不得不攻破的壁垒。而海外仓储模式则是破除壁垒的有效手段。

4.3.1 海外仓储的优势

①更低的物流成本：卖家从海外本土直接发货给客户，相当于境内快递，较之从中国发往国外成本更低。

②更快的送货时效：头程运输解决了运输、报关、清关等复杂问题后，就再也不担心仓库里的物品报关、清关问题，收到订单，即可随时发货。

③更好的仓储管理经验：海外仓储为卖家配备了最专业的管理人员，有效解决了仓库管理员的货物管理问题。

④更加方便的订单处理：订单和发货同步，实现自动化批量处理订单。

⑤库存管理及盘点更加清晰，当前销量及剩余库存系统自动显示，每笔订单的物流成本一目了然。

⑥自由ERM仓库管理平台：卖家只需要在电脑前轻轻地点击鼠标，下达订单发货指令，海外仓储的专业团队便会代替卖家完成发货。

⑦自动高效的退货处理流程：各种原因导致的客户退货，直接退到海外仓储即可，免去了国内国外来回双清的成本、时效、弃货等各方面损失。

⑧卖家可以使用最低的投资、最短的时间，去征战海外市场，并且可以积累更多的资源去拓展其他的目标市场，扩大生意范围。

⑨海外仓储可以帮助卖家拓展销售品类，突破"大而重"的发展瓶颈。

4.3.2 海外仓储的劣势

①看不见摸不到的货物：因为所有的仓库都在地球的另一端，如果卖家想看到自己的仓储，那么可能不太适合使用海外仓储。在一定程度上，跨境卖家对海外仓储服务的信任程度是很关键的因素。建议卖家可以先发少量的货物去海外仓储，尝试并感受下。

②仓储费用成本：卖家需要计算一下目前发货方式所需要的成本，再对比使用海外仓储的费用，尤其是所售商品在淡季时候的仓储费用。如果一个月的订单量过少，在利润方面没有实际优势，那么就不太适合做海外仓储，成本问题永远是卖家考虑的首要因素，建议可以选择在所售商品销售旺季时使用海外仓储。

③货物的销售性质：海外仓储要求有一定的仓储来进行销售，如果卖家的货物必须根据客户的要求生产，无法提前准备货物，那么不太适合做海外仓储。并非所有的产品都适合做海外仓储，最好是库存周转快的热销单品，否则容易压货。同时，海外仓储在供应链管理、库存管控、动销管理等方面对卖家提出了更高的要求。

5. 跨境电子商务常见物流的比较

现将不同跨境电商物流特点进行归纳对比，详见表8-2：

表 8-2　　　　　　　　　　跨境电子商务常见物流特点比较

种类	名称	公司名	俗称	重量	体积限制	时效性	特点	特别备注
邮政速递	国际 e 邮宝	中国邮政速递公司	e 邮宝	≤2kg	长+宽+高≤90cm，单边长度≤60cm	3～15 天	小包，又经济又快	特别适合到美国；不接受带电产品
	全球邮政特快专递	中国邮政	EMS		小包、大包均可，具体以官网信息为准	3～15 天	相对便宜，时效快，通关能力强	适合抛货，只算重量
邮政小包	中国邮政航空小包	中国邮政	中国小包	≤2kg	长+宽+高≤90cm，单边长度≤60cm	15～60 天	便宜，时效慢，丢包率相对较高	比较适合前 1～5 组资费国家，运费较经济；不接受带电产品
	新加坡邮政航空小包	新加坡邮政	新加坡小包	≤2kg	长+宽+高≤90cm，单边长度≤60cm	8～40 天	较贵，速度稍快，适合带电小包	价格较贵，较适合新加坡周边如柬埔寨等国家；可接受带电产品
	香港邮政航空小包	中国香港邮政	香港小包	≤2kg	长+宽+高≤90cm，单边长度≤60cm	8～40 天	价格适中，上网快	全球价格统一，不能接受带电产品
商业快递	敦豪快递	德国邮政	DHL		小包、大包均可，具体以官网信息为准	3～7 天	贵，时效快	要计体积重、偏远附加费
	联邦快递	美国联邦快递	FedEx		小包、大包均可，具体以官网信息为准	3～7 天	稍贵，时效快	要计体积重、偏远附加费
	联合包裹服务	美国联合包裹公司	UPS		小包、大包均可，具体以官网信息为准	3～7 天	稍贵，时效快	要计体积重、偏远附加费
	TNT 快递	荷兰 TNT	TNT		小包、大包均可，具体以官网信息为准	3～7 天	贵，时效快	要计体积重、偏远附加费
专线物流	南美专线、俄罗斯专线、中东专线、欧洲专线等	各物流公司与当地邮政合作	合作当地邮政		小包、大包均可，具体以专线规定为准	5～60 天	运费经济，时效较快	清关能力强

一些跨境电商平台也纷纷提供不同物流的信息对比，供卖家在进行运费设置时进行参考。例如，为了给买家提供更好的购物体验，并加快卖家的资金周转率，敦煌平台将运费模板中的物流方式分为优质快递、一般快递和邮政挂号三个等级，具体分类信息见表 8-3：

表 8-3　　　　　　　　　　　跨境电商物流三级分类表

优质快递		一般快递		邮政挂号
EPACKET	DHL-ONLINE SHIPPING	EMS	BUYLOGIC INTERNATIONAL-DE	CHINA_POST_AIR_MAIL
UBI SMART PARCEL-ONLINE	FEDEXE	TOLL-ONLINE SHIPPING	BUYLOGIC INTERNATIONAL-AU	CHINA_POST_AIR
SF HYBRID-EU	FEDEX-IP	RPX EXPRESS	BUYLOGIC INTERNATIONAL-UK	CHINA_POST
SF_EXPRESS	UPS-EXPEDITED	CNE	RUSTON RUSSIAN AIR-ONLINE	HONGKONG_POST
DHL	UPS-SAVER	XRU-QUICK	RUSTON COMMERCIAL-ONLINE	SINGAPORE_POST
FEDEX	TNT ECONOMY EXPRESS	XRU-ECONOMY	EURO BUSINESS PARCEL	TNT POST
UPS	TNT GLOBAL EXPRESS	139EXPRESS	DNJ	
TNT	DHL-ABROAD DELIVERY	JCEX	OCEAN FREIGHT	
USPS-ABROAD DELIVERY	FEDEX-ABROAD DELIVERY	JILLION		
ARAMEX-ONLINE SHIPPING	UPS-ABROAD DELIVERY			
EQUICK-EXPRESS	TNT-ABROAD DELIVERY			

6. 物流运费模板的设置

下面以敦煌网模板管理中的运费模板为例，介绍如何设置跨境电商物流运费模板。

6.1 进入运费模板管理首页

登录"我的 DHgate→产品→模板管理→运费模板"，进入运费模板管理页面（见图 8-1）。

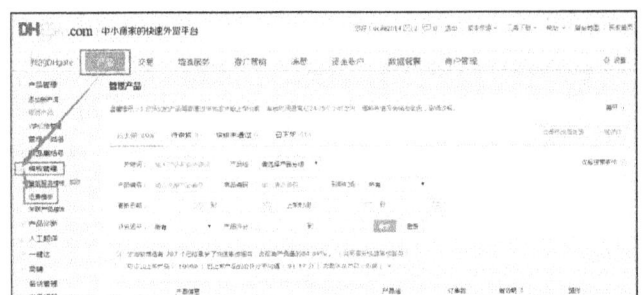

图 8-1　敦煌网运费模板设置入口

如果是新卖家，并且未设置过运费模板，将会看到如图 8-2 首页所示的引导内容：

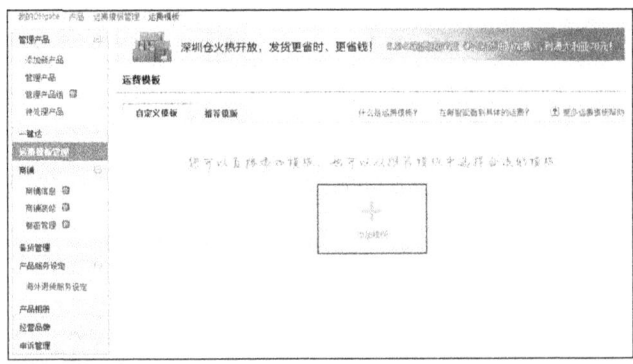

图 8-2　敦煌网新卖家运费模板添加入口

如果是老卖家，并且设置过运费模板，将看到如图 8-3 所示的首页内容：

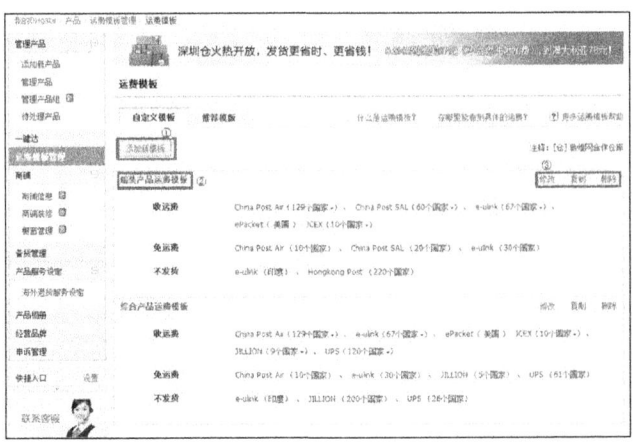

图 8-3　敦煌网老卖家运费模板添加及管理入口

图 8-3 中看到的运费模板，是卖家之前已经设置好的，点击图 8-3 中①处可进入新增

一个运费模板页面；点击图 8-3 中②可以查看该运费模板详情信息；点击图 8-3 标注③中的"修改"，可进入修改该运费模板页面；点击"复制"，可进入复制运费模板页面，编辑后生成一个新的运费模板；点击"删除"，系统会提示是否删除成功，如果有正在使用该模板的产品，则不能删除，需要将产品修改成其他运费模板，该模板正在使用的产品数量为 0 个时，才可以执行删除命令。

6.2 添加新模板

点击"添加新模板"，进入运费模板添加页面，显示如图 8-4 所示：

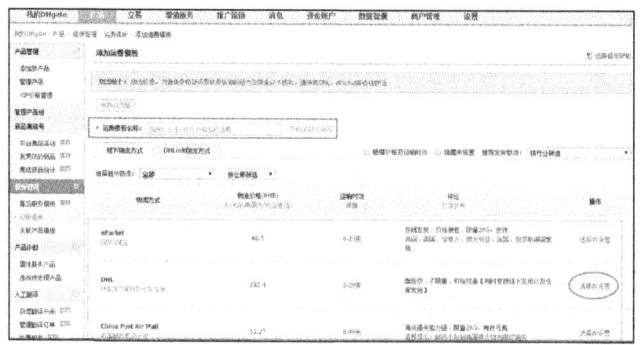

图 8-4 敦煌网运费模板添加页面

敦煌平台允许卖家根据需要设置 100 个不同的运费模板，每个运费模板的名称是必填项，可根据卖家自身的想法任意编写，不能超出 15 个字符，买家看不到这一名称，只需卖家自己认识即可。填好运费模板名称后，选择平台提供的物流方式并点击"选择并设置"按钮，进入运费设置页面。

6.3 设置运费

进入设置运费页面，如果设置的物流含有标准运费，则显示如图 8-5 所示的运费设置内容：

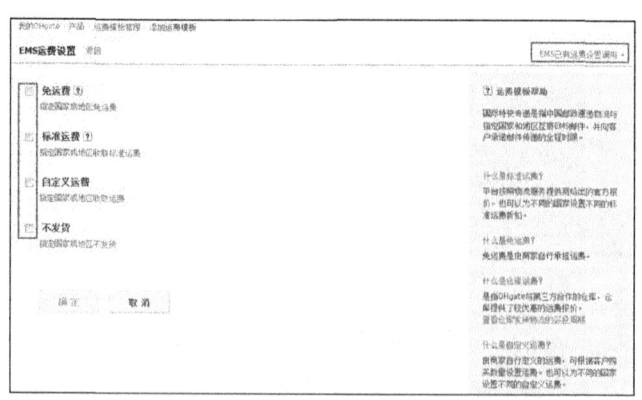

图 8-5 敦煌网运费模板运费设置选择页

针对该物流的配送国家，可以设置运费类型为"免费运、标准运费、自定义运费、不发货"，要求一个国家只能设置一种运费类型。国家或地区的选择方式有两种：

方式一：按区域选择，举例如图 8-6：

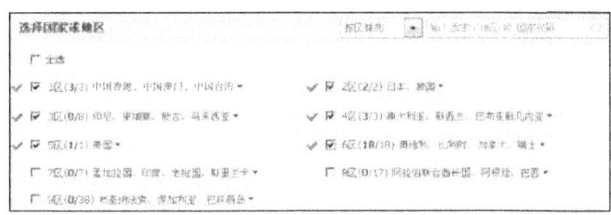

图 8-6　敦煌网运费模板设置之选择国家或地区 1

方式二：按国家选择，举例如图 8-7：

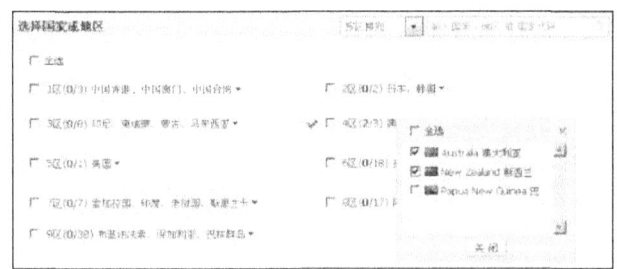

图 8-7　敦煌网运费模板设置之选择国家或地区 2

此外，敦煌网运费模板管理中，标准运费折扣设置支持不同国家设置不同的标准运费折扣。举例如图 8-8：

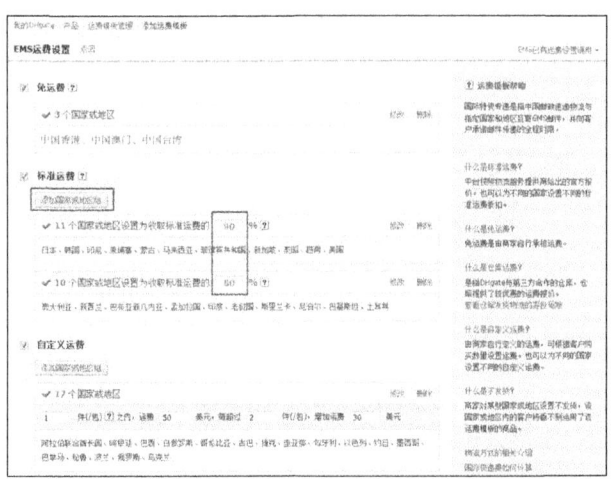

图 8-8　敦煌网运费模板设置之标准运费设置举例

对于剩下未处理的国家，可以一并进行不发货处理（见图8-9）。

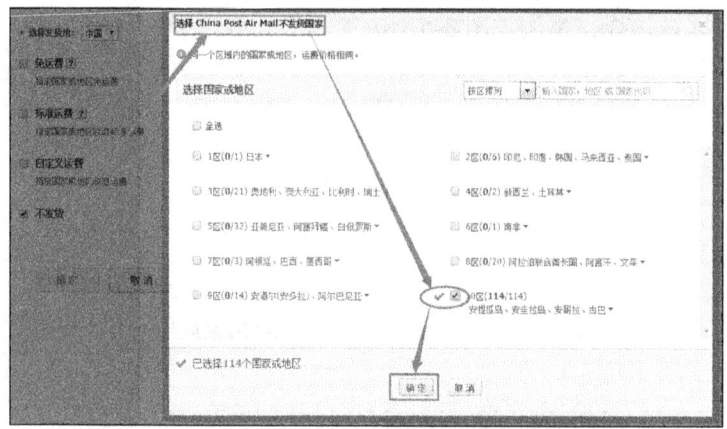

图8-9 敦煌网运费模板设置之不发货设置举例

6.4 产品编辑页的运费设置

在添加新产品页面上传发布产品时，第5项是设置运费，在"选择运费模板"的选项中，选中要使用的运费模板，系统展示运费模板的详细信息如图8-10：

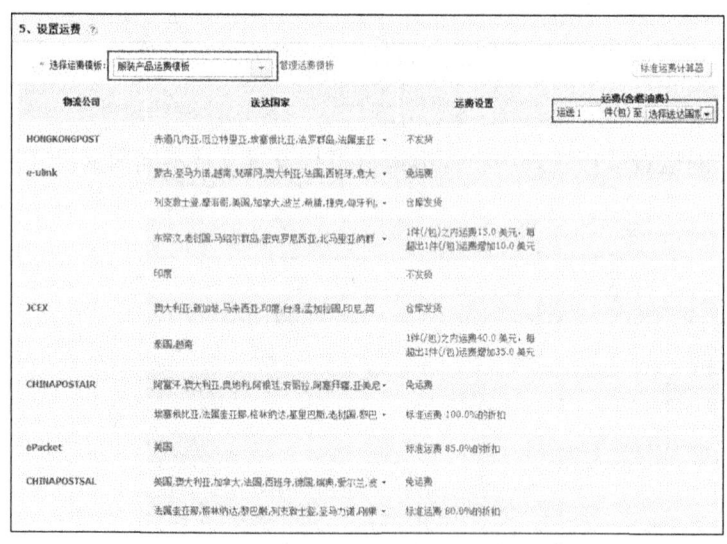

图8-10 敦煌网添加新产品页之设置运费举例

6.5 产品最终页运费显示

产品最终页面会显示已设置运费模板的商品的运费计算结果，举例如图8-11：

图 8-11　敦煌网产品运费设置后显示举例

买家可点击 Shipping Cost 行末的下拉菜单，弹出页面即显示可配送的物流运费及配送时效的明细，买家可根据自己需要进行选择。如图 8-12 所示：

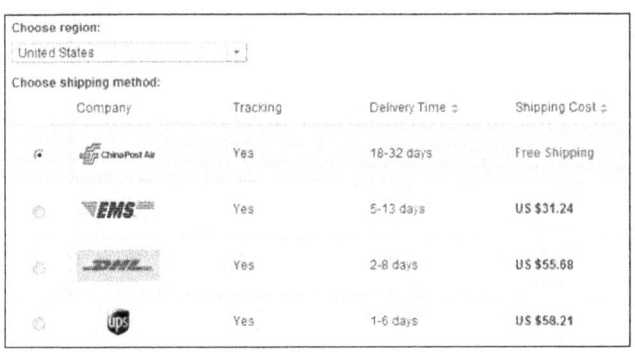

图 8-12　敦煌网产品买家物流方式选择页举例

7. 物流运费计算

敦煌网的运费是按各货运公司的官方网站提供的方式计算的，在上传产品时敦煌网会根据所填写产品包装的体积、尺寸、重量等因素自动进行计算。

7.1　国际运费影响因素

7.1.1　计费重量单位

一般以每 0.5kg（0.5 公斤）为一个计费重量单位。

7.1.2 首重与续重

以第一个 0.5kg 为首重（或起重），每增加 0.5kg 为一个续重。通常起重的费用相对续重费用较高。

7.1.3 实重与材积

实重，是指需要运输的一批物品包括包装在内的实际总重量。体积重量或材积，是指当需要寄递的物品体积较大而实重较轻时，因运输工具（飞机、火车、船、汽车等）承载能力及可装载物品的体积所限，需要采取量取物品体积折算成重量作为计算运费的重量的方法。轻抛物，是指体积重量大于实际重量的物品。

7.1.4 计费重量

按实重与材积两者的定义，与国际航空货运协会的规定，货物运输过程中计收运费的重量是按整批货物的实际重量和体积重量两者中较高者计算的。

7.1.5 包装费

一般情况下，快递公司是免费包装的，提供纸箱、气泡等包装材料。如衣物，不用特殊包装就可以。而一些贵重、易碎物品，快递公司需要收取一定的包装费用。包装费用一般不计入折扣。

7.1.6 通用运费计算公式

当需寄递物品实重大于材积时，运费计算方法为：首重运费+（重量×2-1）×续重运费。

例如：5kg 货品按首重 150 元、续重 30 元计算，则运费总额为：150+（5×2-1）×30＝420 元。

当需寄递物品实际重量小而体积较大，运费需按材积标准收取，然后再按上列公式计算运费总额。求取材积公式如下：

FedEx、UPS、DHL、TNT：规则物品：长（cm）×宽（cm）×高（cm）÷5000＝重量（kg）

不规则物品：最长（cm）×最宽（cm）×最高（cm）÷5000＝重量（kg）

7.2 标准运费折扣计算

敦煌网将国际快递根据路程分为十区，每一区包含一定数量的国家和地区，同一区的国家运费是相同的。为吸引买家，敦煌卖家多设置对发往前五区国家的商品进行包邮，于是商品定价参考公式为：

商品售价＝成本+利润+五区运费

然而，对于发往后五区国家的商品，则需要向买家收取运费。此时为保证商品在价格上的优势，收取的运费应该是减去五区运费后的超额运费，于是就需要对后五区的标准运费进行打折（见图 8-13）。

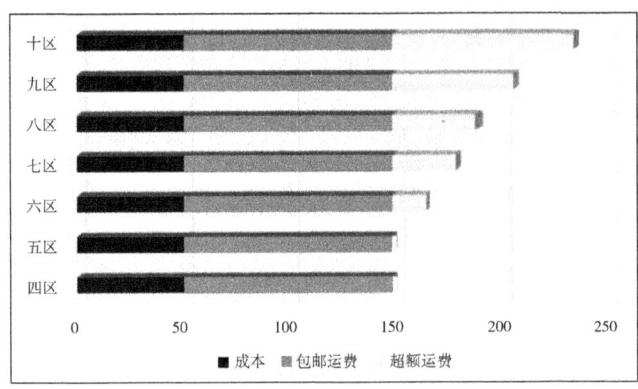

图 8-13　敦煌网标准运费折扣图解

例如，一件商品包装后的实际重量是 100g，使用中国邮政小包（分区资费表如表 8-4 所示）前五区包邮，那么八区的运费折扣应当是多少？

表 8-4　　　　　　　　　　　　中国邮政小包资费表

分区	国　　家	挂号/kg	挂号费/票
1	日本	62.00	8.00
2	新加坡、印度、韩国、泰国、马来西亚、印度尼西亚	71.50	8.00
3	奥地利、克罗地亚、保加利亚、斯洛伐克、匈牙利、澳大利亚、瑞典、挪威、德国、荷兰、捷克、希腊、芬兰、比利时、爱尔兰、意大利、瑞士、波兰、葡萄牙、丹麦、以色列	81.00	8.00
4	新西兰、土耳其	85.00	8.00
5	英国、加拿大、美国、西班牙、法国、俄罗斯、乌克兰、卢森堡、爱沙尼亚、立陶宛、罗马尼亚、白俄罗斯、斯洛文尼亚、马耳他、拉脱维亚、波黑、越南、菲律宾、巴基斯坦、哈萨克斯坦、塞浦路斯、朝鲜、蒙古、塔吉克斯坦、土库曼斯坦、乌兹别克斯坦、吉尔吉斯斯坦、斯里兰卡、叙利亚、阿塞拜疆、亚美尼亚、阿曼、沙特、卡塔尔	90.50	8.00
6	南非	105.00	8.00
7	阿根廷、巴西、墨西哥	110.00	8.00
8	秘鲁、老挝、孟加拉国、柬埔寨、缅甸、尼泊尔、文莱、不丹、马尔代夫、东帝汶、阿联酋、约旦、巴林、阿富汗、伊朗、科威特、也门、伊拉克、黎巴嫩、智利	120.00	8.00
9	塞尔维亚、阿尔巴尼亚、冰岛、安道尔、法罗群岛、直布罗陀、列支敦士登、摩纳哥、黑山、马其顿、圣马力诺、梵蒂冈、摩尔多瓦、格鲁吉亚	147.50	8.00

五区邮费：0.1kg×90.5 元/kg+8 元挂号费＝17.05 元。

八区邮费：0.1kg×120 元/kg+8 元挂号费＝20 元。

运费折扣＝1－17.05/20＝14.75%，即 1.475 折。

在填写运费折扣时，为了方便起见，可直接写成 1.5 折或 2 折。注意，填写折扣比率时不宜采用四舍五入的方法，而宜采用进一法，因为对于卖家而言，折扣太低表示让利更多，在利润率不高的情况下甚至可能会引起亏损。

8. 线上发货

卖家在接到订单后，发货流程一般可以概括为以下几步（见图 8-14）：

图 8-14　发货流程图解

其中线下发货是传统的物流方式，无须做过多解释。本节主要以速卖通官方的"AliExpress 无忧物流"为例介绍如何进行线上发货，其具体操作步骤如下：

8.1　进入发货页面

进入"我的速卖通→交易"，选择"等待您发货"状态的订单。此时，卖家将看到所有等待发货的订单明细，选择需要发货的订单，点击"发货"（见图 8-15(a)）。看见图 8-15(b)所示页面后，选择"线上发货"。

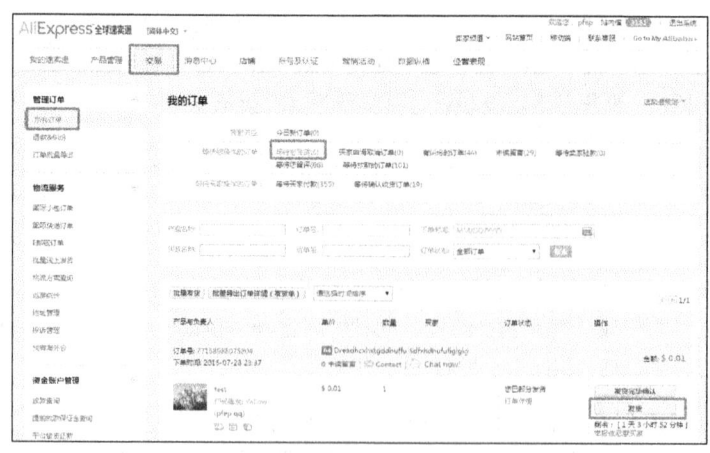

(a)

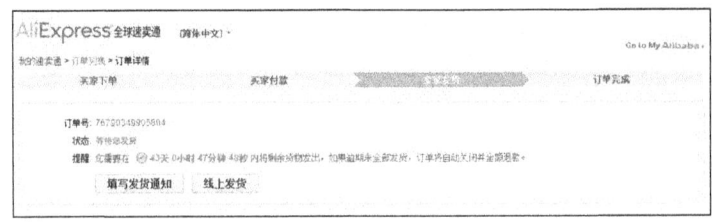

(b)

图 8-15　AliExpress 无忧物流线上发货入口

8.2　选择物流方案

在"选择物流方案"页面里，可以选择物流服务。当选择的物流服务与买家下单的服务不一致时，系统将提示确认。选择完毕后，点击"下一步，创建物流订单"（见图 8-16）。

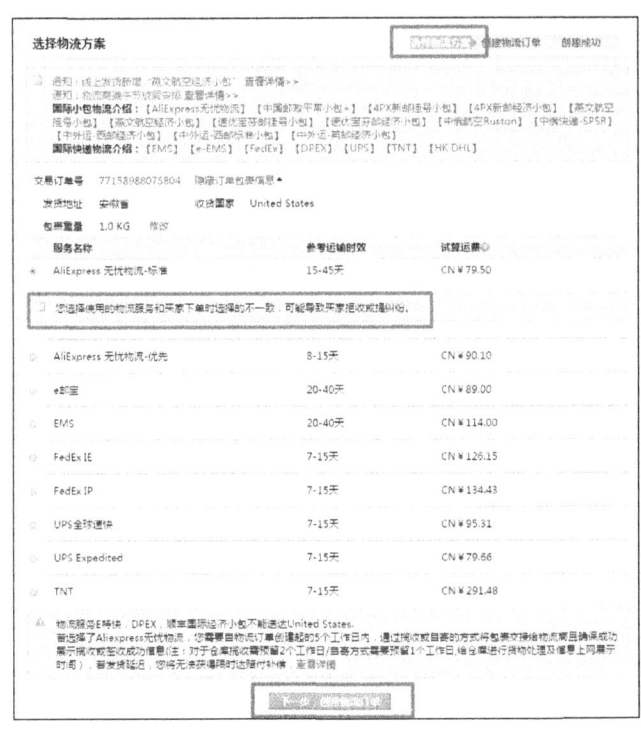

图 8-16　AliExpress 无忧物流选择物流方案页

8.3　创建物流订单

选择"创建物流订单"之后，会出现图 8-17 中的页面，需相应地填写好信息。

在创建物流订单的时候，在页面底部有关于无法投递的包裹处理方案，可以根据需要，选择是否需要将包裹退回，或者在海外销毁。当选择"退回"时，每单会收取固定金额的退件服务费，对于选择退回的包裹，一旦发生目的国无法投递的情况，将不再收取退回运费。当选择"销毁"时，不产生退件服务费，将会免费销毁包裹。如图8-17所示。

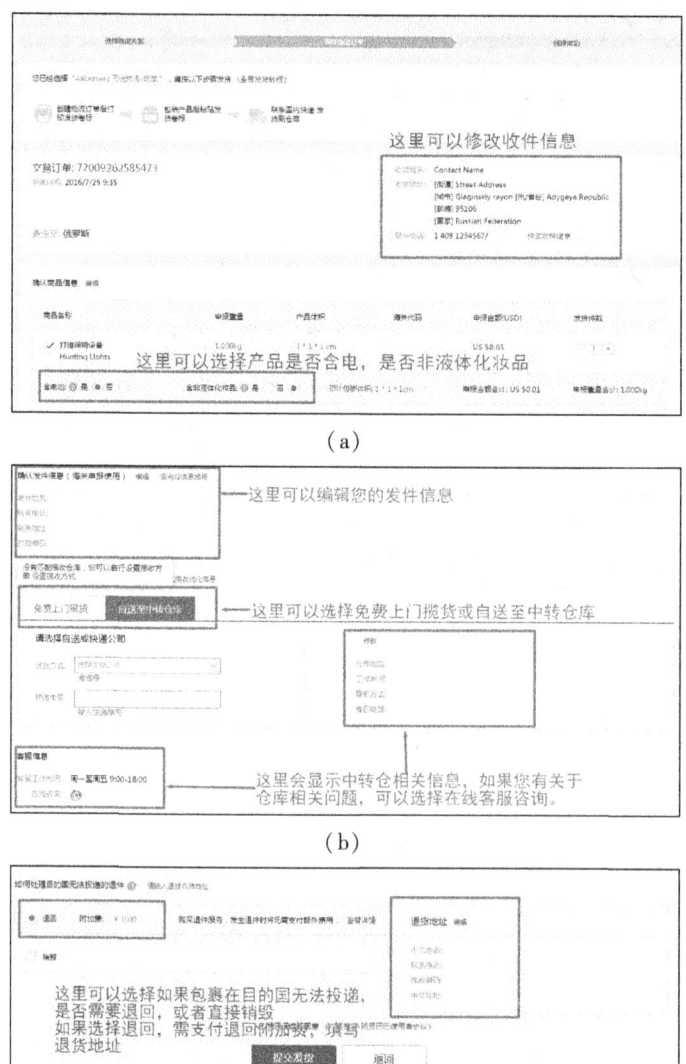

图 8-17 AliExpress 无忧物流创建物流订单页

以上选择全部完毕之后，你可以勾选"我已阅读并同意《在线发货-阿里巴巴使用者协议》"，并选择"提交发货"。至此，物流订单创建完毕。

8.4 查看国际物流单号，打印发货标签

在物流订单创建完毕之后，会出现下方页面，提示"成功创建物流订单"。此时点击"物流订单详情"链接，即可看到生成的国际物流单号，打印发货标签（见图8-18）。

第 8 章 跨境电商的物流选择

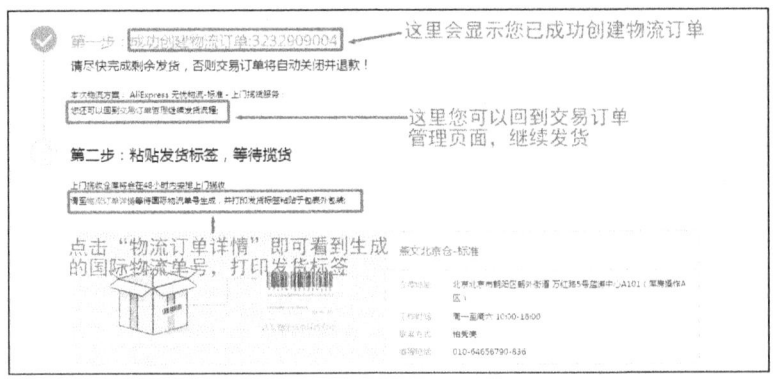

图 8-18 AliExpress 无忧物流订单信息查看

8.5 填写发货通知

物流订单创建成功后，系统会生成运单号给卖家，卖家在完成打包发货，交付物流商之后，即可填写发货通知（见图 8-19）。

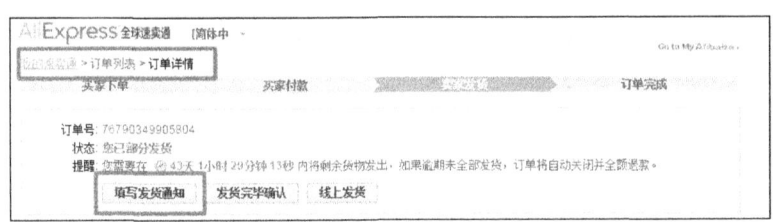

图 8-19 AliExpress 无忧物流发货通知

课后练习：

一、多选题

1. 以下属于邮政物流的是（　　）。
   A. China Post Air Mail B. Express Mail Service
   C. TNT D. e Packet
2. China Post Air Parcel 又称（　　）。
   A. 中国邮政小包 B. 中国邮政大包
   C. 中国邮政国际大包裹 D. 中邮大包
3. 中国邮政航空小包的优势在于（　　）。
   A. 资费低 B. 全球化
   C. 适用范围广 D. 操作便捷

4. 以下属于商业快递典型特点的有（　　　　）。
   A. 速度快　　　　　　　　　　　B. 资费低
   C. 适用范围最广　　　　　　　　D. 便于追踪
5. 海外仓储费用是以下（　　　　）的总和。
   A. 头程费用　　　　　　　　　　B. 外地配送费用
   C. 仓储及处理费用　　　　　　　D. 本地配送费用
6. 针对不同的配送国家，卖家在设置运费模板时可以设置运费类型为（　　　　）。
   A. 免费运　　　　　　　　　　　B. 标准运费
   C. 自定义运费　　　　　　　　　D. 不发货
7. 关于无法投递的包裹处理方案有（　　　　）。
   A. 退货退款　　　　　　　　　　B. 不退货，直接退款
   C. 包裹退回　　　　　　　　　　D. 海外销毁

二、判断题

（　　）1. 国际e邮宝是为中国eBay卖家量身定制的一项专业邮政服务。
（　　）2. 国际e邮宝发往英国的最大收寄重量是5kg。
（　　）3. 大部分的商业快递都需要计算托运物品的体积重。
（　　）4. 头程费用指的是货物从中国到海外仓储产生的运费。
（　　）5. 卖家在跨境电商平台后台可以随时创建新的运费模板和删除已有的运费模板。
（　　）6. 对发往前五区国家的商品进行包邮，即对前五区国家的买家需要支付的运费进行打折。

三、计算题

运送350g的货物到澳大利亚，当前折扣为8折，标准资费为81元/kg，请分别计算中国邮政航空小包平邮和挂号包裹的运费。

四、实操题

在敦煌网上，根据中国邮政小包的资费标准（本章表8-4），1~5区免运费，6~9区标准运费并给予正确的运费折扣，10区不发货，分别设置产品重量为100g，200g，500g的运费模板。

第9章 跨境电商客服

订单小单化、碎片化,以及订单数量增长迅速,是目前跨境电子商务的两大特点。因此,跨境电子商务客服人员所面临的局面更为复杂,其不可避免地要受到不同的语言、地域、气候、价值观、思维方式、行为方式、风俗习惯、文化、消费习惯、宗教乃至国家政策、行业环境等因素的影响,只有专业化的客服才能适应行业的发展与客户的需求。买家购买行为满意度分析图如图9-1所示。因此,良好的交流与沟通显得尤其重要。

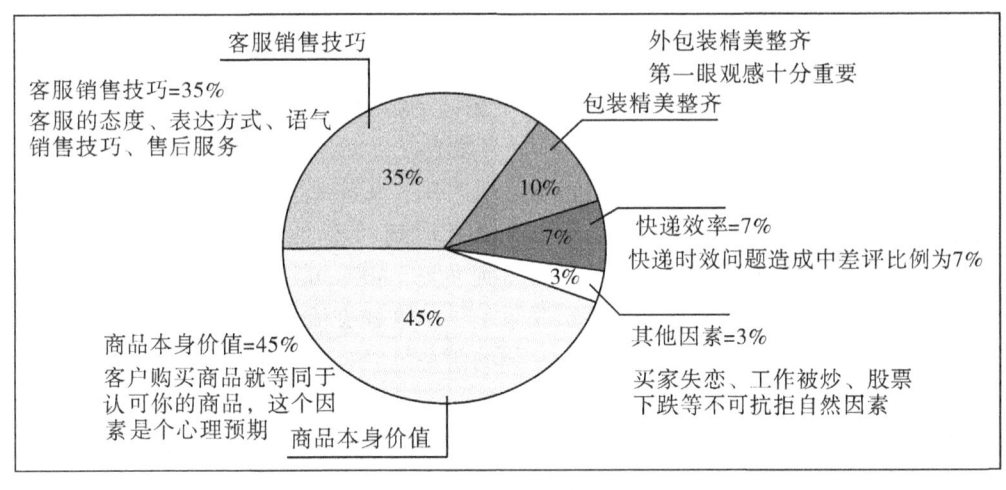

图9-1 买家购买行为满意度分析图

1. 沟通的概念及重要性

1.1 沟通的概念

沟通本意是指开沟以使两水相通,后来用以泛指两方相通连,引申为疏通彼此的意见。跨境电子商务所讲的沟通是卖家和用户之间为了达成设定的交易目标,而将信息、思想和情感在卖家和用户间传递,以达成共同交易协议的过程。

1.2 沟通的重要性

在跨境电子商务中，交流与沟通始终贯穿整个业务。良好的交流与沟通是能够增加跨境电子商务利润的强大商业驱动力。跨境电子商务每天的具体业务操作自始至终都离不开交流与沟通。交流与沟通技巧是跨境电子商务的重要课题，熟练掌握交流与沟通技巧，能使许多问题迎刃而解，反之则寸步难行。

2. 电子商务中的沟通技巧

与买家沟通不顺畅是在线访客流量不能转化为订单的关键因素。作为电商企业营销的"临门一脚"，沟通环节在交易达成前发挥着至关重要的作用。无论是跨境电商还是传统贸易，在交流与沟通上都特别强调时效性和完整性。

2.1 时效性和完整性

所谓时效性是指无论是传统贸易中的商业谈判还是速卖通的旺旺询盘、站内信，均在第一时间及时回复，以便把握买家的节奏和时间进行紧密沟通并做出反应，抓住商务先机。

例如：

Peter：Hi, need a good deal for this bag！［2016.08.20 19:20］

Me：Yes friend, what color do you want？［2016.08.20 20:12］

这是站内信中的一个询盘，大家可以看一看时间，买家是在19:20发出的消息，并且是一个较大的订单，在近一个小时以后于20:12才收到回复。虽然符合平台规定的时间，但是询盘的买家在等待了几分钟后没有及时得到回复，很有可能会失去这位买家，导致订单流失。即使过了段时间后，与这位买家联系上了，这样交流与沟通的时间被人为拉长很多，最后只能延迟发货。而在这个过程中，你的服务已经打了折扣。

例如：

Me：You are welcome！I received your payment already, it's my pleasure to serve for you！I like you too！［2016.05.21 08:43］

Me：Thank you very much！［2016.05.21 08:43］

Peter：I am looking forward to do business with you again, Neko！I am your loyal customer！You always be good to me and I will keep coming back and be good to you！［2016.05.21 08:45］

Me：Thank you so much！I will always do my best to provide better service and products for you！Have a wonderful day！［2016.05.21 08:47］

Peter：Thank you！I hope that your company continues to grow！You are wonderful！Thank you for being so nice and honest and for making me feel like you care！I feel like I know you even though I have never met you and that is because of the wonderful customer service that you provided！Have a wonderful day！［2016.05.21 08:50］

Me：You are so elegant and kind. Best wish to you！［2016.05.21 08:52］

Peter: Thank you Neko! Bless you! [2016.05.21 09:11]

从这个例子中可以看到,这位卖家和买家的交流节奏非常紧凑,这样顺畅的回复沟通使得双方的情绪非常愉悦,带来的最直接效果就是最终这个买家在店铺下单并购买了产品,并成为忠实的买家。

2.2 跨境电子商务沟通的特点

2.2.1 无法预知竞争

在传统贸易中,人们可以和自己的竞争对手做一定的交流,通过客观比较,能够较清楚地看到自己的不足和对手的实力。但是在跨境电子商务中,成千上万的卖家每天在自己的店铺里进行各种操作,面对大量的信息往往无法及时地针对出现的新商情做出反应,有时甚至会慢一步。

2.2.2 沟通对象不同

传统贸易的沟通对象往往是专业的批发商,而跨境电子商务的沟通对象有两种人群,可能是专业的批发商,或者可能是数量庞大的终端消费者,这些消费者有一定的网上购物经验,或者愿意尝试网购,他们的购物目的是满足自己使用,因此对产品的质量及价格的要求和传统贸易会有所不同。因此,在询盘沟通中应该抓住买家的群体特征有针对性地进行沟通。

2.2.3 服务以人为本

传统贸易往往批量较大,强调产品的标准性而非个性。而跨境电子商务中,以人为本是交流与沟通的"生命线"。随着竞争的日益激烈,跨境电商往往不是在比价格、比质量,而是在比服务。所以要提供最人性化的服务,从最初的询盘,到最后的下单,每一步都时刻关注着买家的心情、要求及顾虑,这样才能取得较好的效果。

2.2.4 灵活性

跨境电子商务被西方学者比喻为"积木式"的功能设计。这个比喻恰当地体现了电子商务的灵活性——大规模的定制。为买家量身打造个性化商品与服务是一种以买家为中心的管理方法,也是成功的跨境电子商务必须采取的经营方式。根据买家的要求适时提供或者改变服务的内容和方式,是提高买家满意度的有效方式。

2.3 跨境电商客服必备技巧

2.3.1 做好沟通准备

沟通准备不仅包括了解目标市场的风俗习惯,如节假日、国庆日等,便于沟通时拉近距离;还需要了解不同国家的语言习惯,便于根据不同人群给予针对性回复。在沟通之前,必须熟悉该产品的主要规格与质量要求,必须要能准确地用英文表达出来。

2.3.2 书面沟通为主

即时通信工具,一般都有网络语音对话的功能。一般情况下,卖家应该避免与国外买家进行语音对话,尽量以书写方式为主。用书写的形式沟通,不仅能让买卖双方的信息交流更加地清晰、准确,也能够留下交流的证据,有利于后期的纠纷的处理。

2.3.3 学会分析买家

文化背景方面,卖家需要了解买家所在国家当地的风俗习惯与禁忌,以便沟通时拉近距离,有针对性地对买家进行回复。更具体来说,学会从买家的文字风格判断买家的性格脾气。比如,买家使用的语言文字简洁精练,则可判断其办事可能是雷厉风行,不喜欢拖泥带水。卖家若根据买家的性格脾气,积极调整沟通方式,能促进双方沟通的顺利进行。

2.3.4 注意沟通时间

由于时差的缘故,在卖家日常工作(北京时间8点~17点)的时候,会发现大部分国外买家的即时通信都是离线的。当然,即使国外买家不在线,卖家也可以通过留言联系买家。不过,建议供应商尽量选择买家在线的时候联系,这意味着卖家应该在晚上的时间联系国外买家。因为这个时候买家在线的可能性最大,沟通效果最好。

2.3.5 必备商务技能

①英语:要求客服的英语水平达到大学英语四级。

②翻译:跨境电子商务平台面向全球买家,使用的语言也不止英语这一门,所以要求会使用翻译工具和翻译软件,可以把非英语的语言翻译成英语来理解。

③商务技能:自学一些必要的商务英语,以应对日常的商业情况。有丰富的外贸专业知识,对于跨境电商的整套流程都非常熟悉,比如支付、物流、关税、退税等。

良好的买家沟通可以提升店铺的形象,也可以让买家感觉在这里得到了真正的服务。只有服务提升上去,供应链跟上,产品品质提高,销量自然就会不断提高。

3. 中差评的原因分析与处理

3.1 预防中差评

网上购物最吸引人的就是便宜或折扣,但如果买家买的东西没有满足自己的要求或达到预想的效果,就很可能给卖家中差评,按大多数平台的规则,中差评都会给买家不好的影响。因此,卖家首先要预防中差评。

3.1.1 严把商品质量关

"以质量求生存"不只是一句口号,产品的质量关系到卖家能否长期生存和发展。产品质量太差,得不到消费者的支持,就很难在网上立足。这就要求卖家进货的时候一定要把好关。如果质量有问题,一开始就不能发货。同时,在发货的时候反复检查,保证货物的包装等没有问题。

3.1.2 关于色差的问题

现在很多卖家都是用杂志或网站或厂家提供的图片做宣传，而不去拍实物图，造成图片失真，由此产生纠纷。买家无法看到实物，因此图片成了买家判断商品外观的重要依据。图片应尽量与商品接近，商品描述要全面而客观。同时，在颜色旁边备注"模特图可能有色差，对颜色敏感者慎拍"。

3.1.3 良好的售后服务

接单并不是一个业务的结束，而是真正服务的开始。当买家下单后，卖家应尽快发货，发货后把快递单号和物流信息查询方式告知买家。如果中间买家有任何疑问，应尽快答复，让买家感到自己是被重视的，卖家是很负责的。

3.1.4 分析买家类型，区别对待

在交易前，可查看一下买家的信誉度，买家对别人的评价以及别的卖家对买家的评价，再综合各类买家的不同特点区分对待。

3.2 中差评的原因分析

3.2.1 商品图片与实物的差异

有时候为了使自己的产品看起来比较吸引眼球，卖家会在图片处理上或多或少添加一些产品本身没有的效果。这样就会给客户一个美好的心里预期，让他们满怀期待地等待。然而，一旦收到实物后感觉与图片的差别过大，买家就会非常失望，他们通常会在第一时间询问，为什么在颜色或者形状上有差别。

提供原有的图片，如果只有因小部分的修图处理造成的色差，合理的解释还可以赢得客户的信任，而且在这个过程中要多表现自己对买家的重视，适当给予下次订单的优惠和折扣。真诚的道歉可以将小事化了，向买家争取好评。

卖家在上传产品图的时候可以上传一些多角度的细节图，或者可以放上一张没有处理过的照片上去，尽量让买家有全面的视觉印象，避免不必要的投诉和差评。

3.2.2 标题写了Free Shipping，为什么收到货物之后还要收费

众所周知，大部分卖家为了吸引买家下单，都会写上"Free Shipping"，实际上大部分卖家也做到了免邮。但是有时会忽略一些国家的进口政策。比如，美国高于500美元申报价值的货物，就要按照重量收取进口关税了；加拿大和澳大利亚则是高于20美元的货物要收取关税；英国、德国等欧洲国家货物的申报价值必须是在20~25美元，一旦超出将会有更多的关税产生。

这样一来，提出的问题就有答案了，一旦有关税产生，买家必须支付关税后才能拿到货物。

因此你会遇到这样的问题：

Why should I pay 25 pounds for the package, you told me that it was free to ship, how could you lie to me? I am very disappointed.

还有一些客户会因为需要支付额外的费用拒绝签收。这些都是潜在的差评和纠纷，因此卖家在发商业快递的时候，要注意填写的申报价值，对于货值很高的快件，提前和客户沟通好。

3.2.3 信用卡账户有额外的扣款显示：AliExpress Charge

速卖通平台针对买家的支付不收取其他额外的费用，但建议买家联系他的银行，问清是否需要支付手续费。如果买家通过T/T转账，银行端通常需要收取一定的手续费。

3.3 中差评的处理

3.3.1 由于质量问题产生的差评

对于单纯由于质量问题产生的差评是比较好处理的。首先，收到差评之后及时和买家联系，询问一下对产品不满意的具体原因。在此基础上，让买家提供相应的照片。此外，卖家要回到自己的出货记录中查找相同时间内其他产品的反馈，分析一下库存中的货物质量。如果确实存在买家反映的问题，应及时解决。通过退款或换货的方式，让买家满意并且修改评价。

3.3.2 由于买家个人使用不当导致的差评

如在沟通调查中发现是由于买家个人使用不当而给出的差评，一般有两种解决方法：如以消除差评为主要目的，应该和买家仔细解释为什么会出现这样的质量问题，在使用操作过程中存在哪些不正确的地方，最后和买家商量以何种方式可以使其满意并修改差评。如果是由于买家个人原因导致的质量问题，可以选择差评回复，并附上产品的使用说明及注意事项，也是一种差评营销。这种方法可能是大多数卖家在无法消除差评时不得不采取的方法。

3.3.3 由于买家在下单前的细节要求没有得到满足产生的差评

许多买家在下单之前，会在订单下面留言强调这是为了我的婚礼准备的，请务必不要让我失望等类似的细节。遇到这样的订单，首先应该交代出货人员，特别注意该订单的质量和包装。其次，如果这个客户买下了一个非常便宜的产品，但是从询盘的态度上又可以看出他十分期待，为了避免差评，应该要考虑亏一点成本付出满足这个客户的心理预期。

4. 跨境电子商务售后常见纠纷及解决方案

在跨境电子商务实际业务中应当尽量避免产生纠纷，如已产生纠纷，需要正确地对待纠纷，与顾客进行沟通交流都可以避免更大的损失，让买家感到满意，这样才能留住买家，并且能产生口碑效应，赢得更多的买家。售后纠纷常见的有买家对资费不满、买家未收到商品、商品与描述不符等情况。这里分别分析一下发生这些情况的可能原因及具体解决方案。

4.1 纠纷提交及协商流程

一般情况下,跨境电子商务业务纠纷类型可分为三种:买家对资费不满、买家未收到商品及买家收到商品与约定不符。

交易过程中买家提起退款申请,即进入纠纷阶段,须与卖家协商解决。关于流程详见图 9-2:

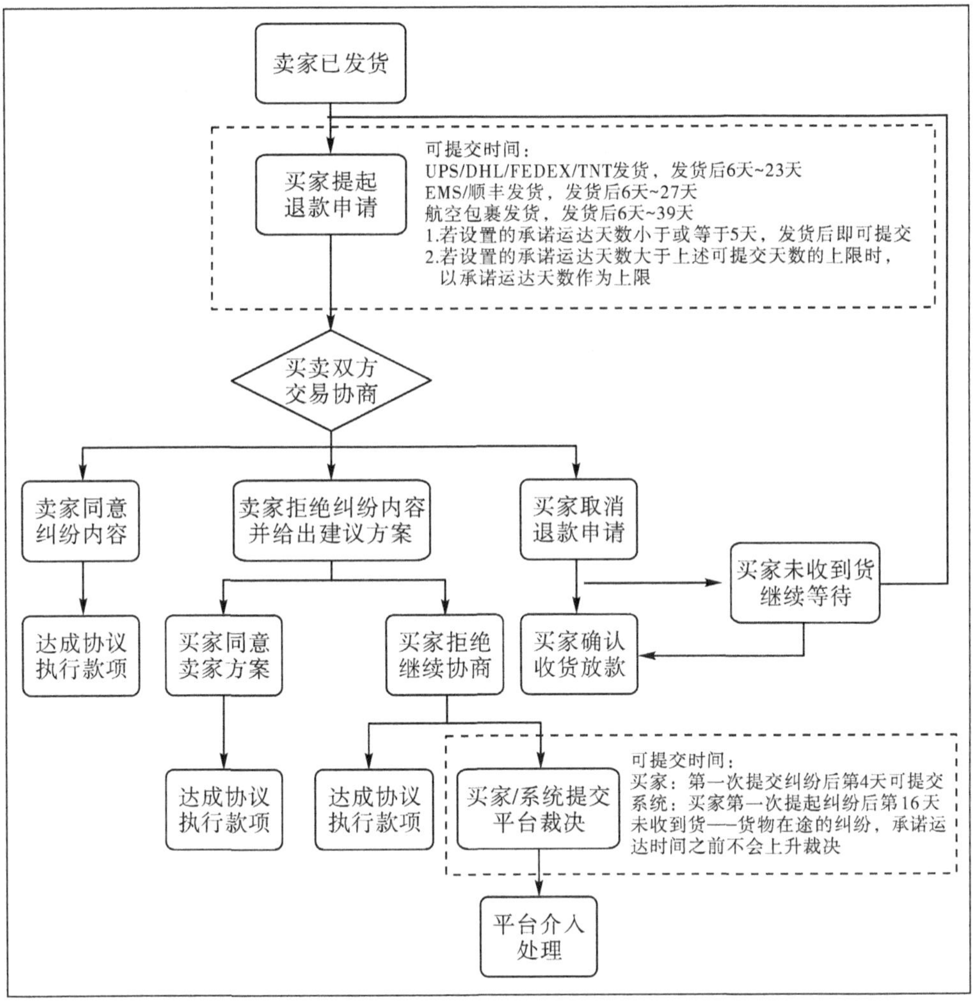

图 9-2 跨境电商纠纷处理流程图

4.1.1 买家提起退款申请

买家提交退款申请的原因包括:
① 未收到货。
② 收到的货物与约定不符。

③买家提交退款申请时间：卖家填写发货追踪号以后，根据不同的物流方式买家可以在不同的期限内提起退款申请。

4.1.2 买家端操作

在订单的详情页中，买家可以看到按键"Open Dispute"，点击该按钮就可以提交退款申请，当买家提交退款申请时纠纷即产生。提交后，买卖双方可以就退款申请进行协商解决，协商阶段平台不介入处理。

4.1.3 买卖双方交易协商

买家提起退款申请后，需要卖家的确认，卖家可以选择同意纠纷内容进入纠纷解决阶段，或者拒绝纠纷内容与买家进一步协商，页面如图9-3所示：

图9-3 待买家响应订单截图

①卖家同意纠纷内容

若卖家同意买家提起的退款申请，可点击"同意纠纷内容"进入纠纷解决阶段。买家提起的退款申请有以下两种类型：

• 买家未收到货，申请全额退款：卖家接受时会提示卖家再次确认退款方案，若同意退款申请，则退款协议达成，款项会按照买家申请的方案执行退款。

• 买家申请部分退款不退货：卖家接受时会提示卖家再次确认退款方案，若同意退款申请，则退款协议达成，款项会按照买家申请的方案执行部分退款及部分放款，确认页面如图9-4所示。

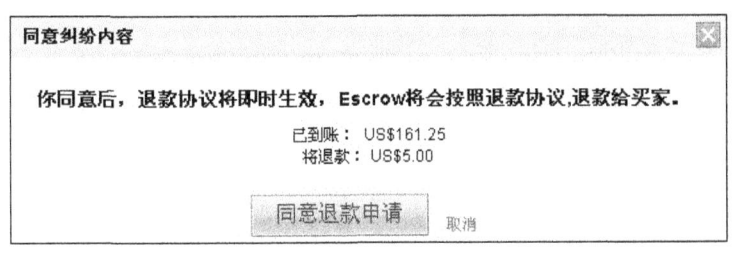

图 9-4 买家退款申请举例

- 买家要求退款退货：若卖家接受，则需要卖家确认收货地址，默认卖家注册时候填写的地址，若不正确，则点击"修改收货地址"进行修改。

卖家确认了收货地址后，需要等待买家退货，买家需在 10 天内填写退货单号，若 10 天内未填写，视买家放弃退货，系统直接放款给卖家。卖家确认收货地址后，到买家填写退货订单号的 30 天内，卖家均可以选择放弃退货，则系统直接退款给买家。

②卖家拒绝纠纷内容

若卖家不接受买家的退款申请，可以点击"拒绝纠纷内容"按钮并填写卖家建议的解决方案（操作页面如下图，该表内所填写的退款金额和拒绝理由均是卖家给出的解决意见，若买家接受，则退款协议达成，若不接受，还须继续协商）。附：

- 买家若未收到货就提起退款申请，拒绝时的附件证明为必须上传，卖家可以提供发货底单、物流公司的查单，物流官方网站的查询信息截图等证据，证明已发货及物流状态。
- 买家提起货不对版的退款申请，拒绝时的附件证明为选填，卖家可以提供产品发货前的图片、沟通记录、重量证明等证据，证明已如实发货，如图 9-5 所示。

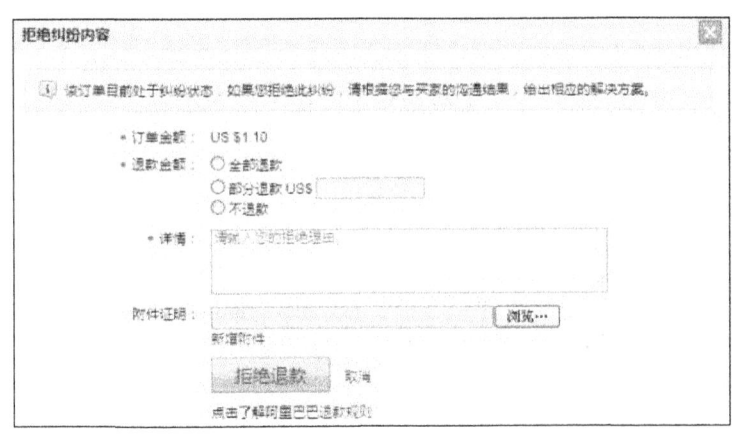

图 9-5 拒绝纠纷内容举例

拒绝退款申请后，需要等待买家确认（见图 9-6）。若买家接受卖家的方案，则退款协议达成，款项会按照双方协商的方案执行；若买家不接受卖家的解决方案，可以选择修改退款申请，再次与卖家确认，继续协商。

图9-6 已拒绝纠纷界面举例

③买家取消退款申请

买卖双方协商阶段，买家可取消退款申请，若买家因为收到货物取消了退款申请并确认收货，则交易结束进入放款阶段；若买家因为其他原因取消（如货物在运输途中，愿意再等待一段时间），则继续进行交易流程。

4.2 纠纷解决原则

总而言之，卖家在与买家进行售后交流与沟通时，情况复杂多变且极易发生纠纷，但其实纠纷并不可怕。卖家在与买家交流和沟通时，应注意四个要点。

4.2.1 尊重并理解买家的情绪

站在买家的角度考虑，出现问题想办法一起解决，而不是只考虑自己的利益。"己所不欲，勿施于人。"谁都不愿意无缘无故地承担损失，作为卖家，在一定的承受范围内应尽量让买家减少损失，短期来看可能卖家承担了一部分成本和损失，但同时卖家可以为自己赢得更多更长远的机会和利益。

4.2.2 有效沟通

①及时回应：买家不满意时，卖家及时回应，与买家进行友好协商。例如，买家迟迟没有收到包裹，在卖家可承受范围内可以给买家重新发送货物或及时给出其他替代方案；如果买家对商品质量或其他方面不满意，卖家应当与买家进行协商，提前考虑好解决方案。

②沟通技巧：卖家在与买家进行沟通时，应当随时注意买家的心理变化。当买家不满意时，尽量引导买家向着保留订单的方向发展，同时可以适当让步，满足买家的一些其他要求；当出现退款时，尽量引导买家达成部分退款协议，尽可能避免全额退款。努力做到即使商品不能让买家满意，卖家的服务态度也要让买家无可挑剔。

4.2.3 保留证据

卖家要时刻注意，每一笔订单在交易过程中的有效信息都应当保留下来，当出现纠纷时能够作为证据被卖家及时有效地提出，以便帮助卖家将问题向着更有利于自己的方向解决。交易过程中及时充分地举证，将相关信息提供给买家进行协商和谈判，或者提供给所在的跨境电子商务平台帮助仲裁。卖家和买家的纠纷和摩擦并不可怕，只要卖家在交易中充分做好举证准备，在心态上一切以买家满意为目标，纠纷一定会得到合理妥善的解决。

4.2.4 注意沟通时间

由于时差的缘故，在卖家日常工作的时候，会发现大部分国外买家不在线，而且订单留言和站内信也很少在这个时间段回复。

5. 跨境电子商务常见客服模板

在跨境电子商务平台上运营店铺，日常用英文邮件与买家沟通必不可少，外国买家在下单前以及付款后遇到一些问题或麻烦时，客服人员需要在短时间内作出回应，帮助解决买家的各种问题，加强买家购买意愿。通过提高客服的技巧，给予客户更好的购物体验，减少物流带来的纠纷。本节内容中，以中英文双语的方式，为大家介绍几种常用的客服邮件模板。帮助大家与国外买家沟通得更到位。这些模板也同样适用于其他跨境电商平台。

5.1 英文邮件书写基本要点

5.1.1 清晰（Clearness）

要求英文邮件表达的内容主旨分明，用词肯定准确。

5.1.2 简洁（Conciseness）

需要用尽量简短的语句进行清楚的表达，并尽量避免用过于复杂的词汇。

5.1.3 准确（Correctness）

商务英语的信函与买卖双方的权利、义务、利害关系是进行商业活动往来的重要凭证。准确无误是商业英语信函写作中最重要的原则。

5.1.4 具体（Concreteness）

具体原则是指信函中涉及的内容要言之有物，信息要翔实具体、丰富生动，表达要完整。

5.1.5 体谅（Consideration）

体谅是指以对方利益为出发点，站在对方的立场周到、细致地考虑问题，以便得到对方的好感而达到所预期的目的。

5.1.6 礼貌（Courtesy）

英文书写有一定的礼貌用语和要求，但也不用过分地礼貌。

5.1.7 完整（Completeness）

一封完整的商业信函应该是对对方提出的问题逐一回答而且对自己要表达的重要信息说明清楚。

5.2 常用十二类中英文客服邮件模板

5.2.1 已发货并告知买家

Dear ×××,

Thank you for shopping with us.

We have shipped out your order（order ID：×××）on Feb. 10th by EMS. The tracking number is ×××. It will take 7-10 workdays to reach your destination, but please check the tracking number for updated information. Thank you for your patience!

If you have any further questions, please feel free to contact me.

Best regards.

尊敬的×××,

非常感谢您光顾本店。

我们已将您购买的商品（订单号：×××）于2月10日通过EMS快递向您寄出。快递单号为：×××。预计快递公司将于7~10个工作日内送达，请您记录快递单号并随时查阅快递信息。感谢您在此期间的耐心等待！

如果您有任何其他问题需要解决，欢迎随时联系我们。

致以最真挚的问候。

5.2.2 客户投诉产品质量有问题

Dear ×××,

I am very sorry to hear about that. Since I did carefully check the order and the package to make sure everything was in good condition before shipping it out, I suppose that the damage might have happened during the transportation. But I am still very sorry for the inconvenience this has brought you. I guarantee that I will give you more discounts to make this up next time you buy from us. Thanks for your understanding.

Best Regards.

尊敬的×××,

很抱歉听到发给您的货物有残损，我在发货时再三确定了包装没有问题才给您发货的。残损可能发生在运输过程中，但我仍旧为带给您的不便深表歉意。当您下次从我这购买时，我将会给您更多的折扣。感谢您的谅解。

向您表达诚挚的歉意！

5.2.3 由于物流风险，卖家无法向买家所在的进口国发货

Dear ×××,

Thank you for your inquiry.

I am sorry to inform you that our store is not able to provide shipping service to your country. However, if you plan to ship your orders to other countries, please let me know; hopefully we can accommodate future orders.

I appreciate for your understanding!

Sincerely!

尊敬的×××,

我很遗憾地通知您，本店铺尚无法向您所在的国家发送快递。不过，若您打算将您的订单发往其他国家，请您通知我。希望您以后继续光顾本店。

非常感谢您的理解和支持！

向您表达诚挚的歉意！

5.2.4 由于商品超重，无法享受免除邮费的服务

Dear ×××,

Unfortunately, free shipping for this item is unavailable; I am sorry for the confusion. Free shipping is only for packages weighing less than 2kg, which can be shipped via China Post Air Mail. However, the item you would like to purchase weighs more than 2kg, you can either choose another express carrier, such as UPS or DHL (which will include shipping fees, but are much faster). You can place the orders separately, making sure each order weighs less than 2kg, to take advantage of free shipping.

If you have any further questions, please feel free to contact me.

Best regards.

尊敬的×××,

非常遗憾地告诉您，您所选购的商品无法提供免费邮寄服务，对此我们深表歉意。本店铺仅能够免费邮寄2kg以下并且可以通过中国邮政航空邮件发运的商品，可惜您本次购买的商品超过了2kg。您也可以选择其他的快递公司，如UPS和DHL（当然即使更换快递公司，您也需要另外支付快递费用，但是这些快递公司的物流速度更快）。此外，您还可以选择将您的商品分成多个包裹发送，确保每个包裹的重量小于2kg，您依然可以享受免邮费的服务。

如果您有任何其他问题需要解决，欢迎随时与我们联系。

致以最真挚的问候。

5.2.5 遇到物流问题

Dear ×××,

Thank you for your inquiry. I am happy to contact you.

We would like to confirm that we sent the package on 16 Jan, 2015. However, we were informed package did not arrive due to shipping problems with the delivery company. We have resent your order by EMS; the new tracking number is：×××. It usually takes 7 days to arrive to your destination. We are very sorry for the inconvenience. Thank you for your patience.

If you have any questions, please feel free to contact me.

Best regards.

尊敬的×××，

非常感谢您垂询本店，我很荣幸为您服务。

我们于2015年1月16日向您寄出了你所订购的商品，但快递公司导致您的商品暂时无法送达。我们已经将您的订单通过EMS重新寄出，新的快递单号是：×××，通常7日内送到。我们再次为给您带来的不便表示歉意。非常感谢您的耐心和谅解。

如果您有任何问题，欢迎随时联系。

致以最真挚的问候。

5.2.6 买家需要提供样品，而卖家无法提供样品

Dear ×××,

Thanks you for your inquiry, I am happy to contact you.

Regarding your request, I am very sorry to inform you that we are not able to offer free samples. To check out our products we recommend ordering just one unit of the product (the price may be a little bit higher than ordering a lot). Otherwise, you can order the full quantity. We can assure the quality every piece of our product is carefully examined by our working staff. We believe trustworthiness is the key to a successful business.

If you have any further questions, please feel free to contact me.

Best regards.

尊敬的×××，

非常感谢您光顾本店，我很荣幸为您服务。

关于您提出的提供样品的要求，我很遗憾地通知您，本店不提供免费的样品。如果您对我们的商品不够放心，需要一个样品验证，那么我建议您首先购买我们的一个单件商品（单件购买的价格也许会略高于大量购买的价格）。当然，我们更希望您直接购买所需数量的商品，我们可以为我们店铺的每一件商品提供质量保证，因为我们相信诚信是做生意的基石。

如果您有任何其他问题，欢迎随时联系。

致以最真挚的问候。

5.2.7 海关税

Dear ×××,

Thank you for your inquiry. I am happy to contact you.

I understand that you are worried about any possible extra cost for this item. Based on past experience, import taxes falls into two situations.

First, in most countries, it did not involve any extra expense on the buyer side for similar small or low-cost items.

Second, in some individual cases, buyer might to pay some import taxes or customs charges even when their purchase is small. As to specific rates, please consult your local customs office.

I appreciate for your understanding!

Sincerely!

尊敬的×××,

感谢您垂询本店,我很荣幸为您服务。

我非常理解您关于本次购物可能产生其他费用的担忧。根据我以往的经验,海关的进口关税分为两种情况:

第一种情况,大部分国家,像您所购买的类似小件或低价商品不会给您带来任何关税费用。

第二种情况,在某些特殊情况下,买家还是要为自己所购买的哪怕是小件商品缴纳进口关税或消费税。至于具体的税率,您只能去咨询您所在国家的海关部门。

我们非常感谢您的理解!

再次向您表示由衷的歉意!

5.2.8 货物断货

Dear ×××,

We are very sorry that item you ordered is out of stock at the moment. I will contact the factory to see when it will be available again. I would like to recommend some other items of similar styles. Hope you like them too. You can click on the following link to check them out ×××. If there's anything I can help with, please feel free to contact us. Thanks!

Best Regards.

尊敬的×××,

真是抱歉,您订购的产品目前缺货,我会与工厂联系什么时候能补上,并将随时告知你。以下链接_____提供的产品也很不错,您可以看看。有什么我可以帮忙的,请随时与我们联系。谢谢!

提示:请在横线处添加同类产品的链接。

5.2.9 未付款订单

Dear ×××,

We have got your order of ×××. But it seems that the order is still unpaid. If there is anything I can help with the price, size, etc. please feel free to contact me. After the payment is confirmed, I will process the order and ship it out as soon as possible. Thanks!

Thanks again! Looking forward to hearing from you soon.

Best regards.

尊敬的×××,

我们已收到您的订单,但订单似乎还未付款。如果在价格和尺寸上有什么问题,请随时与我联系。当付款完成,我将立即备货并发货。谢谢!

再次向您表示感谢,期待您的回复。

致以最真挚的问候。

提示:请根据您产品的自身特点对描述内容进行修改。

5.2.10 退换货

Dear ×××,

I am sorry for the inconvenience. If you are not satisfied with the products, you can return them to us.

When we receive the goods, we will give you a replacement or give you a full refund. We hope to do business with you for a long time.

We will give you a big discount for your next order.

Best regards.

尊敬的×××,

很抱歉给您带来不便。如果您对本店铺的商品不满意,您可以将该商品退还给我们。收到货物后,我们将为您换货或者全额退款。希望能与您建立长期的贸易伙伴关系。

您下次光临本店时,我们也会为您提供本店最优惠的折扣。

致以最真挚的问候。

5.2.11 向买家推荐新品

Dear ×××,

As Christmas / New year /... is coming, we found ××× has a large potential market. Many customers are buying them for resale on eBay or in their retail stores because of its high profit margin. We have a large stock of ×××. Please click the following link to check them out ×××. If you order more than 10 pieces in one order, you can enjoy a wholesale price of ×××. Thanks.

Best regards.

尊敬的×××,

随着圣诞节/新年/……的来临,我们发现×××产品拥有一个大型潜在市场。我们有大量的畅销的×××产品。请单击下面链接×××查看它们。如果您订购十件以上的商品我们可以给您批发价格。感谢您的惠顾。

提示:请填写产品名称、产品链接地址和购买件数。

5.2.12 买家议价

Dear ×××,

Thank you for taking interests in our item. I'm afraid we can't offer you that low price you bargained as the price we offer has been carefully calculated and our profit margin is already very limited. However, we can offer you a ×××% discount if you purchase more than ××× pieces in one order. If you have any further questions, please let me know. Thanks!

Best regards.

尊敬的×××,

感谢您对我们产品的兴趣,但很抱歉我们不能给您更低的议价。事实上,我们的上市价格是经过精心计算且合理的,它已经让我们的利润很低了。但如果您一个订单购买超过×××件,我们将给您×××的折扣。有任何问题请联系我。谢谢!

致以最真挚的问候。

提示：请添加希望买家购买的件数和您所能提供的折扣。

6. 跨境电子商务文化交流禁忌

跨境电子商务业务不同主体之间的交流多数是跨文化交流的范畴。跨文化交流既可能是两个具有不同生活方式、不同语言、不同历史传承的人之间的交流，也可以是两个文明或多个文明之间的交锋、交流和交融。交流过程中会出现一些习俗上的禁忌或语言上的障碍等。在这样的情况下，跨境电子商务经营者要把握买家所在国家的文化习惯，避免与其国家的文化发生冲突，并主动适应买家所在国家的文化。下面介绍一些国家的文化禁忌及买家特点。

6.1 美国市场禁忌

6.1.1 不能随意开玩笑

一些美国留学生有时会说一两句善意的谎言或者开个玩笑，大家认为这些都是正常的。然而在美国，用开玩笑的方式说对方不诚实，这会使美国人不悦，因为美国是一个很讲究信誉的民族，他们的经济和社会地位都是建立在个人的信誉基础上的，不能忍受别人没有信誉。

6.1.2 不要称呼黑人为"Negro"

Negro 是英语"黑人"的意思，尤指从非洲贩卖到美国为奴的黑人。所以在美国千万不要把黑人称作"Negro"，跟白人交谈如此，跟黑人交谈更如此。说到黑人，最好用"Black"一词，黑人对这个称呼会坦然接受。

6.1.3 不能随便说"I am sorry"

"I am sorry"和"Excuse me"都是"抱歉"、"对不起"的意思，但"I am sorry"语气较重，表示承认自己有过失或错误。如果为了客气而轻易出口，常会被对方抓住把柄。追究实际不属于你的责任。

6.1.4 不能过分谦虚

中国人视谦虚为美德，但是美国人却把过谦视为虚伪的代名词。如果一个能流利地讲英语的人自谦说英语讲得不好，接着又说出一口流畅的英语，美国人便会认为他撒了谎，是个口是心非、装腔作势的人；所以，同美国人交往，应该大胆说出自己的能力，不必谦虚客气，否则反而事与愿违。

6.2 欧洲市场的禁忌

6.2.1 英国

不能问女士的年龄。英国人非常不喜欢谈论男人的工资和女人的年龄，甚至他家里的家具值多少钱，也是不该问的。如果你问了一位女士的年龄，也是很不合适的，因为她认为这是她自己的秘密，而且每个人都想永葆青春，没有比对中年妇女说一声"你看上去好年轻"更好的恭维了。

不能砍价。在英国购物，最忌讳的是砍价。英国人不喜欢讨价还价，认为这是很丢面子的事情。如果你购买的是一件贵重的艺术品或数量很大的商品时，你也需要小心地与卖方商定一个全部的价钱。英国人很少讨价还价，如果他们认为一件商品的价钱合适就买下，不合适就走开。

6.2.2 德国

重视称呼，是德国人在人际交往中的一个鲜明特点。对德国人称呼不当，通常会令对方大为不快。一般情况下，切勿直呼德国人的名字。称其全称，或仅称其姓，也可以。和德国人交谈时，切勿疏忽对"您"与"你"这两种人称代词的使用。对于熟人、朋友、同龄者，方可以"您"相称。在德国，称"您"表示尊重，称"你"则表示地位平等、关系密切。

德国人对纳粹和军团标识特别敏感，电子商务网站和产品包装的设计上应该注意避免这类图片出现。

6.2.3 意大利

在商务交流时，不要立即谈生意，意大利人喜欢先闲聊几句，谈谈家常什么的。对商业谈判要有充分的准备，对自己的产品及其在当地或其他地方取得的成功要有详尽的了解。

大多数工厂、公司7~8月份都关门。仍然开业的单位也只有少数骨干人员在工作。这段时间不要前去联系业务。不要谈论当地的政治（过去的和现在的）以及当地税务情况。绝对不要批评意大利国家或地区的体育运动队。绝大多数意大利商业人员都受过良好教育，他们喜欢漫谈艺术、文化、国际事务、体育运动、饮食和家庭生活。在纯社交活动中不要谈业务。

6.2.4 比利时

在与比利时人交往中，一是要切记比利时的民族和语言问题，对瓦隆人和佛兰芒人一视同仁，万万不可把自己与比利时的民族矛盾纠缠在一起。二是要避免谈论比利时的宗教、政治问题，因为你很难知道你的比利时伙伴是否欣赏你的观点。较为稳妥的话题可以是关于体育运动，如比利时人喜欢的足球、自行车赛等，也可以谈论比利时的文化成就，或者你所访问过的城市，等等。

其他欧洲国家，主要都是信奉基督教和天主教，主要是对"星期五"和"13"有所禁忌，对自己的隐私有所禁忌。

6.2.5 俄罗斯

健康：关于这一话题，俄罗斯人比较积极。他们很乐于与别人分享自己的健康状况，因为他们把健康当作自己的骄傲，但不会过分炫耀。然而，如果有人的健康状况不好，那么周围会有很多热情的俄罗斯人表现出对你的怜悯并且提出一些医疗上的建议。抱怨生活和同情弱者和病人都是俄罗斯人性格的一部分,更是他们可以接受的话题。

天气:俄罗斯继承并发扬了欧洲人闲谈时以天气为话题。因为天气是谁都关心并且也不会得罪别人的话题。据说,欧洲人经常以天气为谈话的话题,是因为想避免与别人谈论私事。有趣的是,俄罗斯人经常谈论的只是坏的天气,例如:"这是什么鬼天气呀?"或者"又下雨了"。俄罗斯人谈论天气是很普遍的,但是如果用得不恰当会被认为是很庸俗的,如果外国人把本地或者本国的天气与当地天气来对比这里,可以引起俄罗斯人极大的兴趣。然而俄罗斯人之间一般是不谈论天气和金钱,也不谈论某种与国家或者切身利益相关的大事,例如政治矛盾、宗教矛盾、民族纠纷、前苏联解体以及大国地位,车臣及领土归属等问题。

家庭:俄罗斯人之间经常谈论自家的家庭以及孩子,并且往往把孩子的学习状况放在首位来谈。他们会因为孩子取得好成绩而骄傲自豪。因此交谈时,可以适当地询问对方孩子的状况,或者对方的喜好与如何度过闲暇时间。俄罗斯人通常不会随身携带着亲人或者配偶的照片,也不把照片放在办公桌上面。如果交谈中你可以把自己的亲人的照片给他看,他会很感兴趣,并且很容易对你产生好感。俄罗斯人很乐意与周围的人谈论自己的家庭和孩子,但是不会在谈话中直接引出如:"您丈夫在哪里工作?"或者"您结婚了么?"这样的话题。

6.3 拉美市场交流禁忌

①世界很多国家都忌讳"13"和"星期五"。
②跟阿根廷人避谈政治、宗教和有争议的问题,如军人干政、马岛战争、白人与土著人关系;不要非议探戈舞;如果席间有妇女,也不宜讨论商业事务。
③跟墨西哥人交流,一般不直呼对方的名字,喜欢称对方的职称、学位等头衔,如教授、博士、医生、工程师、律师、法官等,一般没有称呼对方为"阁下"的习惯。忌讳蝙蝠及其图案和艺术造型。
④跟哥伦比亚人交流,不要说斗牛不好,忌对民间习俗说三道四。
⑤秘鲁人认为紫色是不祥的颜色,仅在宗教仪式中使用。避谈政治,忌讳"死亡"这个字眼。
⑥在萨尔瓦多人面前不要笼统地称美国人为"American(美洲人)",否则主人会不高兴。
⑦玻利维亚人更喜欢和会讲西班牙语的人打交道。避谈政治和宗教。
⑧乌拉圭人忌讳青色,避谈政治。

6.4 非洲市场交流禁忌

①称非洲朋友要按照国籍,不要用统称。如果您称一位非洲朋友为 African 的话,那可就"大错特错"了。因为在非洲朋友看来,African 一词包含着落后、不发达等贬义。一般说来,非洲朋友的国家意识都十分强烈,因此在称呼非洲朋友时,最好按照他们的国籍来称呼,而不要统称他们为 African。
②称呼非洲朋友忌用两个禁语。美国黑人对 Black 一词并没有抗拒心理。但一听到有

人称呼他们为 Negro（黑人之意，尤其指原籍非洲，被贩卖到美国做奴隶的黑人及其子孙）时，就会勃然大怒。但非洲人对 Negro、Black 这两个词都有抗拒心理，而且不承认它们的含意。因此，Negro 和 Black 在非洲属于禁语。

课后练习：

一、单选题

1. SNS 营销通常选用的平台不包括（　　）
   A. Facebook　　　　　　　　　　B. QQ
   C. LinkedIn　　　　　　　　　　D. Twitter
2. 跨境电子商务沟通的特点不包括（　　）
   A. 无法预知竞争　　　　　　　　B. 沟通对象不同
   C. 信息变化快　　　　　　　　　D. 服务以人为本
3. 跨境电商纠纷解决原则不包括（　　）
   A. 尊重并理解买家的情绪　　　　B. 保留证据
   C. 注意沟通时间　　　　　　　　D. 全额退款
4. 跨境电商业务纠纷类型不包括（　　）
   A. 买家对资费不满　　　　　　　B. 买家未收到商品
   C. 买家对售后服务不满　　　　　D. 买家收到商品与约定不符
5. 跨境电商客服的基本必备技能不包括（　　）
   A. 法语　　　　　　　　　　　　B. 英语
   C. 翻译　　　　　　　　　　　　D. 商务技能

二、判断题

（　　）1. 把客户变成朋友并以朋友的身份关心客户，是解决邮件石沉大海的好方法。
（　　）2. 电子商务中的沟通技巧是时效性。
（　　）3. 跨境电商卖家需要了解买家所在国家当地的风俗习惯与禁忌，以便沟通时拉近距离，有针对性地对买家进行回复。
（　　）4. 一般情况下，卖家应该经常与国外买家进行语音对话，尽量避免以书写方式沟通。
（　　）5. 大部分欧洲国家，主要都是信奉基督教和天主教，主要是对"星期五"和"13"有所禁忌。
（　　）6. 由于时差的缘故，卖家应该在晚上的时间联系国外买家。因为这个时候买家在线的可能性最大，沟通效果最好。

三、简答题

1. 请简述跨境电子商务与传统贸易在沟通方面的不同。
2. 假设你是一个 3C 类产品跨境电子商务卖家，客户收到你的产品后提出有一点品质瑕疵，请以此为主题写一封英文邮件给客户，最大化地降低自己的损失。

第10章 移动跨境电商

根据中国互联网信息中心（CNNIC）2017年1月22日发布的《第39次中国互联网络发展状况统计报告》显示，截至2016年12月，中国手机网民数量达到6.95亿，增长率连续三年超过10%。台式电脑、笔记本电脑的使用率均出现下降，手机不断挤占其他个人上网设备的使用。同时，移动互联网与线下经济联系日益紧密，2016年，我国手机网上支付用户规模增长迅速，达到4.69亿，年增长率为31.2%，网民手机网上支付的使用比例由57.7%提升至67.5%。手机已成为了我国网民的第一大上网终端。手机上网和支付的普及，大力推动了移动电商业务的发展，跨境电商也适时迎来了其移动互联的时代。

1. 移动跨境电商的发展

移动电子商务发展在早期主要是基于WAP（无线通信协议）技术，由移动终端通过浏览器的方式访问WAP网页。WAP在应用上改进和简化了Internet的思想，其安全标准使通过互联网的电子商务扩展到无线移动终端上。但WAP网页访问存在交互能力差、安全隐患大等缺陷。

第三代移动通信俗称3G，是国际电信联盟（ITU）定义的IMT-2000（International Mobile Telecommunication-2000），能提供移动宽带多媒体业务。较之以往的2G移动通信技术，3G网络大大提高了无线数据传输的速率。在这一基础上，才有了更为多样化的上传、下载、视频通话、多媒体等在3G手机上的应用与体验。我国的3G网络已运营数年。

新的移动跨境电商系统融合了4G移动技术、VPN（虚拟专用网）、数据库同步、身份认证等前沿技术，交互能力和安全性均明显增强。

移动端的应用使得跨境电子商务从有线通信转向移动无线通信、从固定地点的商务形式转变为随时随地的商务活动。与起初通过PC端展开的跨境电商形式相比，移动跨境电商能为更广泛的用户提供更为多样化、更为便捷、更为灵活的服务，更大程度地满足用户即时性的需求。

在开始体验移动跨境电商平台之前，需要理解以下几个相关概念：
- 手机操作系统：包括谷歌公司的Android（安卓）系统和苹果公司的iOS系统。
- 手机客户端（也称APP或移动端、无线端）：是智能手机的第三方应用程序，需要下载、安装、注册后方能使用。

- 应用中心（也称应用商店）：是下载客户端的渠道。iOS 系统的各种应用主要来源于 App Store，这在国内外都比较统一；Android（安卓）系统的客户端下载渠道在国内和国外则有较大差异，国外主要来自官方的 Google Play，而国内则可以是各种第三方应用中心。
- Mobile Site（简称 MSite）：指的是通过手机浏览器访问网址打开的页面。

2. 移动跨境电商的分类

2.1 企业级跨境电商移动端

企业级移动电商需要一个后台来支撑整个企业跨境模式的运营，包括商品上架、会员管理、推广营销、数据统计、订单处理、客户服务等功能。企业操作的移动电商平台，即企业级跨境电商移动端后台，企业可以借此细分客户群体、扩展盈利渠道，统一管理多种终端平台的信息内容，从而降低运营成本；同时，用户可以摆脱纯粹的"货架式"购物，进入"接触与互动式"购物体验模式。跨境电商客户端关联解读图如图 10-1 所示。

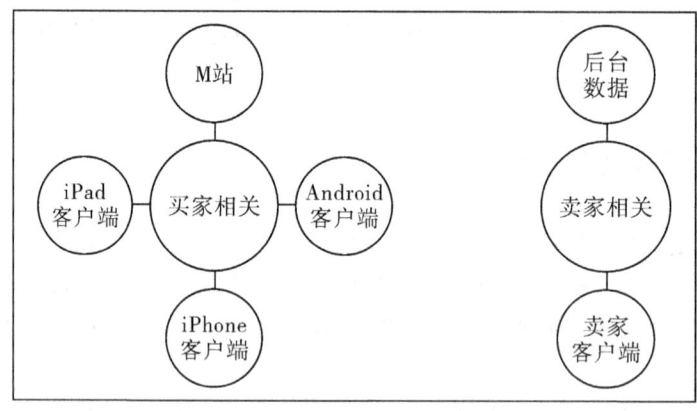

图 10-1 跨境电商客户端关联解读图

企业级电商后台需要具备一个或多个与之关联的展示前台，前台既可以是 PC 端网页的展示形式，也可以通过手机或 PAD 等形式呈现。当消费者购物时，便可以通过不同的终端浏览和选购企业商城的商品。

2.2 跨境电商移动商城

移动商城指的是一些为移动端用户打造的购物软件，它是融合 3G、二维码、语音、视频等无线技术为一体的移动平台，可以与不同的独立商家平台对接。跨境电商移动商城可以实现跨境商品的搜索、详情浏览、收藏、购物车添加、双向沟通、手机支付、订单查询等功能，为海外用户提供更为便捷的购物体验。

移动商城的特点和优点在于：

- 增加曝光渠道。对于企业而言，移动商城无疑是又多了一种曝光渠道，且这一渠道的传播速度远快于传统互联网，其无处不在的使用环境可以将企业和品牌迅速推广到世界的每一个角落。

• 无线移动营销。无线移动营销抓住用户一切碎片化的时间，打破时间、空间限制，通过手机推送发放电子优惠券、会员卡、限时/限量购、EDM（即 Email Direct Marketing，电子邮件营销）等移动营销方式，打破消费者网上海淘的固有模式，第一时间将各种活动信息传递给消费者，相应地便会带来跨境电商转化率的快速提升。

• 集成手机安全支付功能。如速卖通使用的集成支付宝移动安全支付功能，在移动客户端即可轻松完成支付。

• 用户行为统计。通过精确的客户端软件搜集数据，通过 LBS 技术获取用户的位置信息，并通过专业的数据分析，了解用户的地点及行为，为推送、营销等决策提供极为有力的依据。

2.3　跨境电商 App

随着 App 在智能手机上的广泛应用，全球各地的跨境电商平台也纷纷推出自己的 App，以保证自己在移动领域的竞争优势。全球速卖通的移动端在 2013 年 10 月正式开始运营，从 2013 年到现在移动端的金额一直在增长而且在成交金额中的占比也一直在增长，从 10%一直增长到 30%多，移动端增长节奏很大程度上快于整体增长节奏，预计未来 2 年内移动端成交占比会到达 60%以上。

2015 年跨境电商平台如速卖通、敦煌网和 eBay 都在移动端大为发力，最令人印象深刻的是完全基础手机端的 Wish 平台的发展成长，从 2015 年到现在它一直处于风口浪尖，其发展和成功真正证明了移动端的跨境电商巨大的市场蓝海和强大的生命力，引得越来越多的人关注移动互联网端的跨境电商。

除了一些大的第三方跨境电商平台陆续开放移动端外，近年也涌现出不少中小规模的跨境电商 App（如图 10-2 所示），从事进口、出口或双向进出口业务。

图 10-2　部分跨境电商 App 集合

本章所讲解的移动跨境电商平台主要指的是手机客户端，即 App 应用。

3. 无线端的操作

目前很多跨境电商平台的客户端都有两个：Android 版和 iPhone 版，有些还包括 iPad 版，可以通过不同的应用中心找到相应的跨境平台软件下载、体验。同时，跨境电商平台的 App 一般都会分为卖家端、买家端、客服端等不同的应用，协同合作，为客户提供便捷的购物体验。

因为下载客户端往往需要经过搜索、下载、安装、注册等一系列过程，需要花费较多的时间精力以及移动数据流量，所以，一般安装了无线客户端的买家忠诚度会高于通过浏览器 MSite 来购物的买家。

3.1 跨境电商买家端的功能及内容

下面以 AliExpress 买家端 Android 版为例来介绍跨境电商平台无线端、无线端店铺和产品的基本功能与内容。

3.1.1 跨境平台无线端

AliExpress 买家端 Android 版的基本性能解读如图 10-3、图 10-4、图 10-5 所示：

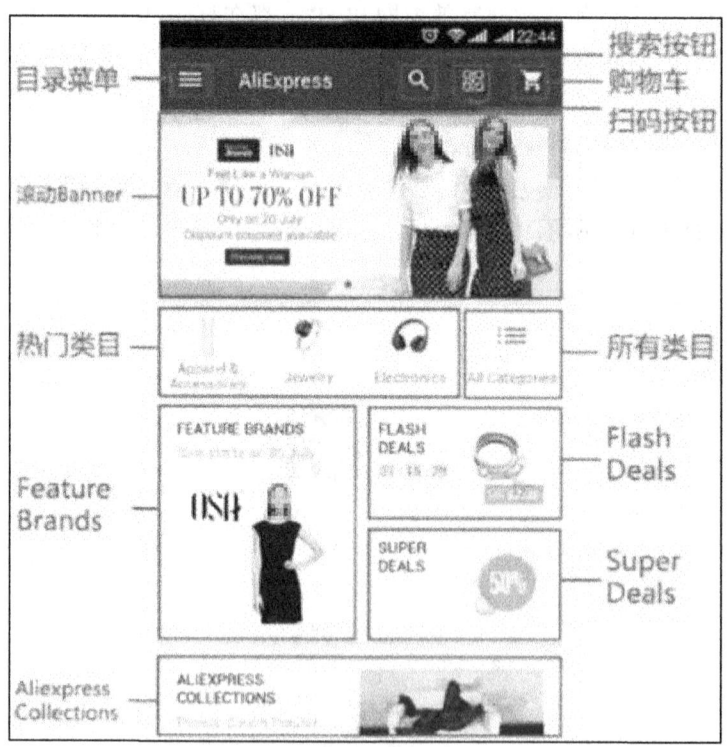

图 10-3　AliExpress 买家端第 1 屏解读图

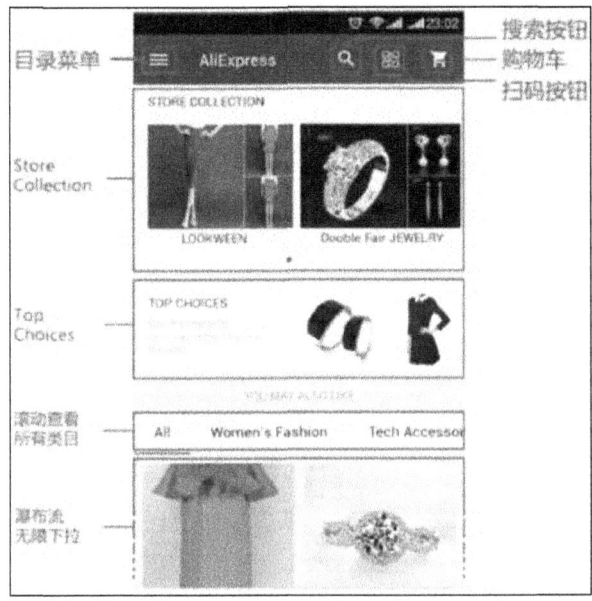

图 10-4　AliExpress 买家端第 2 屏解读图

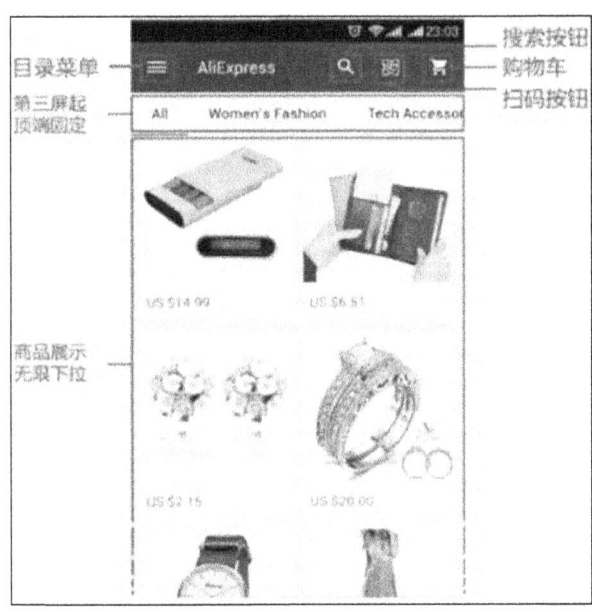

图 10-5　AliExpress 买家端第 3 屏解读图

其中，第二屏上的 STORE COLLECTION 对展示商品和店铺的要求包括：
- 服务好，好评率不低于 93%，店铺的动态评分 DSR 达到 4.5 以上。
- 商品符合无线端要求。
- 店铺前 3 页不能有包邮、补差价的情况。
- 专业店铺。

TOP CHOICES 的基本要求则是需要评价非常好，商品图片符合无线端要求。

图 10-6　AliExpress 买家端多语言展示

此外，很多跨境电商买家端 App 都支持多语言站点，如 AliExpress 买家端目前就包括 5 种语言，图 10-6 中展示的依次是其英语、西班牙语、俄语、葡萄牙语站（还有一个印尼语站点未能显示截图）。

3.1.2　无线端店铺和产品

AliExpress 无线端某店铺的基本内容解读如图 10-7、图 10-8。

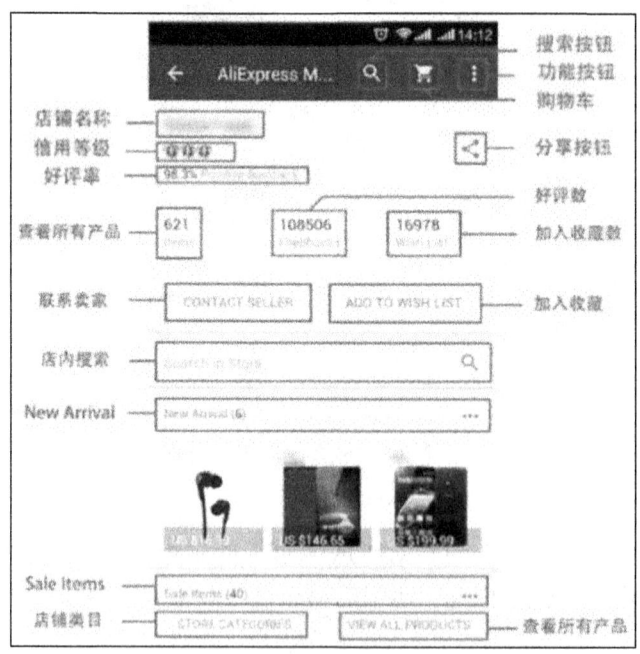

图 10-7　AliExpress 无线端某店铺第 1 屏解读图

图 10-8 AliExpress 无线端某店铺第 2 屏解读图

AliExpress 无线端某产品显示的内容信息如图 10-9 所示:

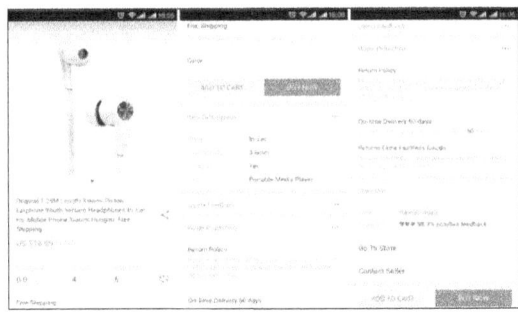

图 10-9 AliExpress 无线端某产品显示页 1-3 屏

AliExpress 无线端某产品的 Description 举例如图 10-10 所示:

图 10-10 AliExpress 无线端某产品详情页前 3 屏

在后文即将讲到的卖家端操作中，卖家需注意，编辑某产品的 Description 详情时，需检查该产品在无线端和 PC 端的显示是否一致。

3.2 跨境电商卖家端的安装及基本操作

与上一节相对应，下面以全球速卖通卖家端 Android 版的安装为例来进行讲解。

3.2.1 速卖通卖家端的安装与登录

如图 10-11 所示，可以有 3 种方式下载到速卖通卖家端。

图 10-11　速卖通卖家端下载方式图解

下载完成后，点击"安装"，待安装完毕后，即可在页面上输入卖家的用户名和密码进行登录，如图 10-12 所示：

图 10-12　速卖通卖家端登录页

成功登录后，可以看到速卖通卖家 App 的几个引导页面，如图 10-13 所示：

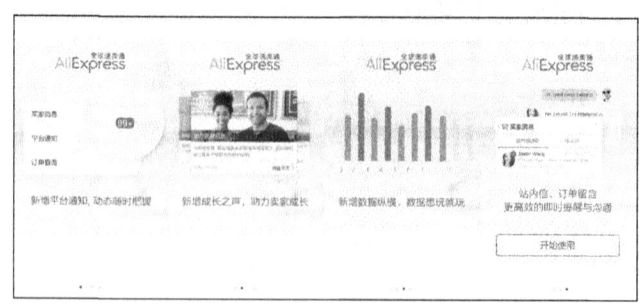

图 10-13　速卖通卖家端引导页

3.2.2 速卖通卖家端的操作

图 10-14 即速卖通卖家端 Android 版的首页，页面上可一目了然地看到该卖家的导航栏、站内信、订单留言、平台通知（AE 早知道）、成长之声和订单看板等内容。其中订单看板是手机端的主要内容，卖家可以通过它随时随地地掌握当日新订单以及需要处理的各个订单的信息，从而第一时间给出应答。

图 10-14　速卖通卖家端首页

图 10-14 左上角标出的是快速导航栏。打开快速导航栏（见图 10-15），在这里卖家可以查看到一列侧边菜单，包括：买家消息、平台消息，进行订单管理、设置消息提醒、密码锁定等店铺经营信息。

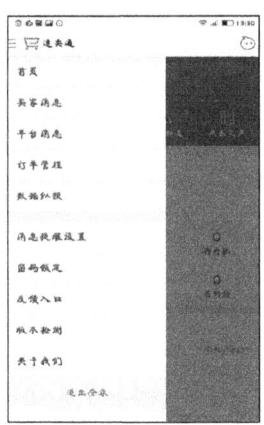

图 10-15　速卖通卖家端侧边菜单页

新版本的订单信息和物流状态（见图 10-16）也能做到一目了然，便于卖家更快地将自己的订单情况了然于心。

图 10-16 速卖通卖家端订单管理与订单详情页

在手机上利用平台工具进行询盘回复与客服沟通（如图 10-17 所示），能发表情也能发图片，和聊天工具没差别，比之前的国际板旺旺更便捷实用（因为只有很少一部分买家选择使用国际版旺旺和卖家沟通，且国际旺旺的 App 服务不够稳定，所以在速卖通卖家端的升级中已将旺旺模块下线）。

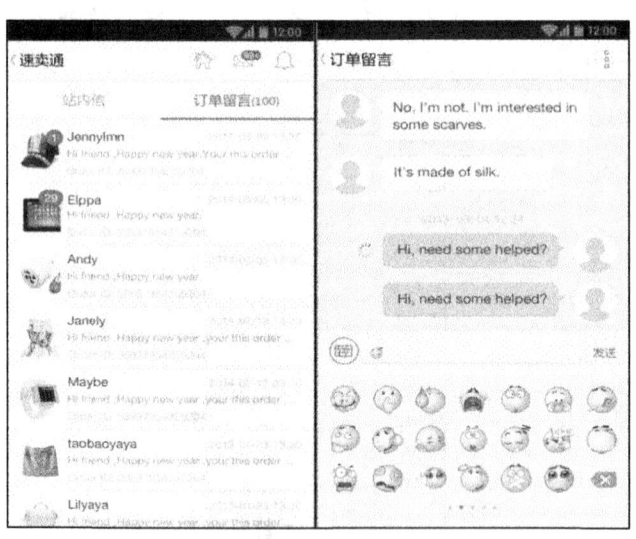

图 10-17 速卖通卖家端订单留言与沟通页

同时，新版的速卖通卖家 App 中还新加入了"数据纵横"板块，点击进入后会看到"店铺概况""实时风暴""营销助手"三部分内容，店铺的各类数据随时随地都可以查看（见图 10-18）。各部分反映出的具体数据在前面第 5 章中已有详细解读。

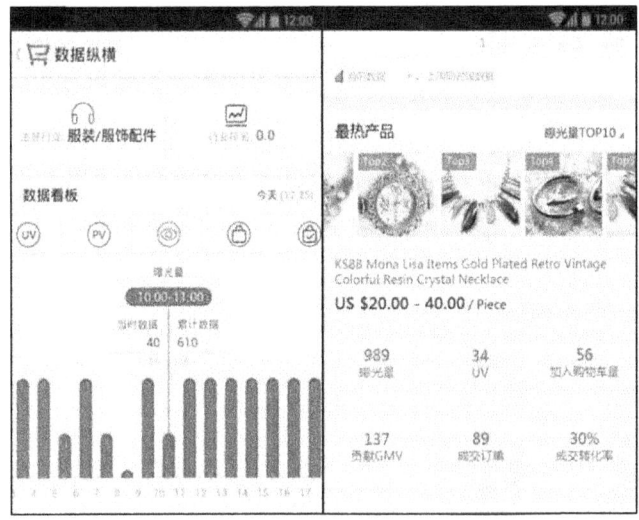

图 10-18　速卖通卖家端数据看板页

速卖通卖家端还包含平台通知（AE 早知道）和成长之声（见图 10-19），促进平台资讯直达手机，卖家们不用再担心错过重要通知了。

图 10-19　速卖通卖家端成长之声页

3.3　移动端后台营销工具设置

为了扩大销售量，需要利用移动跨境电商后台的各种营销工具设置相应的促销活动来吸引消费者。一般按照促销的方式不同可分为平台活动和店铺活动两大类，而根据促销载体的不同又可将店铺活动分为订单促销和商品促销。速卖通卖家后台的营销活动有很多种，移动端的营销活动则主要通过设置"手机专享价"和对"无线店铺"进行装修来实现。

3.3.1 手机专享价

设置手机专享价活动，可以快速地将用户从 PC 端引向移动端。如图 10-20 所示，设置了手机专享价的商品在价格的下方会出现"Find more deals on app"字样，单击此处会弹出二维码，扫描后即可直达移动端的相应页面。

图 10-20　AliExpress 某产品展示页及扫码提示框

当某商品设置了手机专享折扣时，它在移动端的搜索结果页、详情页、购物车等重要位置都会被添加上特殊标志及优先筛选功能，这将有助于提升该商品搜索排序的位次。具体设置如下：

进入卖家后台"营销活动"→"店铺活动"板块（见图 10-21），在"限时限量折扣"中点击"创建活动"按钮，即可编辑商品在无线端的专属折扣。同理，也可以在"全店铺打折"、"店铺满立减"等模块中进行相应设置。

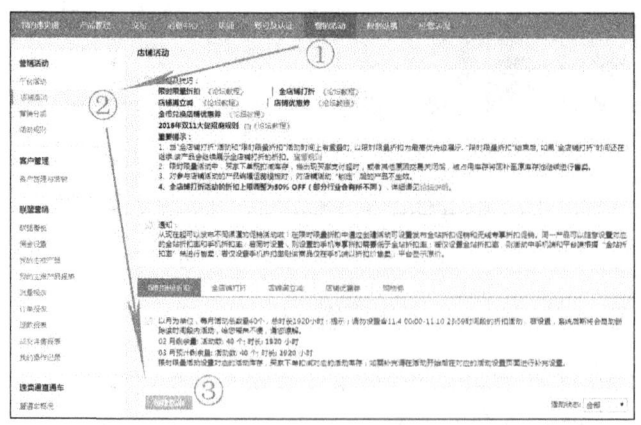

图 10-21　速卖通卖家后台店铺活动创建入口页

点击"创建活动"按钮进入到创建店铺活动页面。活动开始时间为美国太平洋时间。打折商品会在 12 小时后展示给买家，所以卖家需要提前 12 小时创建好活动（见图 10-22）。

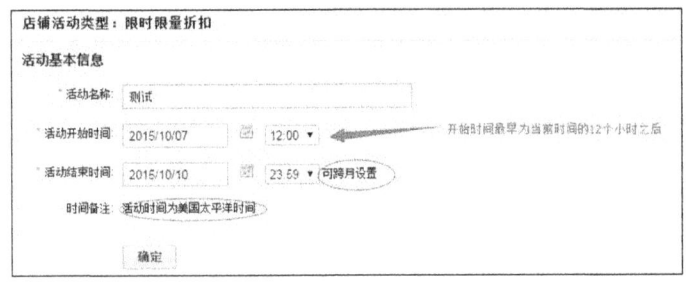

图 10-22　速卖通卖家后台店铺活动基本信息填写页

创建好限时限量活动后，勾选参与活动的商品，单击"确定"按钮。每个活动最多只能选择 40 个商品，且活动设置的最长时间不能超过 1920 小时（即 80 天）（见图 10-23）。

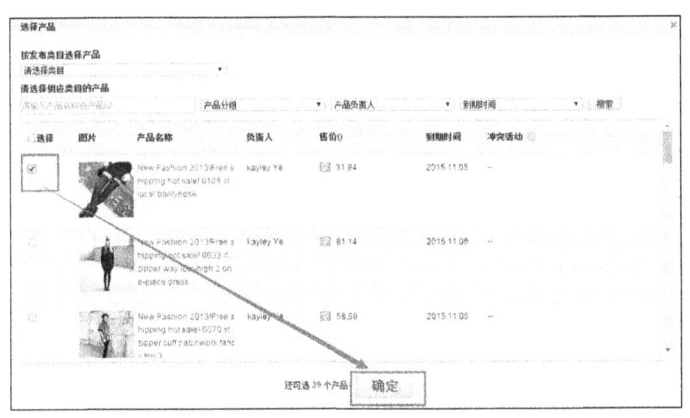

图 10-23　速卖通卖家后台店铺活动产品选择页

下一步即是设置商品的折扣率和促销数量。这里可批量设置全部活动商品的折扣和库存，也可单独设置。

只有在图 10-24 中"折扣率"区域设置了虚线下方空格中的手机专享折扣后，在无线端才能显示相应的活动折扣 Logo 提示。若此处设置了全站和手机专享两个不同的折扣率（注意：手机专享折扣必须大于全站折扣），则客户在 PC 端看到的是全站折扣率，在无线端看到的是手机专享折扣率。例如，卖家将某产品全站折扣率设置为 30%OFF，设置手机专享折扣率为 35%OFF，则买家通过 PC 端访问该产品时看到的折扣率为 30%OFF，而当他通过无线方式访问该产品时，将看到 35%的折扣率。

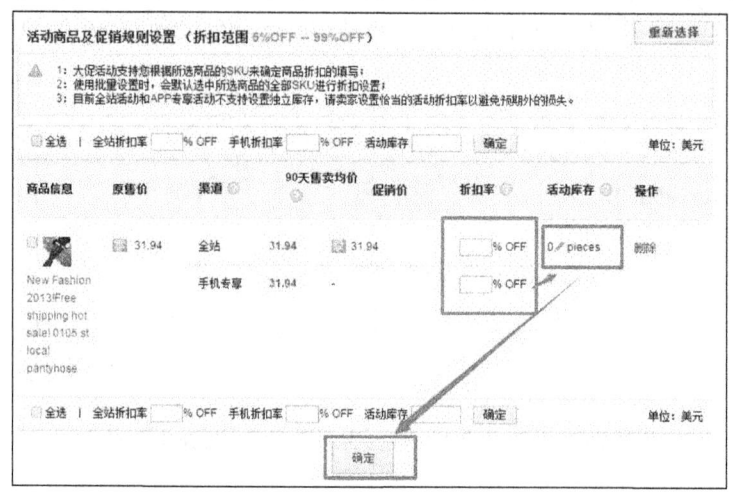

图 10-24　速卖通卖家后台活动商品及促销规则设置页

被设置了全站和手机专享折扣的商品，其总库存量是共享的，在图 10-24 中"活动库存"栏中有显示。当活动库存累计销售完后，该商品将自动恢复原价。当然，在这种情况下，卖家也可以选择及时追加活动库存，来继续打折促销。

3.3.2　无线店铺营销

在无线店铺装修时，最好选择 Chrome 或火狐、IE9 以上版本的浏览器（见图 10-25），因为在跨境电商平台上购物的国外用户主要使用的就是这些国际主流的浏览器，于是跟买家采用相同的浏览器，则较少可能出现图文解码方面的问题，更有利于我们跨境电商业务的开展。

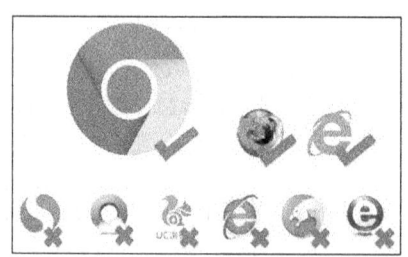

图 10-25　速卖通卖家后台无线店铺装修浏览器选择

同时需要注意的是，无线店铺装修的新模块（轮播组件和单行多点击）只能在 iOS5.0.0/Android4.9.9 以上版本的 AliExpress App 中才能生效，卖家在装修效果显示时需要注意无线端系统的配置。

在速卖通卖家后台点击"店铺→店铺装修及管理→（无线店铺）进入装修"（见图 10-26），即可开始在线进行无线端卖家店铺的装修。系统给出了产品推荐、图片模块和系统模块三种模块选择。

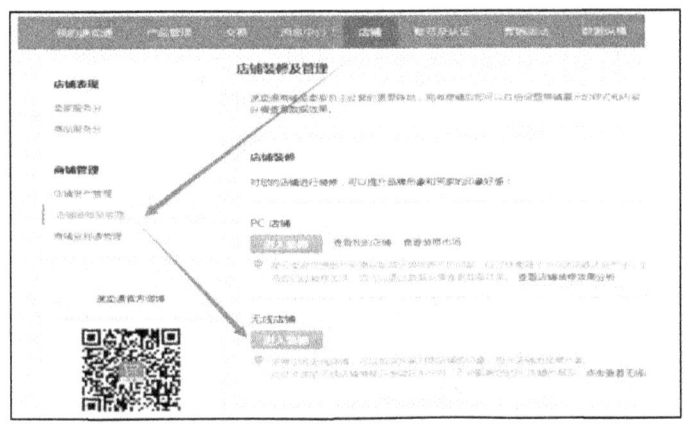

图10-26　速卖通卖家后台无线店铺装修入口页

"图片模块"中无论是选择哪种模块，对上传的图片数量、规格、配置等都有所限制（见图10-27），且图片的添加均是通过URL链接来实现的，具体操作比较简便。

图10-27　速卖通卖家后台无线店铺装修图片模块添加页

"产品推荐"可通过手动和自动两种方式来实现，同时，后台提供了3种不同的产品展示样式供卖家选择。注意，此处标注的"展示商品数"指的是无线店铺的首页显示出的商品数,实际选择推荐的商品数可以超过这个数量。此外,"选择标题样式"中第一种"无标题"一般不推荐;"文字标题"比较普通,卖家们可以根据 PC 端的文字标题编制方法来编辑;"图片标题"则类似于店招,是一张尺寸为 720×200 像素的图片。

设好模块后,可进行"热区图片设置",以图 10-28 中展示的优质无线店铺为例,要在页面上插入产品图片,只需要在后台的模块上的相应位置单击并拖曳出一个矩形(系统会显示为透明的蓝色系),然后在设置页右侧的方框内添加 URL 链接即可,一页上可根据需要添加不同数量的多个链接,如图 10-29 所示。

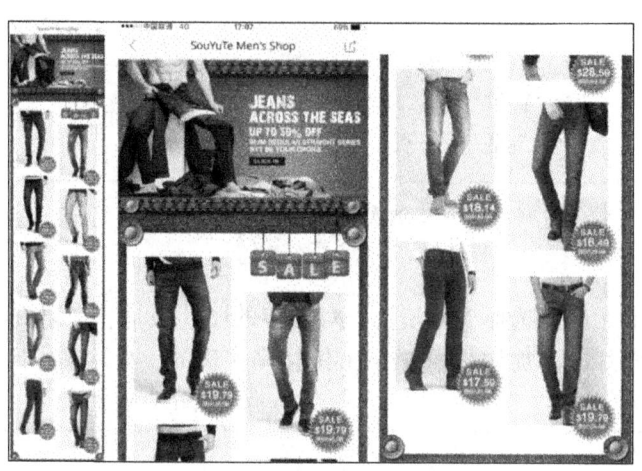

图 10-28 速卖通卖家优质无线店铺展示

图 10-29 速卖通卖家后台无线店铺装修热区图片设置页 1

图片展示可以设置多页,合在一起形成一个整体,每一页显示的顺序可以调整,如图 10-30 所示。

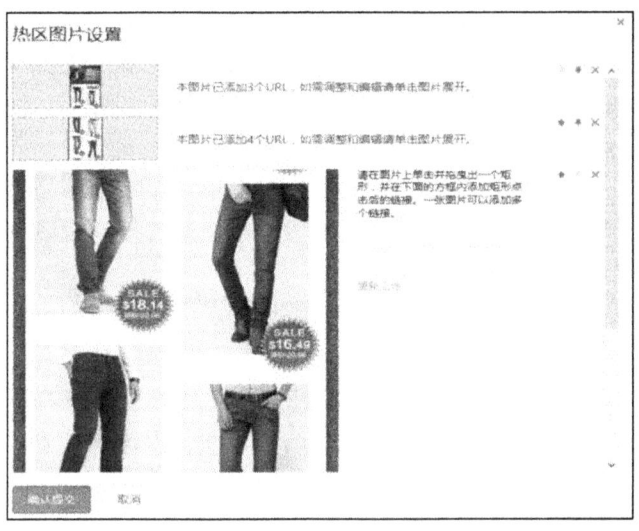

图 10-30　速卖通卖家后台无线店铺装修热区图片设置页 2

一般这部分设置的页面不宜过长，占 2～5 屏为宜，因为整体太长更容易引起无线端显示时图片解压方面的问题。

4. 无线端的运营技巧

4.1　无线流量的获取

结合前面介绍的用户查看无线端的方法和无线端的营销工具，可以将流量获取的渠道归纳为：站内部分主要包括无线搜索、无线端活动等；站外部分，主要指 SNS 营销等（见图 10-31）。

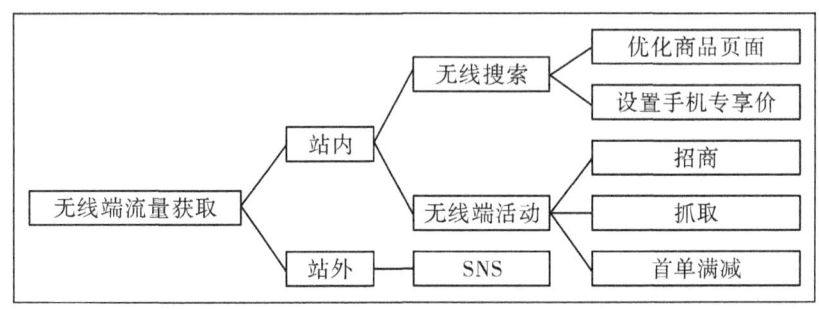

图 10-31　无线端店铺流量获取技巧图解

其中，前面的内容中均有涉及站内部分，在此只对无线端 SNS 营销进行补充。

虽然 SNS 不只是在无线端使用，但是目前大多数用户都是在无线端使用 SNS，而这种无线端的分享能带来较大无限流量的提升。因为，无线端的拍照和分享都非常便捷，且在无线端商品详情页和无线端店铺的首页，都有明显的分享链接。同时，在评价页，买家也可以很方便地对产品进行拍照和评价，并将拍照进行分享，比如分享到之前很火的YouTube，现在的Instagram上。SNS营销的效果也非常明显，如整个假发行业平均50%～60%的交易都来自无线端。

此外，目前还有不少商家利用快递包裹里的出货单、包装箱等物料，通过二维码之类的方式，引导用户分享，这种方式也正在逐步渗透，快速链接到跨境电商无线店铺或商品页，达到提升无线端流量的目的。

4.2 无线端转化率的提升

虽然，目前很多跨境电商平台的无线端和PC端产品信息描述Description在内容设置和排版方面整体是相似的，但由于无线端访问的特殊性，无线端和PC端展示在买家面前的商品信息也会有所不同，为提升无线端的转化率，下面针对Description这部分的内容设置提出几点建议：

- 进行图文描述是将重点内容放在前面展示，图片和文字分离，以便更好地在无线端展示，这与PC端有较大差异。
- 考虑到移动设备的流量问题，图片大、图片清晰度、构图比例和字体大小等都将直接影响Description的效果好坏。例如图片不宜太大，以免影响无线端加载速度，导致买家流失。再比如构图比例，建议单屏只有一个或两个小模块的划分，这样能让买家清晰地看到商品效果。
- 文本形式的文字尽量少而精，并且字体不宜过小，颜色不宜过多。图片上不宜加太多文字，图片不宜使用太多色彩，所有内容能小则小。
- 如果要在无线端Description板块设置商品推广图，背景一定要简洁，可精简文字，适当放大字号。
- 关联销售一般具有超链接，而且受限于移动设备排版问题，建议将关联销售模块尽量放在靠近下面的位置。
- 某些行业商品的尺码表或者描述表格尽量做成图片形式展示，但是要注意图片大小。
- 建议优化完成之后要在无线端验证，从自己的角度出发，验证用户是否能简单、清晰地了解商品信息。

课后练习：

一、单选题

1. 应用中心也称(　　　　)。
   A. App Store　　　　　　　　　　B. 手机App移动端
   C. Google Play　　　　　　　　　 D. 应用商店
2. 目前很多跨境电商平台都包含(　　　　)个客户端。
   A. 3　　　　　　　　　　　　　　B. 1

C. 2　　　　　　　　　　　　　　　D. 4
3. 目前很多跨境电商平台都包含(　　　　　)个客户端。
   A. 8　　　　　　　　　　　　　　　B. 5
   C. 6　　　　　　　　　　　　　　　D. 4
4. 编辑某产品的 Description 详情时，卖家需注意该产品(　　　　　)。
   A. 无线端是否比 PC 端显示更多详情　　B. PC 端是否比无线端显示更多信息
   C. 无线端和 PC 端的显示是否一致　　　D. PC 端是否比无线端显示比例大
5. 速卖通移动端的营销活动主要是通过设置(　　　　　)和(　　　　　)来实现的。
   A. 手机专享价；对无线店铺进行装修　　B. 店铺优惠券；限时折扣
   C. 手机专享价；全店铺打折　　　　　　D. 全店铺打折；无线端限购活动
6. 无限流量的获取渠道分为(　　　　　)和(　　　　　)两种。
   A. 站内；无线搜索　　　　　　　　　　B. 无线端活动；无线搜索
   C. 站外；SNS　　　　　　　　　　　　D. 站内；站外

二、判断题

(　　)1. 一般安装了无线客户端的买家忠诚度会高于通过浏览器来购物的买家。
(　　)2. 速卖通 STORE COLLECTION 要求展示店铺产品必须是包邮的。
(　　)3. 速卖通 TOP CHOICES 要求必须是专业店铺售价较高的产品。
(　　)4. 设置了手机专享价的商品在价格的下方会出现折扣字样，如 5% OFF。
(　　)5. 速卖通店铺活动创建后，打折商品在 12 小时后才能展示给买家。
(　　)6. 手机专享折扣必须大于全站折扣。
(　　)7. 被设置了全站和手机专享折扣的商品，其总库存量是分开设置的。

三、问答题

1. 设置活动商品手机专享价时应该注意什么？
2. 如何进行无线端店铺热区图片设置？
3. 请就无线端转化率的提升，针对商品描述的内容设置提出你的建议。

参考答案

第1章 练习答案

一、单选题

1. D　　2. C　　3. A　　4. B　　5. D

二、判断题

1. √　　2. √　　3. ×　　4. ×　　5. ×
6. ×　　7. ×　　8. ×　　9. ×　　10. √

三、名词解释

1. 报关

报关是指进出口货物收发货人、进出境运输工具负责人、进出境物品所有人或者他们的代理人向海关办理货物、物品或运输工具进出境手续及相关海关事务的过程,包括向海关申报、交验单据证件,并接受海关的监管和检查等。基本程序是申报、查验、征税、放行。

2. TPP

跨太平洋伙伴关系协议(Trans-Pacific Partnership Agreement,TPP),也被称作"经济北约",是由亚太经济合作会议成员国中的新西兰、新加坡、智利和文莱四国发起,从2002年开始酝酿的一组多边关系的自由贸易协定。

跨太平洋伙伴关系协议将突破传统的自由贸易协定(FTA)模式,达成包括所有商品和服务在内的综合性自由贸易协定。

3. 出口退税

出口货物退税,简称出口退税,其基本含义是指对出口货物退还其在国内生产和流通环节实际缴纳的增值税、消费税。出口退税主要是通过退还出口货物的国内已纳税款来平衡国内产品的税收负担,使本国产品以不含税成本进入国际市场,与国外产品在同等条件下进行竞争,从而增强竞争能力,扩大出口的创汇。

4. 综合保税区

综合保税区是设立在内陆地区的具有保税港区功能的海关特殊监管区域,由海关参照有关规定对综合保税区进行管理，执行保税港区的税收和外汇政策集保税区、出口加工区、保税物流区、港口的功能于一身，可以发展国际中转、配送、采购、转口贸易和出口加工等业务。

5. TTIP

跨大西洋贸易与投资伙伴关系协定，它是史上最大的自由贸易协定：美欧关税降至零、覆盖世界贸易量的1/3、全球GDP的1/2。很大程度上，TTIP将改变世界贸易规则、产业行业标准，挑战新兴国家，尤其是金砖国家间的准贸易联盟。

6. 清关

清关（Customs Clearance）即结关，是指进出口或转运货物出入一国关境时，依照各项法律法规和规定应当履行的手续。

7. FTA

FTA是广义的自贸区，指两个或两个以上的国家或地区通过签署自贸协定，在世界贸易组织最惠国待遇基础上，相互进一步开放市场，分阶段取消大部分货物的关税或非关税壁垒，改善服务业市场准入条件，实现贸易和投资的自由化，从而促进商品、服务和资本、技术、人员等生产要素自由流通的"大区"。如中国近年来推动建立的东盟、中日韩自贸区等即是广义自贸区。

8. 自贸区

自由贸易区（Free Trade Zone）是指在贸易和投资等方面比世贸组织有关规定更加优惠的贸易安排；在主权国家或地区的关境以外，划出特定的区域，准许外国商品豁免关税自由进出。实质上是采取自由港政策的关税隔离区。

四、简答题

1. 通关服务还需改进；市场监管体系有待进一步完善；结汇方式需调整优化；国际合作有待加强。

2. FTA是广义的自贸区，指两个或两个以上的国家或地区通过签署自贸协定，在世界贸易组织最惠国待遇基础上，相互进一步开放市场，分阶段取消大部分货物的关税或非关税壁垒，改善服务业市场准入条件，实现贸易和投资的自由化，从而促进商品、服务和资本、技术、人员等生产要素自由流通的"大区"。如中国近年来推动建立的东盟、中日韩自贸区等即是广义自贸区。

FTZ是狭义的自贸区，国内称为"自由贸易园区。FTZ是缔约方境内的一部分，进入这部分的任何货物，就进口关税而言，通常视为关境之外"。特点是一个关境内的一小块区域，是单个主权国家（地区）的行为，一般需要进行围网隔离，对境外入区货物的关税实施免税或保税，而不是降低关税。如德国汉堡自由港、巴拿马科隆自由贸易区等属于FTZ。

3. 由于信息在互联网上流动的便捷和快速，跨境电子商务使得国际贸易卖方可以直接面对来自不同国家的消费者，因而最大限度地减少了传统贸易所必须涉及的交易环节和消除了供需双方之间的信息不对称。

4. C2C模式，即消费者与消费者之间的电子商务（Consumer to Consumer），是从事外贸活动的个人对国外个人消费者进行的网络零售商业活动。C2C商务平台就是通过为买卖双方提供一个在线交易平台，使卖方可以主动提供商品上网拍卖，而买方可以自行选择商品进行竞价。C2C 模式实际上是电子商务的专业用语，指个人与个人之间的电子商务。比如一个消费者有一台电脑，通过网络进行交易，把它出售给另外一个消费者，此种交易类型就称为 C2C 电子商务。其代表是易趣、淘宝电子商务模式。

5. 跨境电子商务涵盖物流、信息流、资金流、单证流，随着跨境电子商务经济的不断发展，软件公司、代运营公司、在线支付、物流公司等配套企业都开始围绕跨境电商企业进行集聚，服务内容涵盖网店装修、图片翻译描述、网站运营、营销、物流、退换货、金融服务、质检、保险等内容。

第 2 章 练习答案

一、单选题

1. C   2. D   3. D   4. B   5. A
6. B   7. D

二、判断题

1. ×   2. ×   3. √   4. √   5. ×
6. ×   7. √   8. ×

三、简答题

1. 为恢复账号，卖家可进行申诉。首先，搞清楚是什么原因导致您的账户销售权限被移除；其次，评估过往的销售操作；然后，创建一个补救的行动计划，需包含两点：应让亚马逊知道卖家已明确了自己在销售或者产品管理中存在某些特定的问题；卖家说明会如何去改进和避免这些出现的问题。最后，将补救行动计划发送给亚马逊希望其恢复您的卖家销售权限。

2. 跟卖的优势：不用自己去创建页面，想卖就卖不想卖就下架，省时省力省心；商品的出价会立即出现在排名靠前的 Listing 中；直接效果就是单量的增加带动流量上升，自己上架的产品也可能卖出去。跟卖的风险：直接引发价格战，导致低利润；容易被 Listing 所有者投诉侵权，一旦投诉成功就会被封账号。

3. SKU 作弊指卖家通过刻意规避商品 SKU 设置规则，滥用商品属性（如套餐、配件等）设置过低或者不真实的价格，使商品排序靠前（如价格排序）的行为；或者在同一个商品的属性选择区放置不同商品的行为。举例：将不同的商品放在一个链接里出售；将正常商品和不支持出售（或非正常）的商品放在同一个链接里出售；将常规商品和商品配件（如：手表和表盒）放在一个链接里出售；将不同属性商品捆绑成不同套餐或捆绑其他配件放在一个链接里出售；在手机整机类目中，以排序靠前为目的的自定义买家极少购买的套餐，如裸机、不带任何附件（包含且不限于）等套餐。

4. 因买家未协助提供正确的第二代居民身份证件等信息导致商家无法发货清关入境的；买家要求更换收货地址、地址不详、地址错误、联系不上、拒收、无代收人等导致包裹延误派送或无法送达的；因收件人学校、单位或住宅小区不允许投递人员入内，或买家代收方原因，导致造成延误；因收件人地址在周六、周日和公众节假日不接收邮件，导致造成延误；因不可抗力造成延误的；买家购买商品不符合商品入境相关法律法规，导致无法清关入境的；其他因消费者责任导致商家无法按时送达的。

四、实操题 略

第3章 练习答案

一、多选题

1. ACD　　2. ABCD　　3. ABCD　　4. AC　　5. BD

二、判断题

1. √　　2. ×　　3. ×　　4. √　　5. ×

三、简答题

1. 引流款是指为了给平台或者店铺及商品带来流量的商品。这样的商品价格不能过高，一般情况下利润预期在0至1%。引流款不是利润的主要来源，一般情况下它是不获利或获利很少的。

2. 上架价格（List Price，LP）是产品在上传的时候所填的价格。销售价格/折后价（Discount Price，DP）是产品在店铺折扣下显示的价格。成交价格（Order Price，OP）是用户在最终下单后所支付的单位价格。这几个价格的直接联系是：

销售价格＝上架价格×折扣

成交价格＝销售价格－营销优惠（满立减、优惠券、卖家手动优惠）

3. 市场差异化定价就是以历史价格为基础，根据不同的市场需求、顾客的需求和消费能力来定价。它的优点是产销平衡，符合经济学供求原理，贴近市场实际需求状况，有时可能同一产品，由于地点不一样，供需情况不一样，它的价格就不一样。缺点是市场实际需求的数据难以采集，而且采集的成本之高，数据凌乱，处理起来费时费力，有时甚至会影响整个销售。

4. 从市场的角度选择产品，要综合考虑国内市场的国外市场由于地域文化的差异、消费习惯的不同、主流推广平台的不同等因素在产品消费方面引导的发展趋势。接下来做好需求调查，在充分了解市场需求的前提下，做好市场细分。市场细分可以从地域、年龄、消费能力、消费倾向性、消费品位等方面来做综合考虑选择哪种产品。

在决定选择一样产品进行推销之前，一定要对这个产品有所了解，从它的性能、价格、市场需求情况到国外对这个产品的需求、价格、市场供应情况等，都要有所了解。只有对产品和市场有一个敏锐的洞察力，才能比较好地去把握买家的心理需求。

此外，不同的产品，不同的市场，不同的消费对象，在选择推广平台的时候，也需要根据具体产品和消费对象的不同来确定。

5. 商品的实际成本一般会由下面几点组成：进货成本（产品价格+快递成本+破损率）+跨境平台的成本（包括推广成本，平台年费，活动扣点）+跨境物流成本+销后维护成本（包括退货，换货，破损率）+其他综合成本（人工成本，跨境物流包装成本等）。对于跨境物流费用的报价一般也应包含在产品标价里面。

四、实操题

1. 销售价格 = \$5 ÷ （1-0.05-0.05）÷ （1-0.1）= \$6.17

如果采取比较保守的策略，销售价格 = \$5 ÷ （1-0.05-0.05-0.1）= \$6.25

其中，5%的联盟佣金并不是所有订单都会产生，如果考虑到部分满立减、店铺优惠券直通车等营销投入的话，可将5%作为营销费用。

如果加入丢包及纠纷损失的投入，按照邮政小包1%的丢包率来算，则得到以下价格：

销售价格 = \$5 ÷ （1-0.05-0.05-0.01）÷ （1-0.1）= \$6.24

而采取保守的策略，销售价格 = \$5 ÷ （1-0.05-0.05-0.1-0.01）= \$6.33

假如该产品作为活动款，那么，按照平台通常活动折扣要求40%来计算：上架价格 = 销售价格 ÷ （1-0.4），平时打40%折扣，活动最高可以到50%。

假如该产品作为一般款销售，平时折扣为30%，那么：

上架价格 = 销售价格 ÷ （1-0.3）

折扣参数最好不低于15%，因为平台大促所要求的折扣是不高于50%。为了避免产生虚假折扣的嫌疑，折扣在30%左右属于合理预期范围。

对于50%折扣的活动要求，按以上定价模式，基本上相当于平出，不会亏本，或者是略微亏本，假如客户购买两个及两个以上，就可以赚到利润。

第4章 练习答案

一、单选题

1. B   2. D   3. C   4. A   5. C

二、判断题

1. ×   2. ×   3. √   4. ×   5. ×
6. √   7. √   8. ×

三、简答题

1. 在敦煌网上发布产品的流程包括：①进入后台界面、选择类目；②填写基本信息；③填写销售信息；④填写产品内容描述；⑤填写包装信息；⑥设置运费模板；⑦填写其他信息；⑧提交发布产品。

2. 在敦煌网上填写产品销售信息时，产品备货状态分为两种：

①有备货：指的产品有现货，可立即发货。如果选择了该状态，需要填写备货的所在

地,针对该产品的属性、规格组合分别设置对应的产品数量,并且该产品的备货期被限制在指定的天数内,需在该天数内发货此产品。买家会看到该产品的数量与备货期,有针对性地进行下单。该状态的产品具有竞争优势。

②待备货:指的是产品暂时没有现货,需要根据买家的下单进行采购后再进行发货。如果选择了该状态,备货期填写需小于或等于60天,不需要设置产品的数量。

第 5 章　练习答案

一、不定项选择题

　　1. ABC　　2. B　　3. ABCD　　4. A　　5. D　　6. ABCD

二、判断题

　　1. ×　　2. √　　3. ×　　4. √　　5. ×　　6. √

三、简答题

　　1. 图中显示该店铺主营服装/服装配件行业,在实时交易额上打败了23%的同行业卖家,一段时间内的累计搜索曝光量为16455、浏览量为514、访客量为330、订单数为7个(其中成交的有5个)、成交转化率为1.52%、成交金额为129.94美元。本图中下方的柱状图显示的是该店铺当日和周同比曝光量的具体参数。

　　2.

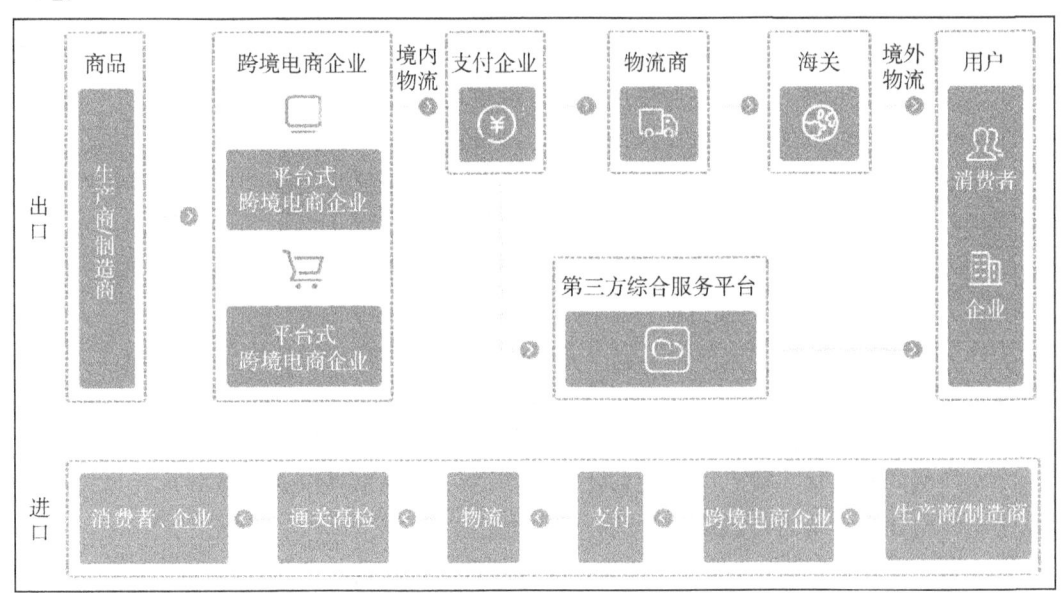

四、实操题

　　进入速卖通后台,进入"数据纵横→行业情报→行业概况"板块,在"你现在选择的行业是"旁边的下拉列表中找到女靴,且将"请选择时间"处内容设定为"最近30

天",然后查看页面中间的行业趋势信息,将趋势图下方的2、3两个行业分别选定为"女士凉鞋"和"女士拖鞋",即可对比此三种产品的最近30天的行业趋势,包括:访客数占比、支付金额占比、浏览量占比、支付订单数占比和供需指数等,同时还可查看到具体的数据信息。

第6章　练习答案

一、多选题

　　1. ABCD　　2. BD　　3. ABCD　　4. BCD　　5. ABCD

二、判断题

　　1. √　　2. ×　　3. √　　4. √　　5. ×　　6. ×

三、简答题

　　1. 在FB上做企业推广注意事项:

　　①增加粉丝。增加FB上的粉丝没有捷径可走,只有在一切需要填写资料的地方,留下链接,同时附加上一个让别人关注你的理由(新品,折扣,活动)。切记,粉丝的质量比数量更加重要。例如,100个购买意愿强的粉丝,效果好于1万个购买意愿不强的关注。

　　②多用图片和视频。大家都喜欢图片和视频,图片和视频的打开率永远高于纯文本。

　　③展示的重要性大于叙述,不要在FB上面直接发布产品信息、服务内容这些硬性销售内容,而是尝试着讲一下你品牌和企业的人或故事,使大家产生共鸣。

　　④掌握相关软件的使用。比如Snag It, PicMonkey, Instagram。

　　⑤发布更新时,注意多样性。页面内容多样化,比如可使用优质文章,煽情的图片,短小精悍的视频,平白的纯文字,甚至名人名言等。

　　⑥纯文字信息。每周发布一条原创的纯文字信息,一些新东西。发布时间放在上午10点以后。并时常关注你的同行的各种信息,参与话题和讨论。

　　⑦好文章转载。每周至少转载2篇文章,发布时间控制在当地中午12点半到2点之间,效果最好。在当地时间下午3点~6点这段时间,适合发布一些很有趣的、话题感强的内容,这个时间段里面,外国女性在线较多,写评论参与的比率较大。

　　⑧定期删除和更新。删除一切没有什么价值的、只是你网站的链接分享的垃圾更新,否则这可能会让你辛辛苦苦攒来的活跃粉丝跑光。

　　⑨文章尽量用短句写,因为人人都很忙,时间有限。

　　⑩FB专页运营人员,需要了解企业,把企业的在线风格定位好,并保持一致(90%忽略这一点)。

　　2. 电子邮件营销营销技巧有:

　　①客户信息和邮件地址的验证。

②及时更新现有数据。

③重视海外通道与规则。

④针对海外消费习惯量身定制营销策略。

⑤精心设计邮件内容。

⑥检验发送结果。

第 7 章　练习答案

一、多选题

1. BD　　2. ACD　　3. CD　　4. AC　　5. BCD

二、判断题

1. ×　　2. √　　3. ×　　4. ×　　5. ×

三、简答题

1. 图片拍摄过程中需要注意以下几点：

①只要有可能，请尽量使用自然光；一定要保证光线充足，并确认整件物品都能均匀采光。

②背景应该选用纯净的素色，尽量简单，不混杂其他陈设，从而突出物品，大多数情况下以纯白色为佳。这样不但有助于将买家的注意力集中于产品本身，也不容易造成买家对实际出售物品的混淆。当然，如果商品本身颜色较浅时，可以用深色背景衬托物品。

③将相机的解像度设为中等（例如 1024×768 像素），不但可以确保图片质素，也可加快图片档案在网站的上载时间，更方便进行图片编辑。

④拍摄物品时，图片中的物品尺寸必须够大，以便清楚显示物品的细节。可以的话，就让物品占满整个图片画面。同时，需多角度地拍摄多张图片，以便让买家对商品有更全面的了解。例如，卖家可以拍摄物品标签、原先的包装和配件，以及商品正面、背面、侧面、顶部的特写。

2. 在店铺装修时，卖家需要掌握以下三个原则：

①重点突出。即在视觉热点集中的页头位置布局主款、新品、热销品等重点营销产品，力求以较强的视觉效果吸睛。

②陈列有序。网页面空间有限，陈设产品时既要追求视觉的价值塑造，又需致力于最高效的空间利用，这将直接影响买家的视觉体验。

③流畅贯通。这是指的如何引导买家在短时间内找到所需商品，并留住买家。针对这一点，卖家需要力争做到产品分类导航流畅、产品的展示风格贯通一致，从而给买家留下更为专业的印象，且提升客户体验。

3. 产品详情页上通常包含的内容有：品牌介绍，产品整体展示图，产品细节图，与其他产品的对比图，质检报告，尺码/使用说明，保养方式，支付与运输问题，售后服务说明，生产实力展示图，买家好评秀，FAQ（常见问题与回答）等。

第8章 练习答案

一、多选题

1. ABD 2. BCD 3. ABCD 4. AD 5. ACD 6. ABCD
7. CD

二、判断题

1. √ 2. × 3. √ 4. √ 5. × 6. ×

三、计算题

平邮：81元/kg×0.35kg×80%＝22.68元

挂号：81元/kg×0.35kg×80%+8元挂号费＝30.68元

四、实操题

根据中国邮政小包的资费标准，按五区包邮，算出三种重量的6~9区标准运费折扣如下（采用进一法，保留整数）：

模板/分区	六区	七区	八区	九区
100g	8%	11%	15%	26%
200g	10%	13%	19%	31%
500g	12%	16%	22%	35%

运费模板的设置实操部分略。

第9章 练习答案

一、单选题

1. B 2. C 3. D 4. C 5. A

二、判断题

1. √ 2. × 3. √ 4. × 5. √ 6. √

三、简答题

1. 跨境电子商务与传统贸易在沟通方面的不同在于：

①无法预知竞争。在传统贸易中，我们可以和自己的竞争对手做一定的交流，通过客观比较，能够较清楚地看到自己的不足和对手的实力。但是在跨境电子商务中，成千上万的卖家每天在自己的店铺里进行各种操作，面对大量的信息往往无法及时针对出现的新商情做出反应，有时甚至慢人一步。

②沟通对象不同。传统贸易的沟通对象往往是专业的批发商，而跨境电子商务的沟通对象有两种人群，可能是专业的批发商，或者可能是数量庞大的终端消费者。

2.（参考范文）

Dear ×××,

I am very sorry to hear about that. Since I did carefully check the order and the package to make sure everything was in good condition before shipping it out, I suppose that the damage might have happened during the transportation. But I'm still very sorry for the inconvenience this has brought you. I guarantee that I will give you more discounts to make this up next time you buy from us. Thanks for your understanding.

Best Regards.

很抱歉听到发给您的货物有残损，我在发货时再三确定了包装没有问题才给您发货的。残损可能发生在运输过程中，但我仍旧为带给您的不便深表歉意。当您下次从我这购买时，我将会给您更多的折扣。感谢您的谅解。

第10章 练习答案

一、单选题

1. D　　2. C　　3. B　　4. C　　5. A　　6. D

二、判断题

1. √　　2. ×　　3. ×　　4. ×　　5. √　　6. √

7. ×

三、问答题

1. 进入速卖通卖家后台活动商品及促销规则设置页后，只有在全站折扣率下方设置了手机专享折扣率后，在无线端才能显示相应的活动折扣Logo提示。若此处设置了全站和手机专享两个不同的折扣率则客户在PC端看到的是全站折扣率，在无线端看到的是手机专享折扣率。同时需注意手机专享折扣必须大于全站折扣，例如，卖家将某产品全站折扣率设置为30％OFF，设置手机专享折扣率为35％OFF，则买家通过PC端访问该产品时看到的折扣率为30％OFF，而当他通过无线方式访问该产品时，将看到35％的折扣率。

2. 在速卖通卖家后台进入无线端卖家店铺的装修页面后，系统给出产品推荐、图片模块和系统模块三种模块选择。设好模块后，即可进行热区图片设置。要在设置页面上插入产品图片，只需要在后台的模块上的相应位置单击并拖曳出一个矩形（系统会显示为透明的蓝色系），然后在设置页右侧的方框内添加URL链接即可。一页上可根据需要添加不同数量的多个链接。图片展示可以设置多页，合在一起形成一个整体，每一页显示的顺序可以调整，但一般这部分设置的页面不宜过长，占 2~5 屏为宜，因为整体太长更容易引起无线端显示时图片解压方面的问题。

3. 就无线端转化率的提升，针对商品描述的建议包括：

①进行图文描述是将重点内容放在前面展示，图片和文字分离，以便更好地在无线端展示，这与 PC 端有较大差异。

②考虑到移动设备的流量问题，图片大、图片清晰度、构图比例和字体大小等都将直接影响 Description 的效果好坏。例如图片不宜太大，以免影响无线端加载速度，导致买家流失。再比如构图比例，建议单屏只有一个或两个小模块的划分，这样能让买家清晰地看到商品效果。

③文本形式的文字尽量少而精，并且字体不宜过小，颜色不宜过多。图片上不宜加太多文字，图片不宜使用太多色彩，所有内容能小则小。

④如果要在无线端 Description 板块设置商品推广图，背景一定要简洁，可精简文字，适当放大字号。

⑤关联销售一般具有超链接，而且受限于移动设备排版问题，建议将关联销售模块尽量放在靠近下面的位置。

⑥某些行业商品的尺码表或者描述表格尽量做成图片形式展示，但是要注意图片大小。

⑦建议优化完成之后要在无线端验证，从自己的角度出发，验证用户是否能简单、清晰地了解商品信息。

参考文献

[1] Arvind Panagariya. Policy Issues In International Trade and Commodities Study Series No. 2：E-Commerce，WTO and Developing Countries［C］. United Nations Conference on Trade and Development，New York and Geneva，2000.

[2] Ebay. The Cultural Impact and Economic Opportunity of Cross-Border Shopping［R］. eBay，2013，07.

[3] IPC. IPC Cross-Border E-Commerce Report 2010［R］. IPC，2010.

[4] APEC 电子商务工商联盟. 专访 APEC 电子商务工商联盟秘书长张念录，2011.

[5] 成都职业技术学院电子商务教研室. 移动电子商务［M］. 北京：人民邮电出版社，2015.

[6] 陈建忠，赵世明. 移动电子商务基础与实务［M］. 北京：人民邮电出版社，2016.

[7] 陈明，许辉. 跨境电子商务操作实务［M］. 北京：中国商务出版社，2015.

[8] 刁建东. 跨境电子商务业务交流与沟通［M］. 北京：中国商务出版社，2015.

[9] 方佳伟. 电子商务运营管理［M］. 北京：人民邮电出版社，2016.

[10] 郭占锋. 商品信息采编与专业优化［M］. 北京：人民邮电出版社，2016.

[11] 韩军. 玩转电商系统：深入剖析智慧电商平台［M］. 北京：电子工业出版社，2014.

[12] 柯丽敏，洪方仁. 跨境电商理论与实务［M］. 北京：中国海关出版社，2016.

[13] 吕宏晶. 跨境电子商务中产品定价的方法与技巧［J］. 对外经贸实务，2016（02）：69-71.

[14] 李辉作. 电子化国际贸易［M］. 北京：北京大学出版社，2010.

[15] 李杰臣，韩永平. 网店数据化运营 大数据分析 流量转化 SEO 网店管理［M］. 北京：人民邮电出版社，2016.

[16] 倪明，王武. 电子商务环境下商品定价策略研究综述［J］. 图书情报工作，2008（08）.

[17] 罗小兰. B2C 电子商务企业产品定价策略分析——以卓越网为例［J］. 网络财富，2008（08）.

[18] 李耀华. 外贸企业如何选择"互联网+"的经营模式［J］. 对外经贸实务，2015（09）.

[19] 麓山文化. 掘金移动互联——跨境电商如何挑战海外市场［M］. 北京：清华大学出版社，2016.

[20] 欧阳文霞. ERP原理与应用［M］. 北京：人民邮电出版社，2016.

[21] 史达. 基于电子商务经济的国际贸易理论与政策研究［M］. 大连：东北财经大学，2005.

[22] 速卖通大学. 跨境电商阿里巴巴速卖通宝典（第2版）［M］. 北京：电子工业出版社，2015.

[23] 速卖通大学. 跨境电商美工［M］. 北京：电子工业出版社，2016.

[24] 肖旭. 跨境电商实务［M］. 北京：中国人民大学出版社，2015.

[25] 易传识网络科技. 跨境电商多平台运营［M］. 北京：电子工业出版社，2015.

[26] 杨坚争. 国际电子商务［M］. 北京：电子工业出版社，2009.

[27] 杨伟强. 电子商务数据分析：大数据营销 数据化运营 流量转化［M］. 北京：人民邮电出版社，2016.

[28] 严行方. 跨境电商业务一本通［M］. 北京：人民邮电出版社，2016.

[29] 中国国际电子商务网. 联合国贸易便利化中心贸易投资便利化处经济事务官员林桑元在APEC数字经济电子商务产业发展论坛上演讲. http://topic.ec.com.cn/article/apecszjjswb1h/apecszxcbd/201107/1150526_1.html.

[30] 张景龙，黄磊，等. 微跨境电商：六个步骤把你的货卖遍欧美［M］. 北京：中国经济出版社，2015.

[31] 敦煌大学. http://seller.dhgate.com/university.

[32] eBay外贸大学. http://community.ebay.cn/university.

[33] eMarketer. http://www.emarketer.com.

[34] Eurostat. http://epp.eurostat.ec.europa.eu/statistics_explained/index.php.

[35] 京东全球购平台规则. https://www.jd.hk/rule/glzz.html.

[36] 速卖通大学. https://university.aliexpress.com/.

[37] 天猫国际规则. https://rule.tmall.hk.

[38] Wish论坛. http://www.wishbbs.cn/forum.php.

[39] WTO. http://www.wto.org.

[40] 雨果网. http://www.cifnews.com/.

[41] 亚马逊卖家大学. https://daxue.amazon.cn.